SOCIÉTÉ

DES

ANCIENS TEXTES FRANÇAIS

L'ART DE CHEVALERIE

Le Puy, imprimerie de R. Marchessou, boulevard Carnot, 23.

L'ART DE CHEVALERIE

TRADUCTION DU *DE RE MILITARI* DE VÉGÈCE

PAR

JEAN DE MEUN

PUBLIÉ

AVEC UNE ÉTUDE SUR CETTE TRADUCTION
ET SUR *LI ABREJANCE DE L'ORDRE DE CHEVALERIE*
DE JEAN PRIORAT

PAR

ULYSSE ROBERT

PARIS
LIBRAIRIE DE FIRMIN DIDOT ET Cie
RUE JACOB, 56
—
M DCCC XCVII

Publication proposée à la Société le 2 mai 1894.
Approuvée par le Conseil dans sa séance du 20 juin 1894, sur le rapport d'une Commission composée de MM. Paris, Picot et Raynaud.

Commissaire responsable :
M. Gaston Paris.

AVANT-PROPOS

La traduction en prose, par Jean de Meun, du *De re militari* de Végèce n'est imprimée ici que comme accessoire du poème de Jean Priorat, *Li Abrejance de l'ordre de chevalerie*, qui en est la mise en vers et dont la Société des anciens textes français a bien voulu agréer la publication : elle n'est destinée, dans la pensée de l'auteur, qu'à servir de terme de comparaison avec le poème. L'introduction devait naturellement être commune aux deux textes. La Commission qui a approuvé le projet de publication a décidé qu'il y avait lieu de placer cette introduction en tête du présent volume qui contient la version de Jean de Meun.

Cette version, dans presque tous les manuscrits, porte le titre de l'*Art de chevalerie*, qui est le bon, et que nous avons inscrit sur la première page ; le manuscrit dont nous avons suivi le texte y substitue celui des *Establissemens de chevalerie*, que nous avons peut-être à tort, conservé comme titre courant.

INTRODUCTION

I

Notice biographique sur Jean Priorat.

Il fut longtemps admis en Franche-Comté, par des érudits doués de plus d'imagination que de critique, que la poésie était cultivée avec éclat dans cette province sous le règne de Frédéric Barberousse. Selon eux, ce prince aurait fait de son château de Dole comme une académie, dans laquelle il aurait groupé autour de lui les poètes nés sur les bords du Doubs, de la Saône ou de l'Ognon. Mais des travaux récents ont démontré l'inanité de ces assertions. Une seule production semblait les justifier, le roman de *Guillaume de Dole*; il est maintenant prouvé qu'il n'est même pas l'œuvre d'un franc-comtois, Hue de Broye, près Pesmes, ainsi qu'on l'avait pensé. Il n'est pas non plus d'un poète de l'Ile-de-France, Hue de

Braie-Selve, mais d'un anonyme, sans doute champenois [1].

A une époque plus récente, en 1336 ou 1337, un dominicain, Renaud de Louans, mettait en vers, à Poligny, la *Consolation* de Boèce [2]. Sans doute originaire de Louhans, il n'a appartenu au comté de Bourgogne que par les hasards de sa vocation

---

1. Cf. Castan, dans son article intitulé : *Jean Priorat de Besançon, poète français de la fin du XIIIe siècle* (*Bibliothèque de l'École des chartes*, t. XXXVI, p. 124 et suiv. et tir. à part de 15 pages, p. 1 et 2). Cf. aussi *Le Roman de la Rose ou de Guillaume de Dole*, publié par M. G. Servois, dans la collection de la Société des anciens textes français, 1893, introduction, p. XL. — Je dois ajouter que mon éminent confrère, M. G. Paris, dans sa *Littérature française au moyen âge*, p. 99, assigne une origine franccomtoise à Robert de Boron, qui, au commencement du XIIIe siècle, composa une sorte de trilogie en vers : *Joseph d'Arimathie, Merlin* et *Perceval*, à l'aide de laquelle il entreprit de rattacher au cycle breton l'histoire du saint graal. M. Paris pense que Robert tirait son nom de Boron, localité du canton de Delle, au territoire de Belfort. De plus, d'après le témoignage de Robert lui-même, il aurait fait une rédaction de son poème avec Gautier de Montbéliard, mort en 1212, en Orient (voy. *Merlin*, publication de la Société des anciens textes français, par MM. G. Paris et J. Ulrich, t. I, p. IX). Cette double coïncidence de l'origine probable de Robert de Boron et de sa collaboration avec Gautier de Montbéliard semble pleinement justifier l'assertion de M. G. Paris, très flatteuse pour la Franche-Comté, mais qui lui sera contestée en raison de délimitations territoriales bien factices. — Quant à Albéric, dit de Besançon, auteur du plus ancien poème roman sur Alexandre, M. Meyer a démontré qu'il n'était pas franc-comtois, et qu'il s'appelait sans doute *de Briançon*.

2. Léopold Delisle, *Inventaire général et méthodique des manuscrits français de la Bibliothèque nationale*, t. II (Appendice II, *Anciennes traductions françaises de la Consolation de Boèce conservées à la Bibliothèque nationale*, p. 331-333).

religieuse ; il ne peut donc guère être inscrit au nombre des écrivains de sa nouvelle patrie [1]. Actuellement, nous ne pouvons citer, à vrai dire, qu'un seul poète ou plutôt un seul rimeur qui soit né en Franche-Comté pendant le moyen âge [2] ; c'est Jean Priorat, de Besançon.

Ce que l'on sait de lui se réduisait, jusqu'à ces dernières années, à fort peu de chose. « On ne connaît, dit l'*Histoire littéraire de la France*, l'existence de ce poète que par le soin qu'il a pris de mettre son nom à la fin du seul ouvrage qui soit resté de lui [3], *Li abrejance de l'ordre de chevalerie*. » Il s'y nomme en effet dans ces vers :

> Vos tuit qui cest livre liroiz
> Por Jehan Priorat prieroiz
> Que Dex le traie a bone fin [4].

Il parle encore de lui dans le cours de son poème, mais les auteurs de l'*Histoire littéraire*, qui n'avaient sans doute examiné que les vers du commencement et ceux de la fin, ne paraissent pas l'avoir remarqué. En effet, ils terminent ainsi la courte notice qu'ils ont consacrée à Priorat : « Mais

---

1. Cf. Vayssière, *Renaut de Louens, poète franc-comtois du xiv⁰ siècle*. Paris, 1873, in-8°.
2. L'auteur anonyme des *Fables d'Ysopet*, conservées à la bibliothèque du Palais des arts à Lyon et publiées par M. le D' W. Foerster (Heilbronn, 1882), est considéré comme franc-comtois par le savant éditeur.
3. T. XV, p. 491.
4. V. 11367-11369.

il ne donne aucune indication sur sa vie, son état, sa patrie, ni sur le temps précis où il a vécu ; et nous n'avons pu trouver nulle part ailleurs rien qui puisse suppléer à son silence [1]. » Méon avait découvert la patrie de Priorat. Dans son catalogue manuscrit du fonds français de la Bibliothèque nationale, il signale au mot VÉGÈCE les différents traducteurs du *De re militari*, et, parmi eux, Jean Priorat, de Besançon [2]. Cette indication lui a été fournie par l'auteur, qui s'exprime en effet ainsi, à la fin de la table des chapitres et avant d'aborder la traduction du texte :

> Ausi con cil qui fist cest livre,
> Cil qui per rime le delivre,
> C'est Prioraz de Besançon [3].

Et plus loin, fol. 70 v° :

> Et Prioraz de Besançon
> Après an ot la cusançon
> De la parole en rime metre [4].

Nous avons vu plus haut que le poème de Priorat est intitulé : *Li abrejance de l'ordre de cheva-*

1. T. XV, p. 493.
2. C'est cette mention du catalogue de Méon qui a appelé mon attention sur Priorat et m'a amené à faire sur lui les recherches dont j'ai consigné le résultat dans une notice publiée d'abord dans l'*Union franc-comtoise*, du 20 janvier 1874, puis dans la *Bibliothèque de l'École des chartes*, t. XXXV, p. 204-207. Cette notice a été plus tard complétée par M. Castan.
3. V. 2125-2127.
4. V. 10561-10563.

lerie, et qu'il est question de ce poème au catalogue des manuscrits français de la Bibliothèque nationale au mot Végèce. C'est qu'il n'est pas une œuvre originale, mais une traduction du *De re militari* de l'auteur latin dont le traité était si répandu au moyen âge, à en juger par les nombreux manuscrits qui sont arrivés jusqu'à nous [1]; traité qui, par son sujet, était destiné à plaire à une époque où tous les goûts étaient tournés vers les choses de la guerre, qui offrait de plus, en termes clairs et précis, à quiconque voulait se livrer à l'étude de la théorie, les principes de l'art militaire et de tout ce qui s'y rattache.

Selon les auteurs de l'*Histoire littéraire de la France*, le poème de Priorat ne serait pas complet; il n'aurait « pas traduit le cinquième livre, sans doute parce qu'il ne traite que des flottes romaines et de la guerre de mer [2] ». C'est une erreur; Priorat n'a pas omis ce livre, mais il a fondu en un seul le quatrième et le cinquième. En cela, il n'a fait, comme Jean de Meun, le premier traducteur de Végèce, que suivre un usage qui s'est conservé jusqu'au xv° siècle au moins. Si, sans sortir de la Bibliothèque nationale, on passe en revue la série des manuscrits latins renfermant le traité de Végèce, on verra que le ms. latin 7230, qui est du ix° siècle, les mss. latins 7230 A et 7383, qui sont

---

[1]. La Bibliothèque nationale ne possède pas moins de vingt-deux manuscrits de ce traité.
[2]. T. XV, p. 492.

du x*e*, le ms. latin 6503, qui est du xi*e*, le ms. latin 7231, qui est du xii*e*, les mss. latins 5719, 6476, 7232, 7233, 7242, 7243 et 15076, qui sont du xiv*e*, les mss. latins 2454, 3609 B, 5691, 6106, 7234, 7235, 7384-7387 et 10784, qui sont du xv*e*, ne sont divisés qu'en quatre livres. Les deux mss. latins 5691 et 5697, du xv*e* siècle, sont seuls en cinq livres. Il en est de même pour les traductions françaises de diverses époques.

Il ne faut pas s'étonner de voir Végèce traduit de très bonne heure, aussitôt que le français commence à servir à des compositions sérieuses. Mais c'est à tort que l'*Histoire littéraire*, se perdant dans les détails d'une longue dissertation et citant Sainte-Palaye, Pasquier et Ménage, voudrait faire remonter jusqu'au xii*e* siècle le poème de Priorat. Si, maintenant que le lieu de sa naissance nous est connu, nous cherchons, dans son œuvre, des indications qui nous permettent de déterminer, au moins approximativement, l'époque où elle fut composée, nous trouvons ces vers :

> Ausi con cil qui fist cest livre,
> Cil qui per rime le delivre,
> C'est Prioraz de Besançon,
> Qui ne le dit por cusançon
> De vos ne raimbre ne atraire,
> Vos redit, frans hons debonaire,
> Jehanz de Chalon, fiz Entreprise,
> Ardiz, prouz, don chascuns vos prise,
> Qui tant li avez de bien fait,
> Que por vos cest livre refait,
> Si con vos l'avez comandey :

> Ne sai se je l'ai amandey,
> Mès puis que li premiers vos plot,
> Maintenant me remis au plot,
> Por le remenant essevir.
> Vaillant home fait bon servir [1].

On voit, par ces vers, que Jean Priorat dédia son poème à Jean de Chalon. Mais s'agit-il de Jean de Chalon l'Antique ou le Sage, mort en 1267, ou de Jean de Chalon-Arlay, mort en 1315 ? La première hypothèse serait admissible. Jean de Chalon l'Antique aimait et encourageait les lettres; de plus, les caractères du manuscrit, l'écriture, les costumes, les armures, etc., semblent, au premier abord, appartenir à l'époque de saint Louis. Mais un autre passage de la traduction de Jean Priorat fournit un renseignement qui nous force à repousser cette conjecture :

> Mès por ce que cil grant poeste,
> Cil autour, cil maistre de geste,
> Aristotes, et tuit li autre
> I vodrent maintes raisons metre
> Et despondre et deviser,
> Vos vuel je dire et deviser,
> Je qu'ai nom Jehanz de Mahun,
> Des quatre vanz per un et un
> Et puis des autres l'ordonance,
> Si con je le sai per sciance
> Et per biax vers fais en latin,
> Non pès per langue de patin,
> Ne per vilain fol ne rural,

1. V. 2125-2140.

Mès per clerc qu'ost sant natural
Et de science grant fondemant,
Car il parole briemant ;
Et je ci après liemant
Les vos dirai, car ausimant
Dou latin, sanz faire grant nose,
Ai je mis cest romant en prose ;
Non per rime, mès per parole
Le translautois je de m'escole.
Et Prioraz de Besançon
Après an ot la cusançon
De la parole en rime metre,
Ainsi con s'an sot entremetre ;
Mès se il l'a fait rudemant,
Pardonez li soit bonemant [1].

Priorat cite Jean de Meun, qui avait donné du *De re militari* de Végèce une traduction en prose, laquelle date de 1284, comme le prouve la note suivante : « Ci fine le livre de Vegece de l'Art de chevalerie, que nobles princes Jehan, conte d'Eu, fist translater de latin en françois par maistre Jehan de Meun, en l'an de l'incarnacion Nostre Seigneur mil cc quatre vint et quatre [2]. » Son poème a dû être fait d'après la traduction de Jean de Meun ; il est donc postérieur à 1284 et ne peut être dédié qu'à Jean de Chalon-Arlay.

A ces renseignements qui nous font connaître la patrie de Priorat, le temps où il a vécu et celui

---

1. V. 10539-10566.
2. Ms. français 1230, *ad calcem*. — Cf. *Histoire littéraire de la France*, t. XXVIII, p. 398 et 399, qui cite ce passage pour rectifier quelques-unes des erreurs du t. XV.

où il a composé son poème, M. Castan en a joint d'autres également intéressants, que je demande la permission de reproduire :

« Étienne, dit Priorat, était au xiiie siècle un bourgeois de Besançon qui jouissait d'une certaine aisance. Il possédait, dans la partie basse de la Grande-Rue de cette ville, partie qui s'appelait alors rue du Bourg, une vaste maison dont la façade reposait sur des portiques. Cet immeuble se continuait par des logis accessoires qui débouchaient sur la rue Poitune[1]. La maison qui porte aujourd'hui le n° 10, dans la Grande-Rue, reproduit cette disposition, et il me paraît certain qu'elle occupe l'emplacement de l'ancien hôtel des Priorat.

« Étienne eut deux enfants, un garçon nommé Jean, qui est notre poète, et une fille appelée Isabelle. Il est probable que Jean, après ses premières études terminées dans les écoles de Sainte-Madeleine, sa paroisse, fut envoyé par son père dans une Université. Comme il n'en existait aucune à proximité de notre ville, les Bisontins qui voulaient s'instruire prenaient le chemin de l'Italie ou celui de la capitale de la France.

« A l'époque où Jean Priorat eut à choisir un centre pour ses hautes études, le comte de Bourgogne, protecteur de la république bisontine, était l'idole de la cour de France qui cherchait à le ruiner pour en faire sa proie. Il était très empressé à l'égard des Bisontins, car il importait à ses rêves

---

[1]. *Pièces justificatives*, n° 1. Voir plus bas, p. xiv.

ambitieux que l'Allemagne, son ennemie déclarée, ne disposât pas de la ville libre enclavée dans son comté. Assuré d'avance du bon vouloir d'un aimable prince, Jean Priorat dut opter pour l'Université de Paris. Il y rencontra le souverain de la Franche-Comté et se laissa séduire par les grâces de cet aventureux esprit. Lui-même était imaginatif et avait le goût de l'imprévu : en entrant dans la clientèle d'Othon IV, il était certain de pouvoir donner carrière à ce double sentiment.

« En 1283, le comte de Bourgogne, qui recherchait alors la main d'une princesse française, avait pris une part brillante à l'expédition qui eut pour but de venger, dans l'Italie méridionale, l'attentat des *Vêpres siciliennes*. Une nouvelle campagne se préparait à cette même fin : cette fois, c'était le roi de France en personne qui voulait châtier, dans ses propres États, le roi d'Aragon, fauteur du massacre des Français en Sicile. Othon IV se disposait encore à chevaucher sous les bannières françaises, et une levée de troupes avait lieu dans le comté de Bourgogne. Jean Priorat ne résista pas à la tentation de courir cette aventure : il s'empressa d'aliéner la maison que lui avait laissée son père, et consacra une partie du produit de cette vente à s'équiper en écuyer. Au printemps de l'année 1285, il s'embarquait à Dole, sur le Doubs, et suivait le comte de Bourgogne jusqu'en Aragon. La campagne fut malheureuse : le roi Philippe le Hardi mourut en opérant sa retraite, et la petite troupe d'Othon IV revint décimée et désarçonnée. Jean

Priorat avait perdu son *roncin* ou cheval de bataille : il en demanda le prix au comte de Bourgogne. Mais Othon IV, déjà ruiné par des prodigalités de toute nature et aux prises avec les usuriers qui exploitaient son imprévoyance, ne savait comment faire face aux réclamations dont il était assailli. L'infortuné Priorat attendit un an le succès de son instance : il finit par accepter, en paiement du roncin perdu, neuf muids de vin de Groson [1].

« Désabusé quant aux espérances qu'il avait mises en son premier patron, Priorat chercha fortune auprès du rival d'Othon IV. Ce rival était Jean de Chalon-Arlay, l'oncle du comte de Bourgogne, celui que l'Allemagne caressait pour en faire son champion dans la lutte qu'elle allait soutenir contre les tentatives d'annexion de la Franche-Comté au royaume de France [2].

« Jean de Chalon se préparait à ce rôle, et, comme il ne pouvait le remplir qu'avec le con-

---

1. *Pièces justificatives*, n° 2. Voir plus bas, p. xv.
2. Jean de Chalon-Arlay, fils de Jean l'Antique, déjà né en octobre 1259, mort en 1315, épousa, vers 1281, Marguerite, fille de Hugues IV, duc de Bourgogne, et, vers 1312, Alix, fille de Raoul de Clermont, sieur de Nesle. Beau-frère de l'empereur Rodolphe, qui lui fit don, le 13 septembre 1288, du comté de Neuchâtel, il fut un des plus puissants seigneurs franc-comtois. Au printemps de 1290, il fit le siège de Besançon, dont il s'empara le 24 juillet 1291. Il fit de nombreux prisonniers, parmi lesquels l'archevêque, fit démolir les murs de la forteresse, etc. Il serait cruel de supposer que Priorat composa son *Abrejance de l'ordre de chevalerie* en vue de l'expédition de Jean de Chalon-Arlay contre les compatriotes de notre poète, mais il y a là, il faut bien le remarquer, une coïncidence singulière.

cours de l'aristocratie de la province, il dut avoir souci de vulgariser, pour l'instruction de ses futurs auxiliaires, les préceptes et les exemples de la stratégie des temps antiques. C'est vraisemblablement à cet effet que Priorat, qui était poète et avait connu les hasards de la guerre, reçut la commande d'une version rimée de l'*Art militaire* de Végèce [1]. »

Le premier registre de comptes de la ville de Besançon, ouvert en 1290, contient deux mentions relatives à la femme de Priorat. Dans le rôle d'un impôt levé sur les citoyens, à partir du dimanche avant la mi-carême de cette année, « li fome Priorait » figure au nombre des habitants du quartier de Glères ou du Bourg, pour la somme de 20 sous [2]; de même, dans le rôle de 1291, « le sambedi en la voille saint Martin d'yvert », on voit encore pour égale somme, « li fome Priorat [3] ». De cette double mention et de l'absence du nom de Priorat lui-même dans ces rôles, il est permis de conclure que notre poète ne vivait plus en 1290. Il était certainement mort le 28 avril 1291, car à cette date, sa femme, qui se nommait Jacquette, faisait son testament, où elle est indiquée comme veuve. Elle instituait pour héritière sa fille Isabelette [4]. La ver-

---

1. Notice précitée, p. 7 et 8 du tirage à part.
2. Fol. v r°, col. 1, l. 23.
3. *Ibid.*, fol. LXI r°, col. 1, l. 32.
4. *Inventaire des testaments de l'officialité de Besançon*, par l'abbé Guillaume, appartenant à M. le comte de Laubespin, t. II, p. 1043, cote 5153. — Ainsi que l'indique le sceau de Priorat, reproduit plus loin, p. xvi, son nom latin était *Prior*. Dans le

sion de Priorat est par conséquent de bien peu postérieure à la traduction en prose de Jean de Meun[1].

Voilà, jusqu'à plus ample découverte, tout ce que nous savons sur Priorat.

Li abrejance de l'ordre de chevalerie se trouve dans un manuscrit du fonds français de la Bibliothèque nationale, qui porte le n° 1604. C'est un volume de 76 folios, à deux colonnes, d'une écriture admirablement belle. Il est orné de plusieurs miniatures, dont les unes sont dans le corps du texte et les autres au bas des pages. Elles sont très bien exécutées et sont fort curieuses au point de vue du costume, des armures, du campement, de l'attaque des places et des batailles, soit sur terre, soit sur mer[2]. Les vers sont octosyllabiques et au nombre de 11,370.

---

même *Inventaire*, t. I, p. 39, nous trouvons le nom de Hugues « Prior », clerc de Besançon, comme exécuteur testamentaire de Besançon, curé de l'église Saint-Pierre, le 8 juin 1291; un « Prior », du faubourg Rivotte, est également exécuteur testamentaire de Jeannette, veuve de Thibaud de Rivotte, le 25 mai 1291 (*Ibid.*, t. I, p. 316). Ces deux personnages étaient sans doute des parents de notre Priorat.

1. M. G. Paris, dans la *Littérature française au moyen âge*, p. 147, lui attribue la date de 1290; il n'est donc pas éloigné de la vérité. Cf. infra, p. XLII, où la mention de la bataille de Rosas permet de circonscrire la date de la composition du poème entre les années 1286-1290.

2. A signaler, au bas du fol. 2, l'exercice de la quintaine; au bas du fol. 15, des cavaliers; à la première colonne du même feuillet, des fantassins avec un officier à cheval; au v° du fol. 27, des soldats dressant des tentes; au fol. 57 v°, l'attaque d'une forteresse, à l'aide de machines de guerre; au fol. 67 v°, une galère armée.

PIÈCES JUSTIFICATIVES

N° 1.
1284. 26 avril.

Reconnaissance des droits féodaux qui affectaient certaines parties d'une maison située à Besançon, ouvrant à la fois sur la rue du Bourg et sur la rue Poitune, immeuble qui venait d'être aliéné par Jean Priorat, et dans lequel Isabelle, sa sœur, conservait un logis.

Nos officialis curie bisuntine notum facimus universis presentibus et futuris quod in contractu venditionis facte a Johanne dicto Priorat, filio quondam Stephani dicti Priorat, Stephano dicto Maistrat, civi bisuntino, de quadam domo ipsius Johannis sita in Burgo bisuntino ante Cambium, inter domum Guidonis de Rupheyo et domos sive cameras Stephani buticularii quondam, dictus Johannes denunciavit coram nobis ipsi Stephano quod pars anterior dicte domus que est deversus Burgum, videlicet totus portucus ipsius domus cum quadam parte *chassi* dicte domus post dictum portucum, prout dicta pars dividitur et protenditur ex transverso de latitudine cujusdam parve coquine usque ad parietem domus dicti Guidonis de Rupheyo, et etiam dictam coquinam cum scrinea sita subtus ipsam coquinam, prout protenditur usque ad vicum Pictavene, esse in dominio Bonose, relicte Villermi de Rues, mulieris de Cusseyo, et ipsas partes debere ipsi Bonose .xxx. solidos censuales in festo beati Remigii, item unum denarium censualem mense maio laudem et justiciam deportantem anno quolibet; de quo denario debentur ipsi Bonose anno quolibet, ratione dictarum partium venditarum, tres picte; alia vero picta debetur ipsi Bonose pro camera quam Ysabella, soror dicti Johannis, tenet et possidet post dictam coquinam deversus vicum Pictavene ; que camera similiter est in dominio ipsius Bonose, et de ipsa eidem B. debetur laus et custodia. Que quidem omnia et singula supradicta dicti Stephanus et Ysabella confessi sunt in jure coram nobis vera esse, et ita solvere promiserunt. In cujus rei testimonium, ad preces et requisitionem partium, presentibus litteris apposuimus sigillum curie bisuntine. Datum .VI. kalendas maii, anno Domini .M°.CC°. octogesimo quarto [1].

(*Cartulaire de Sainte-Madeleine, Bibliothèque de Besançon* et *Bibliothèque nationale,* collection Moreau, 876, fol. 273 v°.)

N° 2.

1286 (avril ou mai) [2].

Quittance d'une indemnité de 15 livres, payée en vin de Groson à Jean Priorat, de Besançon, en dédommagement de la perte d'un cheval de guerre, éprouvée par lui dans la campagne qu'il avait faite en Aragon, à la suite du comte de Bourgogne Othon IV.

Je Jehannins Prioraz, de Besançon, fais savoir a toz qui

[1]. C'est sans doute à cette même maison que se rapporte le passage suivant d'un acte conservé également dans le Cartulaire de Sainte-Madeleine de Besançon, en date du 16 septembre 1286, et presque dans les mêmes termes dans un autre acte du 19 septembre suivant : « ... Jaqueta, filia Haymonis de Cusseyo, confessa est in jure et judicio coram nobis quod cum ipsa haberet jus recipiendi et habendi de domo, et supra domum que quondam fuit dicti Priorat, civis bisuntini, ex una parte, et domum que quondam fuit Stephani, spiscerne (sic) domini archiepiscopi bisuntini, ex altera, que quidem domus quondam fuit dicti Priorat, possidet Stephanus, dictus Maistrat, civis bisuntinus... » (Ms. 876 de la collection Moreau, à la Bibliothèque nationale, fol. 171 et 173.)

[2]. Nous restituons cette date d'après deux quittances analo-

verront ces latres que je ai reçu de Goutedor, de Doulle [1], ıx muies de vin de Groson [2], a la mesure de Groson, les qués j'ai reçu por .xv. livres que messires li cuens de Borgoigne me davoit por .ı. roncin que j'avoie perdut avec lui hu voiaige d'Arragon, et m'an tien moult bien a paiez. Et por çou que çou soit plus certainne chose, je Prioraz desus diz a mis mon sel en ceste latre [3].

(*Archives du Doubs. — Résidu de l'ancienne Chambre des comptes.*)

gues, mais datées : l'une, du 24 avril 1286, concerne le paiement de 23 livres 18 sous à Simon de Grenant, écuyer du comte Othon, en dédommagement de la perte d'un cheval; l'autre, du 1ᵉʳ mai 1286, relate un paiement de 30 livres à Estevenot, fils du chevalier Pierre Gressot d'Oiselay, au sujet d'un cheval perdu en Aragon. (Note de M. Castan.)

1. Jaquet Goutedor, de Dole, était sergent et *venatier*, c'est-à-dire intendant des caves, du comte de Bourgogne Othon IV. Ses actes étaient authentiqués par un petit sceau rond qui porte l'image d'un cygne allant prendre son essor, avec la légende : ✠ S' GOVTE. DOR. (Note de M. Castan.)

2. Village de l'arrondissement et du canton de Poligny (Jura); il produit des vins rouges et blancs qui rivalisent avec ceux d'Arbois. (Voir Rousset, *Dictionnaire des communes du Jura*, t. III, p. 284-294.) (Note de M. Castan.)

3. Cet acte est actuellement coté B, 71. Je dois à l'obligeance de mon confrère et ami M. Jules Gauthier, archiviste du Doubs, la reproduction du sceau de Priorat.

II

Rapports de la traduction de Jean de Meun avec le texte latin et rapports du texte de Priorat avec celui de Jean de Meun.

Il a été dit plus haut que Priorat cite Jean de Meun et que la traduction française par celui-ci du *De re militari* de Végèce a été connue de lui, qu'il s'en est inspiré. Cette traduction figure parmi ceux des ouvrages de Jean de Meun qu'il énumère de la façon suivante dans la dédicace à Philippe le Bel de sa traduction de Boèce : « A ta royal maiesté, trés noble prince, par la grace de Dieu roy des François, Philippe le quart, je Jehan de Meun, qui jadis, ou rommant de la Rose, puis que Jalousie ot mis en prison Bel Acueil, enseignai la maniere du chastel prendre et de la rose cueillir, et translatay de latin en françois le livre Vegece de chevalerie [1] ... » Les manuscrits qui en sont parvenus jusqu'à nous ne sont pas nombreux; on peut à bon droit s'en étonner, si l'on songe à la vogue qu'ont eue au moyen âge et certaines des productions de l'auteur du Roman de la Rose et les traités relatifs à la chevalerie ou à l'art de la guerre. La Bibliothèque nationale n'en possède que quatre qui puissent être cités :

---

1. Ms. fr. 1097 de la Bibliothèque nationale, fol. 1.

les mss. fr. 1230, 1231, 1232 et 2063; d'autres, comme les mss. fr. 1229, 12360 et 19104, du xv⁰ siècle, ne méritent déjà plus d'entrer en ligne de compte, tellement ils sont altérés et s'éloignent du texte original. Encore les premiers sont-ils d'assez longtemps postérieurs à l'époque où Jean de Meun, à la demande de Jean de Brienne, comte d'Eu, composa sa traduction, c'est-à-dire, comme nous l'avons vu, à l'année 1284. En effet, celui qui a été regardé par les auteurs de l'*Histoire littéraire*[1] comme le plus ancien et qui porte une date certaine, le ms. 2063, copié pour Jean de Dynant, de Noyon, celui qui a été utilisé pour l'édition du texte en prose et que j'appellerai le ms. A, est de 1340; les mss. 1230 (que j'appelle B), 1231 et 1232 sont à peu près contemporains. La bibliothèque de l'Arsenal en possède trois : le n° 2551, du xv⁰ siècle, plus récent que le ms. A et qui contient la plupart des additions et des variantes du ms. B; le n° 2915, du xv⁰ siècle, qui se rapproche également plus de B que de A; enfin, le n° 2916, dont le texte présente toutes les altérations de ceux de la seconde catégorie de la Bibliothèque nationale. Des bibliothèques des départements, celle de Carpentras seule conserve, sous le n° 328 (332 nouveau), la traduction de Végèce par Jean de Meun; ce manuscrit est du xiv⁰ siècle et a plus d'affinité avec B qu'avec A[2].

---

[1]. T. XXVIII, p. 398.
[2]. Dans un article publié dans la *Romania*, t. XXV, p. 400-423

Il n'est pas téméraire d'affirmer qu'aucun d'eux ne reproduit exactement le texte original de Jean de Meun. Les différences qu'ils présentent entre eux prouvent que, même pour le meilleur, et indépendamment des fautes d'inadvertance, ils ont subi des modifications, sinon quant au sens, au moins quant à la langue, et les copistes ne se sont pas fait faute d'y introduire des interpolations et des commentaires, quand ils le croyaient utile pour l'intelligence du texte. Aussi la traduction en prose du *De re militari* n'a-t-elle plus, dans ces conditions, tout l'intérêt qu'elle offrirait si elle était telle que l'a donnée Jean de Meun, et la comparaison avec le texte de Priorat, qui est antérieur d'environ cinquante ans, ne repose-t-elle plus que sur des bases peu sûres. Mais l'étude de la traduction en prose n'en est pas moins intéressante, parce qu'elle nous montre comment, au moyen âge, on comprenait, il serait plus juste de dire comment on ne comprenait pas toujours, l'antiquité.

(n° 99, juillet 1896) et intitulé : *Les anciens traducteurs français de Végèce et en particulier Jean de Vignai*, M. Meyer signale encore le ms. 280 de la bibliothèque de Berne, les mss. Roy. 20. B. xv et Sloane 2430 du Musée britannique, le ms. 149 du fonds Douce de la Bodléienne d'Oxford et le n° 1828 du fonds de la reine Christine au Vatican comme contenant la traduction de Végèce par Jean de Meun. — Si tous ces manuscrits n'ont pas été utilisés pour la présente édition de la traduction de Végèce par Jean de Meun, c'est qu'on n'a pas eu l'intention d'en donner une édition critique, ce texte n'ayant pas été imprimé pour lui-même, mais seulement pour servir de point de comparaison au poème de Jean Priorat.

Ainsi que l'a très bien fait observer M. G. Paris, à propos de l'*Alexandre* d'Albéric, dit de Besançon ou Briançon, « le moyen âge n'a jamais eu conscience de ce qui le distinguait si profondément de l'antiquité ; il s'est toujours représenté le monde comme ayant été de tout temps ce qu'il le voyait être ; il se figurait naïvement Alexandre avec ses capitaines comme un roi de France ou d'Angleterre entouré de ses barons, et traduisait *milites* par *chevaliers* sans se douter de la différence qui existait entre ces deux termes [1] ». Cette fausse conception de l'antiquité est surtout sensible dans les miniatures des manuscrits, où les anciens sont représentés avec les vêtements, les armures du moyen âge et des monuments semblables à ceux de l'époque et du milieu où ils étaient reproduits.

Jean de Meun ne sut pas éviter l'erreur commune à ses contemporains, et, bien que de son temps la façon de faire la guerre s'éloignât beaucoup de celle des Romains, il ne vit dans le *De re militari* de Végèce qu'un traité de chevalerie, auquel il donna sans plus de façon le titre de *Livre de chevalerie*. Pour lui le *miles* de l'antiquité était le *chevalier* du moyen âge ; les *tirones* étaient les jeunes écuyers et les bacheliers ; c'est à leur intention qu'il traduisait les préceptes de Végèce, mais avec la terminologie féodale, surtout avec les inexactitudes qui ne pouvaient pas manquer de résulter d'une inintelligente interprétation du texte

---

1. *La littérature française au moyen âge*, p. 75.

de l'auteur latin. Ainsi, dès les premières lignes, il nous apprend gravement que les chevaliers (*tirones*), que nous appellerions des recrues, des conscrits ou des jeunes soldats, devaient être choisis non parmi les citadins, mais dans la population des champs, « *quae sub divo et in labore nutritur, solis patiens, umbrae neglegens, balneorum nescia, deliciarum ignara, simplicis animi, parvo contenta, duratis ad omnem laborum tolerantiam membris, cui gestare ferrum, fossam ducere, onus ferre consuetudo de rure est* [1] ». Il est probable que, malgré la valeur physique des chevaliers du moyen âge, on en eût peu trouvé, surtout parmi les bacheliers et les jeunes écuyers, qui eussent réuni toutes ces qualités et se fussent préalablement préparés par un pareil apprentissage à la carrière des armes. Jean de Meun signalera aussi, comme devant faire de bons *chevaliers*, les « fevres, ouvriers de fer, charpentiers, bouchiers, cacheurs de cers et de senglers », mais il estime qu'il ne faut pas accepter, non plus que les citadins, les « pereceus (*l.* pescheurs), oiselleurs, rabardiaus, jougleurs, tresgetteurs, bordeliers, ne gent qui s'entremettent d'office appartenans as delices [2] ».

De même donc que le *miles* est devenu le *chevalier*, tout ce qui se rapporte à la *militia*, à la *res militaris*, sera, dans la traduction de Jean de Meun, détourné de son sens primitif, de son acception

---

[1]. Liv. I, ch. III.
[2]. Liv. I, ch. VII.

véritable, pour devenir choses de chevalerie.

Cette confusion est souvent passée des mots dans les idées, et si, comme le fait remarquer M. Paulin Paris dans l'*Histoire littéraire de la France* [1], la traduction de Jean de Meun ne manque pas de précision, d'élégance et de fidélité, si ces qualités apparaissent dans les parties du traité de Végèce qui sont faciles à comprendre et peuvent avoir des rapports communs avec la chevalerie, il faut bien reconnaître aussi qu'elle présente d'assez nombreuses obscurités. La terminologie technique a causé à Jean de Meun de sérieux embarras; en général, il s'en est tiré, plus ou moins heureusement, — il serait injuste de lui en faire un reproche, — en appliquant à celle de Végèce les dénominations en usage de son temps, mais souvent il a dû recourir à divers expédients dont il sera parlé plus loin.

Pour l'intelligence du texte, il convient de signaler celles des désignations qui sont employées le plus fréquemment par Jean de Meun; les notes empruntées à Végèce lui-même serviront d'éclaircissement pour les autres.

L'*exercitus* est toujours l'*ost*; l'*acies*, qui signifie aussi bien ligne ou rang de bataille que bataille même, est traduit par *bataille* tout court; l'*ars militaris* devient la *discipline*; le mot *castra* est constamment désigné par *herberges,* quand il s'applique au campement, par *champ*, quand c'est

---

[1] P. 398.

le terrain de manœuvres. *Sedes*, le cantonnement, est les *hostieus*; *casae*, le baraquement, les *casiaus*; *papilio*, la tente, est le *pavillon*; *tabernaculum*, également la tente, sera quelquefois le *tabernacle*; *impedimenta*, les bagages, est traduit par *harnois*. *Turma*, l'escadron, est la *tourbe* ou *tourme*, et la *cohors*, la *compaignie*. Les drapeaux ou étendards sont des *dragons* (*dracones*). Jean de Meun appelle *eslire les chevaliers* l'opération du recrutement (*delectus militum*); *giex champestres*, les manœuvres de terrain (*exercitatio campestris*); *hanteïs de l'usage des chevaliers, usage d'armes, acoustumance d'usage*, les exercices (*exercitia*); *aüser, exercere, manieres d'armeüres et giex*, les mouvements et maniements d'armes (*armaturae numeri gestusque*); *erre de chevalerie*, le pas militaire (*gradus militaris*); *garnison*, la fortification (*munitio*). Les ailes sont des *cornes* (*cornua*).

L'*eques* est l'*homme a cheval* ou *chevalier*; les *equites loricati*, cuirassiers à cheval, sont les *chevaliers a haubers*; les *pedites*, les *gens* ou *hommes a pié*, les *poonniers, pionniers* ou *poons*; les troupes légères (*levis armatura*) sont désignées sous le nom de *legere armeüre*; les vétérans (*stipendiosi milites*), sous le nom de *soudoiers*, de même que le mot *stipendia* est traduit par *deniers* ou *gages*; les sapeurs ou mineurs (*cunicularii*) sont les *conniniers*.

Jean de Meun veut-il indiquer les grades? le général (*dux*) est le *duc*; le préfet de la légion est le *prevost de la legion*; celui du camp (*praefectus castrorum*), le *prevost des herberges*; le centurion principal (*princeps*), le *prince des compaignies* ; le maître de la milice (*magister militum*), le *maistre des chevaliers* ; les instructeurs (*campidoctores*), les *maistres de champ* ; les lieutenants (*vicarii* ou *legati*), *vicaires* ou *messages*, etc.

Mais comme, parmi les officiers et sous-officiers, il en est dont le titre en latin n'a sans doute pas son équivalent dans les milices féodales, il se contente de les désigner par ce titre même. Les *campigeni* (instructeurs) restent pour lui des *campigenes* ; les *metatores* (arpenteurs) sont les *metateurs* ; les *mensores* (fourriers) sont les *mensour* ; les *librarii* ou scribes qui tiennent la comptabilité des soldats, sont les *libraires*, « qui racontent es livres les rasons appartenans aux chevaliers » (*librarii ab eo quod in libros referunt rationes ad milites pertinentes*).

Plus loin, nous trouvons encore les *armaturae duplares, qui binas secuntur annonas*, ou manœuvriers à double solde qui touchent deux rations. Pour Jean de Meun, les *armaturae duplares* sont la *double armee* ; les *torquati duplares* et les *torquati simplares*, qui ont reçu, en récompense de leur bravoure, un collier d'or massif (*torques aureus solidus virtutis praemium fuit*), sont les *torquedouplaire*, « qui par lor vertu deservent .I. sols d'or ». Jean de Meun confond ici le *torques aureus solidus* et le sou d'or. Les *munifices* ou hommes de corvées (*qui munera facere coguntur*) « sont cil qui sont contraint a faire les dons en l'ost », etc.

Dans la marine, le pilote (*gubernator*) devient le

gouverneur; les rameurs (*remiges*) sont des *nageurs*.

L'habillement du soldat est la *roube*; son casque (*cassis*), le *hyaume*; la cuirasse (*lorica* ou *catafracta*), le *haubert* ou *cuirie*; le brassard (*manica*), la *manche*, etc.

En certain endroit [1], Jean de Meun définit les *tormenta* (machines de guerre) des « tourmens pour pugnir malfaiteurs ». Il désigne sous le nom de *lymaçons* les engins appelés *testudines* ou tortues; sous le nom de *moutons* les béliers (*arietes*); de *vignes* (*vineae*) les mantelets, sorte de machines. Sans doute pour avoir lu dans le manuscrit qui lui a servi pour sa traduction le mot *putei*, au lieu de *plutei*, il a traduit par *puis* celui-ci, qui signifie toits mobiles ou parapets. Des galeries d'approche, appelées *musculi*, il a fait des *muscles*.

Les balistes, puissantes machines de guerre qui servaient à lancer des traits, des javelots, des pierres, etc., ne sont plus que des *arbalestes*; les *carrobalistes*, ou chars armés de balistes, sont des chariots portant des « gavelos et arbalestes »; les flèches, des *saietes*; les piques (*conti*), des *maces*; les *mattiobarbuli* ou balles de plomb, des *gavelos*; les traits (*hastilia*) et les lances (*hastae*) sont dénommés *hantes* ou *hanstes*. Enfin, il appelle *hebre* le javelot désigné en latin sous le nom de *bebra* [2].

Aux vivres il donne indifféremment le nom de *viande, forment* ou *livroison*.

---

1. Liv. II, ch. x.
2. Liv. I, ch. xx.

Dans la partie qui traite de la marine nous relevons les mots *nef* comme traduction du mot *classis*; *bec* signifie éperon de navire (*rostrum*); *corde* ou *voiles* est employé pour vergue (*antemna*).

Il serait facile de citer encore d'autres exemples de ce genre; ils s'appliquent surtout à des cas isolés. On les trouvera indiqués aux notes de la traduction.

Mais je ne dois pas passer sous silence le chapitre relatif aux vents [1]. Comme l'a très bien fait remarquer M. Paulin Paris [2], c'est celui qui a présenté les plus grandes difficultés à Jean de Meun. Il contient, en effet, une nomenclature des vents en grec et en latin. Notre traducteur avoue en toute franchise qu'il ne les sait « pas proprement nomer », et, au lieu de traduire le texte de Végèce, il donne sur les vents principaux des explications de son crû. Végèce dit : « *A verno itaque solstitio, id est ab orientali cardine, sumemus exordium, ex quo ventus oritur apheliotes, id est subsolanus; huic a dextera jungitur caecias sive euroborus, a sinistra eurus sive vulturnus. Meridianum autem cardinem possidet notus, id est auster; huic a dextera jungitur leuconotus, hoc est albus notus, a sinistra libonotus, id est corus. Occidentalem vero cardinem tenet zephyrus, id est subvespertinus; huic a dextera jungitur lips sive africus, a sinistra japyx sive favonius. Septentrionalem vero cardinem sortitus*

---

1. Liv. IV, ch. xxxviii.
2. *Histoire littéraire*, t. XXVIII, p. 396.

est aparctias sive septentrio; cui adhaeret a dextra thrascias sive circius, a sinistra boreas, id est aquilo. »

Voici le texte de Jean de Meun; comme il est facile de le voir, il n'a avec celui de Végèce de commun que le fond :

« Pour ce que cist aucteur Aristotes et li poete neïs et diverses nascions avec nomment et ordenent diversement ces vens, et pour ce neïs que je ne les sai pas proprement nomer en françois, je Jehans de Meun, translaterres de cest livre, ne voel dou tout ensivir ne les uns ne les autres, mais je vous nomerai et ordenerai des .IIII. vens principaus et de tous lor compaignons proprement lor nons en latin, si comme li Latin les noment ore communement et en ont fait vers que vous orrés ci après. Li premiers des .IIII. principaus vens est apelés *Eurus*, et je cuit que li François l'apellent solaire, et vient d'orient, et a .II. compaignons, dont li .I. a a non *Vulturnus*, qui li soufle a destre devers setemptrium, et li autres a a non *Subsolanus*, qui li soufle a senestre devers mydi. Li secons vens principaus, qui soufle contre le premier, a non *Zephirus*, et je cuit qu'il l'apelent mol vent, et vient d'occident, et a .II. compaignons, dont li .I. a a non *Favonius*, qui li soufle a destre par devers myedi, et li autres a a non *Chorus*, qui li soufle a senestre par devers septentrium. Li tiers vens principaus a non *Auster*, et je cuit qu'il l'apelent *pluger* (var. *plugeul*), et vient devers myedi, et a .II. compai- gnons, dont li .I. a non *Affricus*, qui li soufle a senestre par devers occident, et li autres a nom *Nothus*, qui li soufle a destre par devers orient. Li quars vens principaus a non *Boreas*, que li François apelent byse, et vient de septemtrium, et soufle contre myedi, et a .ii. compaingnons, dont li uns a nom *Circyus* : cis li soufle a senestre par devers orient ; li autres a non *Aquilon* et li soufle a destre par devers occident. Vesci les vers dont je vous ai fait mencion :

> *Euro Vulturnus Subsolanusque sodales*
> *Affricus atque Nothus sunt Austro collaterales;*
> *Cum Zephiro Chorus, Favonius accipiuntur,*
> *Circius ac Aquilo Boream stippare feruntur.*

« Cist vers ne dient nulle autre chose fors que seulement les nons et l'ordenance des vens desus nonmés. Ovide neïs nomme et ordenne en son grant livre les .iiii. vens principaus, si comme je vous ai ci devant mis. Or m'en revien a mon pourpos, c'est a dire de translater le remanant dou livre. »

« Enfin, au chapitre suivant, où l'on apprend *quibus mensibus tutius navigetur*, « en quel mois « l'on nage plus seürement », Jean de Meun ouvre une parenthèse pour nous dire le nom donné de son temps à la constellation des Pléiades : « Puis que « Pleyades sont nees (c'est uns monciaus d'es- « toilles que li Latin nomment la meneur Ourse et « li François l'apelent la Geline pouciniere),... puet « on seürement nagier. » Il n'est pas de « monceau « d'étoiles » dont le nom ait autant varié que celui des Pléiades ; mais on rencontre assez rarement ailleurs celui que lui donne Jean de Meun [1]. »

Un autre procédé de Jean de Meun consiste à amplifier le texte de Végèce. Tantôt il complète des énumérations qu'il ne juge pas suffisantes ; tantôt il explique et commente la pensée de l'auteur latin, espérant ainsi la rendre plus claire ; tantôt il ajoute ses réflexions personnelles. Quelques exemples sont nécessaires pour montrer comment il a compris son rôle de traducteur.

Un des plus caractéristiques est celui qui a été déjà cité plus haut et qui contient l'indication des professions qui semblent à Végèce incompatibles avec celle du soldat : *piscatores, aucupes, dulciarios, linteones omnesque qui aliquid tractare videntur ad gynaecea pertinens*. Jean de Meun ne les trouve pas assez nombreuses. Aux pêcheurs, aux oiseleurs, aux tisserands et « gent qui s'entremettent d'office appartenans a delices », — il veut sans doute, par cette dernière catégorie, désigner les pâtissiers ou confiseurs (*dulciarios*), — il ajoute les « jougleurs et les tresgetteurs » ; puis, pour n'avoir pas compris l'expression *qui aliquid tractare videntur ad gynaecea*, laquelle indique les occupations ayant quelque rapport avec celles des femmes, il y joint les « bordeliers [2] ».

Parmi les instruments que les soldats devaient porter avec eux, Végèce indique *ligones, rostra*,

---

1. *Histoire littéraire*, t. XXVIII, p. 397.
2. Liv. I, ch. vii ; cf. *Histoire littéraire*, t. XXVIII, p. 394.

qualos aliaque utensilium genera. Jean de Meun va plus loin; il signale les « fessours, peles, martiaux et pis, houyaus et cuignies et autres estrumens¹ ». Il traduit *locaaspera, inaequalia, montuosa* par « les liex aspres, ruistes, broconneux et desvoiés et montaingneus² », etc.

Comme exemples de commentaires, il y a lieu de citer ce qu'il dit du Champ de Mars, un champ « que il apelerent martial, c'est a dire batillereus »³; des *mattiobarbuli,* dont le nom fut changé par les empereurs Dioclétien et Maximien en celui de Joviens et d'Herculiens, « en l'onneur de Jupiter et de Hercules, qui lors estoient honouré comme dieu »⁴; des princes, des hastaires et des triaires (*in prima acie pugnantes principes, in secunda hastati, in tertia triarii*) : « Cil de la premiere bataille estoient appellé princes batilleur; en la seconde bataille estoient li hanté, ce est a dire qui portoient les hantes a glaives divers pour lancer et pour ferir. En la tierce bataille estoient li triaire, ce est a dire li tierchonnier ou troisieme; ausi estoient cil nommé pour ce qu'il tenoient le tiers lieu »⁵; du lieutenant (*legatus*), « c'est a dire le message de l'empereur »⁶;

---

1. Liv. I, ch. xxiv. Je dois dire que cette énumération est moins complète dans Priorat, soit que celui-ci ait été gêné par la rime, soit que plusieurs de ces noms aient été ajoutés après coup par des copistes.
2. Liv. III, ch. xiii.
3. Liv. I, ch. x.
4. Liv. I, ch. xvii.
5. Liv. I, ch. xx.
6. Liv. II, chap. ix.

du Minotaure, « qui estoit demi hons et demy toriaus »[1]; des Cymbres (Tymbre), qu'il nomme des « François »[2]; du pas : « Et devez savoir que .v. piés sont .I. pas et que .c. et .xxv. pas sont une estade, c'est a dire la sizime partie d'une liue, et .VIII. estades font une mille, c'est a dire demi liue, si que par cest cont .II.^{m} pas ne font que une liue[3]. » Le plus curieux de tous est sans contredit celui qui est relatif à l'huile ardente (*oleum incendiarium*), qu'en trois endroits différents[4] il appelle le feu grégeois, sans que rien justifie une pareille assimilation. Jean de Meun, on le voit, n'a pas toujours été très heureux dans le choix des explications qu'il a voulu donner. Les notes empruntées au texte latin en fourniront d'autres preuves.

Il émet quelquefois des réflexions personnelles ; je mentionnerai les suivantes. Végèce ayant dit que, chez les anciens, l'infanterie méritait d'être comparée à une muraille, à cause de la solidité de son armure (*Unde enim apud antiquos murus dicebatur pedestris exercitus, nisi quod pilatae legiones praeter scuta etiam catafractis galeisque fulgebant? usque eo, ut sagittarii sinistra brachia manicis munirentur, pedites autem scutati praeter catafractas et galeas etiam ferreas ocreas in dextris cruribus cogerentur accipere*), le traducteur ajoute : « Et ce ne lor grevoit pas pour l'usage qu'il en

---

1. Liv. III, chap. VI.
2. Liv. III, chap. XI.
3. Liv. I, ch. IX.
4. Liv. IV, chap. VIII, XVIII et XLIV.

avoient, ne ce ne doit pas estre grief a homme que de estre bien garnis de son cors, car ce est plus bele chose et plus seüre de lentement encauchier ses annemys que ce n'est de legierement fuir¹. » Un peu plus loin, à propos de la nécessité de proportionner le nombre des troupes à l'importance du camp et de ne pas le laisser dégarni, il dit que « il (les chevaliers) en seroient plus foible et plus seürement se porroient lor anemy embatre seur yaus »². Quand l'ennemi est en marche, il faut, d'après Végèce, saisir le moment où il est épuisé par les fatigues d'une longue route, attaquer de préférence l'arrière-garde et faire prisonniers les pillards et les fourrageurs. Pour cela, dit Jean de Meun, « li bons dus doit avoir o lui de ces chevaucheours esleüs, très bien montés en toutes chevauchies, et doit estre ausi comme el milieu des siens pour refrener les encontreurs de ses anemis ou pour secourre as siens, se besoins en estoit »³. Ce sont les seules additions qui doivent être attribuées à Jean de Meun ; celles qui ont été citées par l'*Histoire littéraire* et qui sont relatives à l'institution et à l'utilité des tournois, qui, de même que les jeux et les exercices chez les Romains en temps de paix, sont donnés comme une excellente préparation à la guerre⁴ ; au soin à apporter à

---

1. Liv. I, ch. xx. Cf. Priorat, v. 1485-1490.
2. Liv. I, ch. xxii. Cf. Priorat, v. 1680-1684.
3. Liv. III, ch. x. Cf. Priorat, v. 5910-5914.
4. P. 394.

l'entretien des armes [1]; au signe de reconnaissance qu'avaient les chevaliers sur une plaque de métal fixée à l'épaule [2]; aux mesures que les Romains prenaient à l'avance pour tenir la campagne et faire le siège des places [3], etc., sont des interpolations dues aux copistes de la traduction de Jean de Meun. On ne trouve pas trace de ces réflexions dans le texte de Priorat, qui n'aurait pas manqué d'en tenir compte dans son poème, si elles avaient réellement existé dans le texte qu'il avait sous les yeux.

Parmi les faits historiques du moyen âge auxquels il est fait allusion dans le texte en prose, je citerai la défaite de Conradin à Tagliacozzo [4]. Priorat n'en parle pas à l'endroit correspondant, mais, plus loin, il rappelle ainsi cet événement, sans qu'il en soit là fait mention par Jean de Meun :

> Conradins, per ceste meniere,
> De ce que il au desus iere
> Se trova arriers et desore,
> Quant Charles li recorrut sore;
> Per son fol apparoillemant
> Fu voincuz, et sui Alemant,
> N'onques puis ne se reliarent,
> Mès les perirent et tuarent
> Li François, qui es granz fais d'armes
> Trueve l'on toz jors fors et fermes

1. P. 393.
2-3. P. 394.
4. Liv. II, ch. XVII, *ad calcem*. Cf. *Histoire littéraire*, t. XXVIII, p. 395.

> Per nature et per droite geste,
> Et Conraz ot tranchie la teste[1].

Cette coïncidence n'est certainement pas fortuite ; l'idée première de l'allusion revient à Jean de Meun, mais Priorat l'a développée dans un chapitre où elle lui aura semblé être plus de circonstance.

La traduction en prose du *De re militari*, telle qu'elle nous est parvenue, contient de nombreux exemples historiques qui ne figurent pas dans le texte de Végèce. Les uns sont empruntés à l'antiquité sacrée et profane ; les autres au moyen âge. Il s'en faut de beaucoup que tous soient d'une exactitude absolue. L'*Histoire littéraire* a passé sous silence cette curieuse particularité des manuscrits du texte qui nous occupe. Je demande la permission de réparer cet oubli, en citant quelques-uns de ces exemples, qui sont comme une confirmation de ce qui a été dit plus haut de la façon dont le moyen âge comprenait l'antiquité, et en faisant connaître les conclusions auxquelles m'a permis d'arriver la comparaison de la traduction en prose avec le texte latin et avec celui de Priorat.

Végèce ayant à parler de Tydée, qui était de petite taille, mais d'une grande force, nous trouvons, à propos de lui, dans le texte français, ce passage qui n'a pas son équivalent dans le latin : « Et bien y parut quant il ala el message a Thebes au roy Ethiocles de par Polinices, son frere, car il

---

1. V. 8117-8128.

occist et desconfist par son cors seul .vi. chevaliers qui le gaitoient a un mal pas por occire¹. » Il en est de même de ce qui suit, où, pour démontrer la nécessité d'entraîner les troupes à la marche et de les habituer à un ordre régulier, il est question de la défaite de Cyrus par la reine Thamyris : « Car par ce que ses gens [de Cyrus] se departirent par tropiaus, ne ne se tinrent pas en ordre, ainsois s'esparpillerent et desrompirent cha .xl., cha .c., les desconfist la royne Thamaris a mains de gent le tiers que li roys n'avoit, et prist la royne le roy tout vif, si le fist noier en plaine cuve de sanc, pour ce que tant avoit tous jours eü soif de sanc espandre. Et ainsi comme vous oés fu mors li roys Cyrus et sa gent desconfite et livree a perdiscion et a mal par malvaisement garder leur ordenance entre yaus². » Un peu plus loin, en voulant nous apprendre que Pompée fut gendre de César, on applique à celui-ci ce que Végèce, citant Salluste, attribuait à celui-là : « Et raconte Salutes que Julius Cesar, a cui li grans Pompés fu gendres ; » le texte latin porte : *De exercitio Gnei Pompeii magni Sallustius memorat*³ ; ce qui n'est pas la même chose, comme on le voit.

Dans le chapitre xxi du livre I, qui traite de l'utilité de la fortification des camps, nous lisons

---

1. Liv. I, ch. v. Ce passage est une réminiscence du *Roman de Thèbes*. Cf. l'édition de M. Constans, t. I, p. 57-91, où il est parlé du massacre de Tydée et du combat des Cinquante.

2. Liv. I, ch. ix.

3. Liv. I, chap. ix.

que « fu desconfis li roys de Mede par l'ignorance de ce qu'il ne se daigna logier seurement, ne sot faire eschargaitier, et par ce fu souspris de Abraham, qui n'avoit que .iii^c. hommes en sa compaignie, et li roys en avoit bien .xv^m., qui tout furent que mort que desconfit, et rescoust Abraham Loth, son neveu, et guaigna grant proie, si comme on trueve el livre de Genesis; et li roys Cerces fu desconfis en Grece par le roy Leonidas, qui n'avoit que .vi^c. hommes, et lor courut sus... » En ce qui concerne l'exploit d'Abraham, il est à peine besoin de faire remarquer que, selon la Bible, ce n'est pas le roi des Mèdes qu'il défit, mais bien Chodorlahomor, roi des Élamites, qui, s'étant emparé de Sodome, avait fait Loth prisonnier¹. Le nombre des adversaires d'Abraham ne semble avoir existé que dans l'imagination de celui qui raconte son fait d'armes.

C'est encore à propos de campement qu'il est question du siège de « Clermont » en Auvergne par César, de « Vercigetoris » et de la bataille de Munda (Mode) en Espagne².

Au nombre des rois énumérés comme ayant eu le tort de réunir des armées trop considérables, figurent, à la suite de Xerxès, de Darius et de Mithridate, « Porus d'Ynde », Annibal et les « Galoys », dont Végèce ne dit pas un mot. Et, pour le démontrer, le translateur ajoute : « Et

1. Gen., XIV, 9-16.
2. Liv. I, ch. xxiii.

et mainte bataille de Judas Machabeu et en celes dou duc Godefroy de Buyllon et en celle de Muriaus le peiroit on par fait moustrer[1]. »

La question de l'hygiène de l'armée a fourni matière à une réflexion qui n'a rien de flatteur pour les Français, au moins pour ceux de ce temps-là. Après nous avoir raconté, ce que ne dit pas Végèce, que Pompée, enfermé dans ses retranchements par César, fut obligé de s'éloigner de Duras (Dyrrachium) « pour l'enfermeté de l'air corrumpu », l'auteur dit : « Moult ont fait de damage en grant ost et en mainte assanblee peresse et negligence de nettoier les cors des homes et des mortes bestes et des autres pourretures lor herberges, et de ce sont plus entechié li Fransois que nulles autres nacions, si comme il appiert de nostre temps et de nostre souvenance en Tunes et en Arragon, et en tous liex la ou il tiennent assambleez de gens d'armes ne sieges devant forteresses, et pour ce ne puent il demorer longuement en santé, car il voellent trop les cors aisier et si mettent trop peu de paine a rescevoir bon air, et de ce ne les poursivent pas li Grieu, li Tartaire ne li Sarrazin, car il mettent plus grant paine en couvrir lor damage et en garder lor santé qu'il ne font peu s'en faut en grever lor anemis[2]. »

Ce qui est dit du siège de Jérusalem par Titus et Vespasien et des horreurs de la famine dont cette

---

1. Liv. III, ch. i.
2. Liv. III, ch. ii.

ville eut à souffrir[1], du passage du Rubicon par César[2], de la bataille de Pharsale, ici appelée de Thessale[3], sont des interpolations, aussi bien, est-il besoin de le dire? que le passage suivant, qui clora la série de ces exemples, soigneusement relevés dans l'édition : « Dont cil d'Aufrique et cil d'Orient metent grant estude en grever lor anemis de poudre et de soulail et de noise pour esbahir les, et bien le moustrerent en Tunes au temps le roy Loÿs, et a la bataille de Bouvines en orent grant domage li Flamenc[4]. » Nous ne trouvons l'équivalent de ces interpolations ni dans le latin ni dans Priorat.

Il a été pris, on le voit, avec le texte de Végèce les plus grandes libertés. Toutes ne sont pas imputables à Jean de Meun ; les interpolations dont les exemples ci-dessus mentionnés présentent de si curieux spécimens sont le fait de copistes plus ou moins scrupuleux de son *Art de chevalerie*. Il me reste à signaler un vice de sa traduction dont il est bien responsable : ce sont les omissions de mots ou de passages qu'il n'a généralement pas compris ou qui lui ont semblé inutiles. Le nombre en est relativement grand, comme il sera facile d'en juger par les notes qui accompagnent son texte. Je me bornerai à en citer quelques-unes parmi les plus caractéristiques.

1. Liv. III, ch. III.
2. Liv. III, ch. VII.
3. Liv. III, ch. IX.
4. Liv. III, ch. XIV.

Au livre I, chapitre VIII, ayant à rendre le mot *tactica*, qu'il n'a pas compris, dans cette phrase : *Lacedaemonii quidem et Athenienses aliique Graecorum in libros rettulere complura quae tactica vocant*, il traduit : « Li Lachedemonien et cil d'Athenes et li autre Grijois escrirent pluseurs choses en lor livres et les nommerent *si comme il vaurrent*. » Ailleurs [1], il appelle la tactique les « cotiques ». Énumérant les auteurs latins qui ont écrit sur les choses de la guerre, Végèce dit : *Quae Cato ille Censorinus de disciplina militari scripsit, quae Cornelius Celsus, quae Frontinus perstringenda duxerunt, quae Paternus diligentissimus juris militaris adsertor in libros redegit, quae Augusti et Trajani Hadrianique constitutionibus cauta sunt.* Jean de Meun réduit cette phrase à sa plus simple expression : « Ce que Cathons Censoriens et Corniles et Frontins et pluseur autre poete en ont escript, et maint empereur nos en ont fait establissemens [2]. » Ce passage du chapitre XX du livre I : *pilatae legiones... fulgebant*, est traduit par « il portoient », les mots *pilatae legiones* n'ayant pas été compris par le traducteur. Un peu plus loin, il y est question d'une espèce particulière de bonnets, « *quos Pannonicos vocant* » ; ces mots ne sont pas traduits.

Dans une énumération par Végèce de peuples renommés pour leur valeur militaire sont cités

---

1. Liv. III, prologue.
2. Liv. I, ch. VIII.

les Lacédémoniens, les Athéniens, les Marses, les Samnites et les Péligniens. Jean de Meun ignorait sans doute l'existence et le nom de ces trois derniers ; il se contente de les indiquer par ces mots vagues : « et mains autres batilleurs [1]. » Il omet de même les Celtibères [2] ; il ne parle pas davantage en un endroit des mineurs Besses, qu'il mentionne ailleurs [3], etc. Végèce dit que les soldats, après avoir été admis à la marque du tatouage, étaient inscrits sur les contrôles : *victuris in cute punctis milites scripti*. Jean de Meun traduit : « li chevalier escrit qui sont a ce retenu [4] », etc.

Comme omission importante, je signalerai celle-ci, qui se rapporte au chapitre 1ᵉʳ du livre II : *Equitum alae dicuntur ab eo quod ad similitudinem alarum ab utraque parte protegunt acies; quae nunc vexillationes vocantur a velo, quia velis, hoc est flammulis, utuntur. Est et aliud genus equitum, qui legionarii vocantur propterea quod conexi sunt legioni; ad quorum exemplum ocreati sunt equites instituti. Classis item duo genera sunt, unum liburnarum, aliud lusoriarum.*

En résumé, si la traduction en prose de Végèce par Jean de Meun, telle qu'elle est arrivée jusqu'à nous, se recommande par des qualités réelles, elle se présente aussi avec des défauts bien excusables par le temps où elle a été faite. Les inexactitudes,

---

1. Liv. I, ch. xxviii.
2. Liv. II, ch. ii.
3. Liv. II, ch. xi. Cf. liv. IV, ch. xxvii.
4. Liv. II, ch. v.

les obscurités et les omissions sont assez nombreuses et assez graves pour qu'il soit souvent nécessaire, si on veut la comprendre, de recourir au texte latin.

Sauf pour le prologue du premier livre, qui a été arrangé par l'auteur, sauf des cas très rares dont il sera question plus bas, le rapport entre le poème de Priorat et la traduction en prose de Jean de Meun est aussi étroit que possible. Le versificateur bisontin a imité son modèle avec un soin presque servile. Non seulement il pousse jusqu'au scrupule le respect du sens, mais il va souvent jusqu'à reproduire les termes mêmes du texte en prose; il y a tel et tel vers de Priorat qu'on retrouve sans aucun changement dans celui-là; il y en a de nombreux où il a suffi d'une simple interversion, de l'omission ou de l'addition d'un mot pour transformer la prose en vers. Seules les exigences de la rime ont pu forcer Priorat à sortir des limites étroites qu'il s'était tracées.

Si le texte de Jean de Meun était arrivé jusqu'à nous dans sa pureté primitive, le poème de Priorat n'offrirait pour nous d'autre intérêt que celui de son existence même et des renseignements qu'il fournit sur la langue de Besançon au XIIIᵉ siècle. Mais il faut lui savoir gré de nous permettre, justement à cause de son manque d'originalité, de déterminer avec une précision presque absolue la part qui revient à Jean de Meun dans les différences constatées entre sa traduction et le texte latine et celle qui doit être attribuée aux interpolateurs de son *Art de chevalerie*. C'est un des côtés vraiment utiles de son œuvre; les nombreux exemples qui en ont été donnés plus haut, ceux que fournissent les annotations du texte en prose en sont la preuve.

Les licences prises par Priorat avec la traduction de Jean de Meun peuvent, indépendamment de quelques omissions et erreurs que j'ai relevées, se réduire aux suivantes : une paraphrase assez longue d'un court passage en prose (v. 151-174, prologue du livre I); un arrangement de la fin du prologue du livre I; le développement du passage qui correspond aux vers 9730-9740; l'incident relatif à Conradin, dont il a déjà été parlé; une explication qu'il donne de la machine de guerre appelée *limaçon*. Je ne puis résister au désir de reproduire ces vers de Priorat, qui contiennent un des mots les plus curieux employés dans le patois franc-comtois et dans le langage populaire des montagnes du Doubs :

> En cest païs l'apele l'on burre,
> Por ce que si fort es murs turre
> Et au turrer tel cop lor done
> Que il les crevante et estone
> Et les fait cheoir et abatre,
> Per c'on se puet leans embatre.
> Alemant, que le sevent faire,
> Cil le rapelent lindegaire[1].

[1] V. 9179-9185.

Les mots « turrer » et « tutre » s'emploient aujourd'hui sous la forme « teurrer » et « teuré », quand on parle de bœufs, de vaches ou de béliers qui se battent tête contre tête à coups de cornes. Par extension, ils se disent d'un homme de mauvais caractère, d'un bourru, d'un taciturne; un tel homme est un « teuroux ». Le texte de Priorat fournit plus d'un mot de ce genre, encore conservé dans le patois et dans le langage populaire de la Franche-Comté.

De même que Priorat se montre aussi sobre de commentaires que l'ont été peu les copistes de Jean de Meun, de même il ne prodigue pas les exemples de faits historiques qui pourraient servir de preuves aux théories de Végèce. J'ai déjà cité celui qui est relatif à Conradin : il ne me semble pas devoir lui être attribué en propre ; mais il est certainement l'auteur du suivant, par lequel il essaie de démontrer qu'à la guerre le manque de prudence expose aux plus graves catastrophes les armées les plus nombreuses et les plus solides :

> Bien i parut a la navie
> Que conquist Rogiers de Lorie
> Entre Roses et Saint Felis,
> Et s'estoient pointes a flors de lis
> Les galies que demorerent.
> De vint et cinc n'an eschaperent
> Mès c'une tote debrisie;
> Ce fu per lor fole maistrie,
> Car sanz et us et ars profite
> En grant guerre et en la petite [1].

1. V. 10497-10506.

La défaite des « galies pointes a flors de lis » à laquelle Priorat fait ici allusion est un des épisodes de l'expédition de Philippe III le Hardi contre don Pèdre, roi d'Aragon. La flotte française, commandée par Guillaume de Lodève, avait été une première fois battue aux Formigues, vers la fin d'août 1285, par le célèbre amiral italien Roger de Loria, qui s'était mis au service du roi d'Aragon. Guillaume de Lodève, fait prisonnier, fut remplacé par Enguerrand de Bailleul, lequel fut à son tour vaincu et pris, le 16 septembre suivant, dans les eaux de Rosas ou Roses, ville et port de la province de Girone. Nous avons vu plus haut que Priorat fit partie de l'expédition contre l'Aragon, qu'il y perdit un « roncin », pour lequel le comte de Bourgogne, Othon IV, lui donnait, en avril ou mai 1286, neuf muids de vin de Groson, comme équivalent d'une indemnité de 15 livres pour son cheval [1]. Priorat fut sans doute témoin de ces désastres, après lesquels Philippe III dut regagner la France, mais la mort frappa ce prince à Perpignan, le 5 octobre 1285. La mise en vers de la traduction de Jean de Meun ne saurait donc être antérieure au retour de Priorat en Franche-Comté, c'est-à-dire à la fin de 1285 ou au commencement de 1286. Comme, d'autre part, Priorat était mort en 1290, c'est entre les années 1286 et 1290 qu'il faut placer la composition de *Li abrejance de l'ordre de chevalerie*.

---

1. P. XI, et *Pièces justificatives*

III

La langue et la versification de Priorat.

Un quart de siècle s'est bientôt écoulé depuis le jour où, pour la première fois, je me suis occupé du poème de Priorat. La Société des anciens textes n'était pas encore fondée, et, pendant un assez long temps, j'avais songé à donner de ce poème une édition avec M. W. Foerster. Le savant professeur a bien voulu m'abandonner la partie de la copie faite par lui et me laisser le soin de publier seul *Li abrejance de l'ordre de chevalerie*.

Dans l'intervalle, un de ses élèves, M. Fritz Wendelborn, qui avait eu en communication la transcription faite par nous, a soumis à une étude attentive la langue de Priorat, telle que les rimes permettent de l'établir. Il en a fait l'objet d'une thèse inaugurale soutenue, le 19 mars 1887, à l'Université de Bonn, pour l'obtention du grade de docteur en philosophie. Cette thèse est intitulée : *Sprachliche Untersuchung der Reime der Végèce-Versification des Priorat von Besançon*, Wurzbourg, 1887, in-8° de 44 pages. Elle est le résultat d'un travail consciencieux, auquel les plus exigeants trouveront peu à redire[1]. L'auteur ne s'en est pas tenu exclusivement au texte de Priorat;

---

1. Les quelques erreurs de détail qu'on peut y signaler n'enlèvent rien au mérite de l'ensemble.

il a comparé les résultats de son étude avec les éléments fournis par les chartes anciennes ou les parlers actuels. Malheureusement il s'est trouvé obligé d'employer des documents qui ne sont pas reproduits avec une exactitude suffisamment rigoureuse : il est à peine besoin, en effet, de dire que les chartes publiées par Chevalier, Chifflet, ou Dunod, étant éditées à la façon du XVIIe et du XVIIIe siècle, présentent des différences notables avec les originaux. On peut aussi douter, en plus d'un point, de la confiance que méritent les textes patois employés par l'auteur. Mais c'est le cas de dire que ce qui abonde ne vicie pas, et, en ayant soin de n'en user qu'avec circonspection, les rapprochements de M. Wendelborn peuvent souvent jeter du jour sur la langue même de Priorat[1].

Les observations de M. Wendelborn peuvent s'appliquer à l'ensemble du poème aussi bien qu'à la rime[2]. Son étude philologique est donc assez complète pour qu'il n'y ait pas lieu de la refaire[3], et

---

1. Une erreur matérielle assez gênante pour l'utilisation de son travail s'est produite dans la thèse de M. Wendelborn. A partir du v. 895 ou environ, ses renvois au chiffre des vers sont inexacts ; ils doivent être diminués de 20.

2. Le fait le plus intéressant attesté par la rime est l'accentuation sur l'*i* de la diphtongue *ie* issue d'*a* palatalisé (*inutile* rimant avec *folie*, etc.). Ce sont les nombreuses rimes de ce genre qui m'ont empêché de mettre un accent sur l'*e* de cette diphtongue, même dans l'intérieur des vers.

3. La forme de l'article défini et de l'article contracté au pluriel, *las, as, das*, de l'adjectif possessif *sas* et du pronom personnel *las*, employé plus fréquemment que *les, des*, est, mérite d'être signalée, parce qu'elle établit, pour ainsi dire, un lignes de démarcation.

je m'en abstiens d'autant plus volontiers que je ne suis pas philologue de profession. Je me bornerai à présenter quelques remarques sur la versification de Priorat et à signaler un certain nombre d'idiotismes qui se sont conservés jusqu'à nos jours dans le patois ou dans le français que parle le peuple dans une partie de l'ancienne Franche-Comté.

Ce qui frappe tout d'abord quand on lit le poème de Priorat, c'est l'incertitude qui règne dans la mesure des vers. La plupart ont le nombre réglementaire de syllabes, huit pour les vers terminés par des rimes masculines, neuf pour les vers terminés par des rimes féminines; mais un très grand nombre en ont une, deux ou même trois en plus, d'autres, plus rares, paraissent en avoir une en moins. Cette irrégularité est tout à fait exceptionnelle dans la versification du moyen âge, et semble accuser chez l'auteur une singulière inexpérience[2]. Elle a la fâcheuse conséquence qu'il est très

---

cation bien tranchée qui existe entre le patois de la région orientale et celui de la région occidentale du département du Doubs, jusques et y compris le canton de Russey, où les formes *las*, *dás*, *as*, etc., sont encore employées. C'est dans la région occidentale, moins le Sauget et le pays des Fourgs, qui ont un dialecte à part, que le patois franc-comtois se rapproche le plus de la langue de Priorat.

Je me suis efforcé du moins d'aider les philologues en dressant du poème de Priorat un glossaire complet et détaillé, qui fournit une contribution importante à la lexicographie de l'ancien français.

On pourrait être tenté d'attribuer au copiste les vers trop longs ou trop courts; mais, d'une part, le mauvais est visible

difficile de constater la mesure que Priorat donnait aux mots, notamment à ceux où figurent des voyelles qui, à un certain moment, se sont élidées. Aussi ai-je été parfois embarrassé quand il a fallu indiquer, par l'adjonction ou l'omission d'un tréma, que la voyelle en question comptait encore ou ne comptait plus pour une syllabe (*saüssent, seüssent*, ou *saussent, seussent*, etc.). Chaque fois qu'on pouvait rétablir la mesure des vers en adoptant l'une ou l'autre des deux formes, j'ai indiqué, en mettant ou en ne mettant pas de tréma, celle qui convenait en cet endroit; mais je ne puis répondre d'avoir toujours touché juste, puisqu'il y a dans le poème beaucoup de vers où l'application de ce procédé ne suffit pas à rétablir la mesure. On peut dire d'ailleurs que l'emploi des formes non contractées est chez Priorat un archaïsme, et qu'il n'employait réellement que les formes modernes. La même raison fait qu'il est très difficile de savoir si notre auteur pratiquait ou ne pratiquait pas la non élision de l'*e* féminin final des polysyllabes. La non élision se montre avec une quasi-certitude dans des vers très nombreux, dont je ne citerai que quelques exemples, empruntés au début du poème :

C'on ne t'en puisse achevir (113).
Por metre en auctoritey (142).

ment excellent et très voisin de l'autographe; d'autre part, il serait souvent impossible de trouver une correction qui ramenât le vers à un nombre régulier de syllabes.

Ne grace, come il lor done (157);
De parole en riule bele (101).
De savoir prendre et atre (264).

D'autre part, l'elision, naturellement, n'en est pas moins le procédé habituel de l'auteur; mais il y a des vers qui de toute façon dépassent la mesure voulue, où l'on ne peut donc affirmer l'élision de l'e féminin, qui ne suffirait pas à la rétablir. Je me suis abstenu d'indiquer par la typographie les cas où l'élision doit ou ne doit pas être admise; je laisse au lecteur le soin d'en juger.

Les rimes féminines, dans notre poème, sont avec les rimes masculines dans la proportion d'un tiers environ. On est frappé de la quantité considérable de ces rimes qui sont insuffisantes. La désinence est toujours identique (*e* ne rime pas avec *es* ou *ent*), mais entre la voyelle accentuée et l'e final il arrive souvent que la consonne ou le groupe de consonnes varie.

Voici quelques exemples de rimes féminines défectueuses: *povre, trove* (159-160); *trueve, euvre* (849-850); *glaives, navres* (1497-1498); *hautes, autres* (1661, 1662); *samble, triangle* (1689, 1690; 3097, 3098); *some, sejorne* (4273, 4274); *grandre, demande* (6725, 6726); *trueve, huevre* (9451, 9452); *forme, torne* (9605, 9606); *ordre, corde* (11299, 11300); *signes, meismes* (611, 612; 2465, 2466; 2959, 2960; 3827, 3828), etc., etc.

Au contraire, parmi les rimes masculines les moins satisfaisantes, je ne trouve guère à signaler que *cers, icex* (631, 632); *Serturius, enxious* (657, 658); *naigeours, vertuous* (11071, 11072).

Une imperfection d'un autre genre que présente la rime dans Priorat est la répétition, dans des vers qui se suivent immédiatement ou qui sont très rapprochés les uns des autres, des mêmes mots ayant le même sens. Exemples se rapportant au premier cas :

> Des malades se prenoit garde,
> De lor mises et de lor garde (2801-2).

Il y a au moins encore trois répétitions analogues de ce même mot *garde* aux vers 4927-4928; 7099-7100 et 7357-7358.

> Doivent tantost en escrit estre
> Et quant l'on revoudroit fors estre (3321-2).

> Qu'as places de lor mestier joent,
> Por ce qu'aucunes fois s'an joent (3697-8).

> Et doit valoir plus que devant;
> Mès cil qui vont fuant devant (7575-6).

> Apuier eschieles por prandre
> Les murs de la citey et prandre (8769-70).

> Contre le premier vant si non
> Zephirus et per son droit non (10589-90).

Exemples du second cas :

> La pesant armure sans faille
> En leu de mur est en bataille.
> Nos davons savoir et sans faille
> Que quant venoit a la bataille (3157-60).

Et per les cornsours s'amuevent,
Ne li chevalier ne s'an muevent.
Donques quant chevalier s'amuevent,
Les trompaours devant ax truevent (3181-84).

Ne nules besoignes privees
Jai ne lor fussent comandees (3331-2).
. . . .
Entandissent es choses privees
Ne que lor fussent comandees (3337-8).

Doivent le gait faire per nuit,
Si c'on ne face a l'ost ennuit (5437-8).
. . . .
Si que nuns ne voilleit per nuit,
Por ce que trop n'eüst d'ennuit (5443-4).

L'andemain lor engins menez,
Essis et mis et ordonez (9133-4).
. . . .
Quant li engins fu ordonez
Et per ses roes lai menez (9137-8).

Les exemples de ce genre seraient assez nombreux. Enfin, je signalerai la série des vers 10985-10994, qui ont tous la même rime :

Et des vans sanz le soflemant
S'anfle per son respiremant
Et croist ausi meïsmemant,
Se lieve ele hautemant
Et per un soul eschaufemant,
C'on apele rumne ausimant,
Se sorabonde moult formant
Et fait moult grant apandemant
Nuit et jor per l'entandemant
De douze hores veraiement.

Malgré ces négligences et quelques autres, il serait injuste d'être trop sévère pour Priorat considéré comme rimeur. Les rimes suffisantes dominent en somme dans son poème, où il y a même une assez forte proportion de rimes riches, et il a accompli un réel tour de force en rendant en vers, malgré l'entrave de la rime, avec autant d'exactitude qu'il l'a fait, pour le fond et pour la forme, le texte souvent difficile qu'il avait sous les yeux.

Avant de terminer, j'indiquerai quelques idiotismes qui donnent à l'œuvre de Priorat une saveur toute comtoise et qui permettraient presque à eux seuls de déterminer la patrie du poète, s'il n'avait pris lui-même soin de nous la faire connaître. La liste qui suit pourrait sans doute être plus longue; par crainte de me tromper, je ne citerai que les mots qui me sont tout à fait familiers. Ils suffiront, je pense, pour montrer que, dans les anciens textes français, soit dans les œuvres littéraires, soit même dans les chartes, il serait facile de trouver l'origine de beaucoup de mots, de locutions populaires, qui sont actuellement considérés comme vicieux, mais qui, à défaut d'autre mérite, ont au moins celui d'une antiquité très respectable. Quelques-uns de ces idiotismes sont usités seulement dans le patois; les autres sont passés dans le français populaire.

Parmi les locutions, je mentionnerai : *après de ce* (139, 1043, 1053, 7613, 7825), *devant de ce* (7695), qui ont encore leur équivalent sous la forme *après de ça, devant, avant de ça;* — *devant de ce que* (7623); — *mener du bruit* (6950); — *droit sus* (5225), employé sous la forme *droit dessus*. Mais la plus originale est sans contredit celle que nous fournit le vers 464 :

Et quant la barbe lor vuet poindre,

où le verbe *vouloir* a la valeur d'un auxiliaire indiquant le futur prochain. Rien n'est plus fréquent, en Franche-Comté, que l'usage de ce mot, appliqué non seulement aux personnes, mais encore dans des cas tout à fait bizarres. Si on dit de quelqu'un : *il veut venir*, pour *il viendra* ; *il veut mourir*, pour *il est sur le point de mourir* ou *il mourra*, on dit aussi : *il veut pleuvoir, il veut neiger, il veut tonner, il veut faire froid*, etc. Ces sortes de locutions sont d'un usage courant, même chez les personnes d'une culture moyenne.

Si des locutions nous passons aux mots, nous trouvons : *agralir* (7153), qui se dit des tonneaux, cuves, seaux, dont les douves sont disjointes sous l'action de la chaleur ;

aisemanz (2808), qui a surtout conservé le sens d'outils ;

apondre (28) et *rapondre* (8458, 11314), lesquels signifient ajouter et rajouter ;

belorce (7581), en langage populaire *bilorce*, en patois *belouche* ;

bocher (6444, 7825), *boucher*, dans le sens de couvrir. Par exemple, une mère, recommandant à son enfant de bien se couvrir, pour se préserver du froid, lui dira toujours de bien se *boucher* ;

chapus (9128) est resté employé surtout dans le patois ; le mot *chapuser*, travailler du bois, est très en usage dans le langage populaire ;

chauchie (8686, 9680), conservé sous la même forme en patois, avec la signification primitive de pressé ;

chaufax (9038), actuellement *chaufaux* en patois et dans le langage populaire ;

coitous (929), *coiter* (7505), avoir hâte ; le verbe *coiter* a son équivalent dans le patois actuel sous la forme *avoir coûte*, dont l'*u* est prononcé très long ;

coniz (9651), actuellement *conil* (*quenil*) en patois ;

cuider (1526), resté dans le patois ; — *cude* est employé également dans le patois et le langage populaire. *Faire une cude*, c'est tenter une entreprise ; c'est, paraît-il, une des marques distinctives du Franc-Comtois, qui est ou passe pour être le type par excellence du *cudot* ;

cusant (2315, 5182, 5834, 10116), *cusanz* (1957), signifie souci et est très usité en patois, tandis que le dérivé *cusançon* n'y existe plus ;

desatachiez (5273), constamment employé en patois dans le sens de détaché ; assez souvent en usage dans le langage populaire ;

emprandre (11182), dans le sens d'allumer ; *emprendre le feu* est une expression presque consacrée en patois, avec la signification d'allumer le feu ;

esmaier (8032, 9650), *s'esmaier* (8055, 9506) est plus que fréquemment employé en patois et dans le langage populaire ; *emaïer* est bien un des mots les plus usités qui existent en Franche-Comté ;

esserrer (7901), en patois et dans le langage populaire, signifie égarer;

essevir (2139), achever, resté dans le patois;

mignoties (9974) s'est conservé sous la forme patoise et populaire *mignoteries*, dont le radical est *mignot*, qui se dit surtout des enfants gâtés; *mignot* a donné le verbe *mignoter*, qui a pour équivalent en français le verbe dorloter;

moitant (6831, 9245), milieu, est resté dans le patois;

pertus (8733, 9803) est surtout employé dans le patois; on prononce *petchu*;

plot (2138), conservé dans le langage populaire, se dit d'un gros arbre coupé et ébranché;

proie (6204), employé en patois et dans le langage populaire avec le sens de bande, troupe;

pute (8888), *putemant* (8109), que l'on retrouve sous la forme, si populaire en Franche-Comté, de *peut*, féminin *peute*, qui signifie laid, laide;

raprange (2653) existe en patois sous la forme *raprangier* ou *reprangier*, dont la signification est économiser; *donner sans reprangier* est synonyme de donner avec libéralité, avec profusion;

rote (5144, 5146, 5152, 5154), employé en patois et dans le langage populaire sous la forme de *route*, avec le sens de troupe qu'il a ici;

rotes (5301, 5591), *roites* (5046), *rostes* (4261, 4994, 6404, 7502), employé en patois et dans le langage populaire avec son sens d'escarpé, sous la forme *rôte*;

saichie (8685), mot que l'on retrouve en patois

sous cette même forme, avec le sens de tassé comme dans un sac ;

santiles (4220) signifie sain et existe en patois et dans le langage populaire sous la forme *santible* ;

trosser (3608, 7906) a, en patois et dans le langage populaire, le sens de charger ; une *trousse* est une charge.

turre (9180), *turrer* (9182) : voir plus haut, p. XLII ;

vie (7294) signifie chemin en patois ; il est aussi, mais plus rarement, employé dans le langage populaire.

C'est pour moi un devoir de remercier mon éminent commissaire responsable, M. Gaston Paris, du soin tout particulier avec lequel il a bien voulu surveiller l'impression des textes de Jean de Meun et de Priorat. Je lui suis surtout reconnaissant de la peine qu'il a prise pour la revision et la mise au point des deux glossaires.

LES ESTABLISSEMENS
DE CHEVALERIE

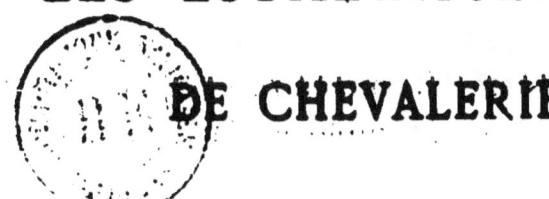

Ci comence par bon eür, el non dou souverain Diu, Virgesses[1] les establissemens de chevalerie, qui sont devisé en quatre livres.

 Li premiers livres enseingne a eslire les jovenciaus, de quels liex et quels chevaliers on doit prendre[2] et prouver et de quels usages d'armes on doit enseignier et aprendre[3].

 Li secons livres contient la coustume de l'anciene chevalerie et enseigne comment on doit ordener l'ost de gent a pié.

 Li tiers livres espont toutes les manieres des ars qui sont necessaires et pourfitables[4] es batailles que on fait par terre.

 Li quars livres raconte[5] tous les instrumens et les

---

1 Vegece B. — 2 prendre *manque dans le latin. Cf. Priorat,* v. 15. — 3 et aprendre *m. lat. et B. Cf. Priorat,* v. 16. — 4 et pourfitables *m. lat. Cf. Priorat,* v. 30. — 5 enumerat.

engiens[1] de coi on puet assaillir et deffendre les cités, et baille emprès les commandemens des batailles que on fait par navies. Et devés savoir que en toutes batailles multitude d'ommes, et soient fort et vertueus, se il n'ont apris des armes, ne puent pas valoir a victoire conquerre comme font art et usage.

Ci commencent li titre du premier livre.

Li premiers chapitres devise comment et pour coi li Ronmain vainquirent toutes gens.

Li secons aprent de queles regions on doit eslire chevaliers.

Li tiers enseigne li quel chevalier[2] doivent miex valoir ou cil des chans ou cil des cités.

Li quars de quel age on doit eslire chevaliers.

Li quins de quel estature on doit les jovanciaus prouver.

Li sisimes comment on doit connoistre au voust et a la fasçon dou cors li quel font miex a eslire.

Li septismes de quels ars ou de quels mestiers[3] on doit eslire ou refuser chevaliers.

Li vuitismes quant on doit les chevaliers esleüs saignier pour estre receüs en lor office[4].

Li nuevismes comment on doit les nouviaus chevaliers faire hanter et user l'art de chevalerie et aprendre les a courre et a saillir.

Li dizimes de l'usage de noer.

Li onzimes comment li ancien assaoient les nouviaus chevaliers as escus fais de verges et as piex.[5]

Li douzimes comment li chevalier doivent ferir[6].

---

1 et les engiens m. lat. Cf. Priorat, v. 36. — 2 li quel valent miex a combatre ou li chevalier B. — 3 ou de quels mestiers m. lat. Cf. Priorat, v. 69. — 4 De même pour estre receüs en lor office. — 5 espies, A et B. — 6 non caesim, sed punctim ferire docendos tirones.

Li trezimes comment on doit as chevaliers enseignier le maniere et l'usage dou gieu que on apelle armeüre.

Li quatorzimes comment on doit les chevaliers enseignier et aüser [1] a geter gavelos.

Li quinzimes comment on doit les chevaliers enseignier a traire saietes.

Li sezimes comment on doit aprendre as chevaliers la maniere et [2] l'usaige de geter pierres en fondes.

Li dis[es]eptismes de l'usage des plommees.

Li disevuitismes comment on doit les chevaliers aüser [3] a monter sor les chevaus.

Li disenuefvismes comment on doit les chevaliers aprendre a porter fais [4].

Li vintismes de quels manieres d'armes li ancien userent.

Li vinteunimes de la garnison des herberges.

Li vintedeusimes en quel lieu on doit les herberges asseoir.

Li vintetroizimes quel fourme les herberges doivent avoir.

Li vintequatrismes comment on doit les herberges garnir.

Li vintecinquismes comment on doit [5] les herberges garnir quant li anemy sont près.

Li vintesisismes comment on doit les chevaliers aüser a garder les ordes [6] entr'eus en l'ost [7].

Li vinteseptismes par combien d'espace li chevalier doivent aler et revenir et quantes fois il se doivent aüser le moys, quant il issent hors pour aprendre a garder en alant [8] lor ordres et lor rens.

---

1 et aüser m. B. — 2 la maniere et m. B. — 3 aüser m. B. — 4 A ajoute tous armés. — 5 A ajoute et de coi, ententivement et tost. — 6 ordines et intervalla lat.; les ordres et les espaces B. — 7 A ajoute quant il sont ordené. — 8 cum educuntur milites ambulatum.

Li vintehuitismes de l'ammonestement de la chevalerie et de la vertu as Rommains par bon eür.

Or comence li prologues dou premier livre.

Li ancien ont esté coustumier de metre en escrit les choses qu'il pensoient qui fussent bones a savoir, et en faisoient livres, puis si les offroient as princes. Car se li empereres ne les eüst avant veüs et confermés, il ne fussent pas receü ne mis en auctorité [1]. N'il n'appartient a nul home savoir milleurs choses [2] qu'il fait as princes de cui la doctrine puet pourfiter a tous les sougiez. Ensi le fisrent volentiers [3] Octeviens Augustus et li bon prince qui furent après lui, si comme il appert par mains examples. Ainsi crut es escrivains [4] maniere de parler bien et bel, quant il n'estoient pas blasmé, ainchois estoient loé par le tesmoing des roys de leur hardement. Par ceste samblance sui je esmeüs, car quant je regard vostre debonaireté, qui plus puet pardoner au hardement des escrivains que nuls autres, de tant me sambla il que je pooie bien près d'aussi seürement escrire comme li ancien escrivain, et senti a painnes [5] que je fusse plus bas ou mendres qu'il ne furent. Si ne convient il pas en ceste oevre user de biauté de paroles [6], mais il convient travail ententiu et loyal a ce que les choses qui sont espandues ou envolepees et celees es hystoires des divers aucteurs et qui enseingnent la science des armes puissent estre mises

---

1 *Les mots* car se li empereres... ne mis en auctorité *sont la traduction de* quia neque recte aliquid inchoatur, nisi post Deum faverit imperator. — 2 meliora scire vel plura; meilleurs choses ne plus dignes B. — 3 si comme moustra a son temps B. — 4 es escrivains m. lat. et Priorat. — 5 et pour ce quiex B. — 6 Après verborum concinnitas sit necessaria, Végèce ajoute nec acumen ingenii, qui n'est pas traduit.

en apert pour le commun pourfit de Romme¹. Pour ce nous efforsons nous a moustrer par titres et par chapitres la coustume que li ancien avoient en eslire et en aüser les nouviaus chevaliers, non pas pour ce, empereres qui onques ne fus desseüs², que tu ne saches bien ses choses, car ensi comme tu les ordenes de ta bone volenté pour le sauvement du commun, ainsi les tinrent et³ garderent jadis cil qui firent l'empire de Romme, mais pour ce⁴ que tu puisses trouver en cest petit livret tout quanque tu crois que on doie querre des choses très granz et qui tous jours ont mestier a deffendre l'onneur⁵ de l'empire de Rome.

I. — Coment li Rommain vainquirent toutes gens.

Nous ne veons pas que li pueples des Rommains ait vaincu et⁶ mis au desous toutes les terres du monde par nulle autre chose que par la hantesce des armes et par la science de bien ordener leur herberges et par l'usance de chevalerie. Car li Rommain, qui n'estoient c'un petit de gent, que peüssent il valoir ne avoir valu⁷ contre la multitude des Fransois? comment se peüssent il oser combatre, li Rommain⁸ qui sont petit de cors, contre la longueur de la grandesce⁹ des Alemmans? Certes li Espainol valent miex que nostre gent, et non pas tan[t] seulement de nombre de gent, mais de force de cors. Ne nous ne eümes onques tant de barat ne si riche ne fumes comme li Affriquant. Ne il n'est pas doute que li

---

1 des gens *B; le latin porte* Romana. — 2 invicte *traduit par* qui ne fus desseüs (deceptus). — 3 tinrent et *m. lat. et Priorat.* — 4 R. et A. — 5 a deffendre l'onneur de l'empire de Rome *m. lat. et B.* — 6 vaincu et *m. lat. Cf. Priorat, v.* 219. — 7 *Le latin porte simplement* valuisset; valoir ne *m. B.* — 8 li Rommain, *m. lat. Cf. Priorat, v.* 230. — 9 *Le latin porte simplement* procerítatem.

Grieu ne nous aient tous dis vaincu et sormonté¹ en ars et en sciences. Mais contre toutes choses nous valut sagement eslire nos nouviaus chevaliers et enseignier leur usage² des armes et enforcier les par hantier les armes chascun jour³ et essaier et connoistre chascun jour tout avant as chans toutes iceles choses qui puent avenir en ost ou en bataille et pugnir les pereceus en prenant venjance. Car la science de ce qui appartient as batailles nourrist hardement de batillier. Nuls ne redoute a faire ce dont il a fiance qu'il ait bien apris a faire autre fois. Car en estri de batailles peu de gens bien aüsees de batillier sont prest de conquerre victoire, et grans multitude de gens rudes qui riens n'ont apris d'armes est tous jours abandonnee a occision et a peril⁴.

II. — Ici enseigne et aprent comment et de queles regions on doit eslire chevaliers pour batillier.

Ordenance de ces choses requiert que nous dions premierement de queles provinces et de queles nacions on doit eslire chevaliers. Certainne chose est que il a en tous liex de bons et de mauvais⁵, de preus et de pereceus, et la contree dou chiel n'aide pas sans plus a la force des cors, anchois vaut moult a la force des corages. Et pour ce ne volons nous pas trespasser ici ce que li trés sage homme en ont esprouvé. Il dient tuit⁶ que les nacions qui sont voisines au soleil sont moult

---

1 *Le latin porte simplement* vinci. — 2 jus. — 3 chascun jour *m. lat.* — 4 et a peril *m. lat.* — 5 de bons et de mauvais *m. lat. Cf.* Priorat, v. 308 ; *après* ignavos et strenuos nasci, *il y a* sed tamen et gens gentem praecedit in bello, *qui n'a pas été traduit.* — 6 tuit *devrait se rapporter à* nacions *et non à* trés sage homme.

sages, mais eles ont mains sanc que moult d'autres [1] pour la trés grant chaleur qui les seche, et pour ce n'ont il fermeté, ne fiance en batillier de près, car il redoutent moult les plaies pour ce que il sevent bien que poi ont sanc. Mais a l'encontre li pueples devers septentriun, qui sont loing des ardeurs dou soulail, sont plus desconsillié et mains sages [2], mais il ont plus grant habundance de sanc, et icist sont trés prest a batillier. Donques vient il miex eslire chevaliers de plus attemprees regions, qui aient assez sanc pour despire les plaies et la mort et [que] science ou [3] sagace ne leur puisse faillir qui [4] les tiegne atemprés es herberges, qui moult pourfite par conseil es batailles.

III. — Ici aprent assavoir mon se on doit miex eslire chevaliers des chans que des cités.

Si ensieut a enquerre li quel homme sont plus pourfitable a estre chevalier, ou cil des chans ou cil des cités; mais je ne croi pas que de ceste partie puissons nous douter que li pueples champestres ne soit plus convenables que cil des cités [5], car il sont norri hors des delis [6] as chans, a l'air, es painnes et [7] es travaus, et seuffrent le soulail et despitent les umbres, ne ne sevent riens de biangni [8] ne de delices, et sont de simple corage et se tiennent a paié de peu et ont les menbres endurcis a souffrir toutes manieres de travaus, et sont coustumier de porter fais et de faire fosses as chans [9]. Toutes voies il est mestiers aucune fois et convient [10]

1 que moult d'autres m. *lat. et Priorat.* — 2 *De même* et mains sages. *Cf. Priorat, v. 379.* — 3. science ou m. *lat.* — 4 quil *A.* — 5 que cil des cités m. *lat.* — 6 *De même* hors des delis. *Cf. Priorat, v. 384.* — 7 *De même* es painnes et. — 8 balnearum, bains *B.* — 9 *Le texte latin porte* cui gestare ferrum, fossam ducere, onus ferre consuetudo de rure est. Gestare ferrum *n'a donc pas été traduit.* — 10 aucune fois et convient m. *lat. et Priorat.*

que on constraingne ceaus des cités a venir as armes, et puis qu'il sont mis au non de chevalerie, il doivent premierement aprendre ensemble a ¹ labourer, a courre et a saillir ² et a porter fais et a souffrir le solail et la poure et user de peu de viande ³ et champestre, et demeurent aucune fois hors a l'air et aucune fois es pavillons. Et quant il averont bien apris l'usage des armes, se li tans de batillier est lointains ⁴ ou se li os doit aler loins, il doivent estre moult detenu as loys et as coustumes champestres ⁵, et les doit on mettre loing des [de]lices qui sont es cités, pour ce que force lor croisse ainsi as cuers et as corages. Ne si ne puet on pas noier ne ne doit que li Ronmain, emprés ce que Romme fu faite, ne soient tous jours alé de la cité a la bataille, mais lors n'estoient il pas brisié de nuls delis. Et quant li jone homme avoient cueilli sueur par cours ou par hanteis champestres ⁶, il s'en aloient baignier el Tybre ⁷ et se lavoient illuec en noant. Uns meismes hons estoit batilliers et arreres de chans et muoit sans plus ses instrumens ⁸. Dont il avint que la dignité de dicteur fu offerte a Quince la ou il aroit son champ. Donques appiert il bien que li homme des chans valent miex a enforcier l'ost que cil des cités ⁹. Car cis redoute ¹⁰ mains la mort qui mains a conneüs de deslices en sa vie que cis ne fait qui ne set que meschiez de cuer est ¹¹.

1 aprendre ensemble a m. lat. Cf. Priorat, v. 398. — 2 et a saillir m. lat. — 3 victu. — 4 se li tans de batillier est lointains m. lat. Cf. Priorat, v. 409. — 5 in agrariis plurimum detinendi. — 6 avoient travaillié tant que la sueur leur couroit parmi les cors de la poine et de l'enhan qu'il avoient souffert comme gent champestre B. — 7 natans abluebat in Tiberi. — 8 genera... armorum tantum mutabat. — 9 que cil des cités m. lat. Cf. Priorat, v. 454-455. — 10 redoutent A. — 11 que cis ne fait qui ne set que meschiez de cuer est m. lat.

IIII. — Ici enseingne comment et de quel eage on doit eslire chevaliers.

Or est a enquerre de quel eage on doit eslire chevaliers. Et certes se l'anciene coustume fait a garder, on les doit contraindre a estre esleüs quant barbe leur commence a poindre ¹. Car les choses que on aprent en enfance sont retenues plus isnelement et plus parfaitement. Après ce on doit faire assaier les chevaliers a saillir ² et a courre avant ce que li cors deveingne pereceus par eage, car isneletés et usage font le bon batillier. On doit eslire les jones hommes, si comme dit Salutes, pour apenre les en jouvent, et quant il estoient jadis poissant de batillier, il apprendoient as herberges la chevalerie par l'usage de travail. Et si vient miex que li jones hons bien usés d'armes se plaingne de ce que eages de batillier ne li est mie encore venus que ce qu'il se peüst plaindre que cis eages li fust ja trespassez, et doit li jones hons avoir esperance ³ d'aprendre toutes choses. Car li ars des armes n'est pas petite chose ne legiere a aprendre, soit d'enseigner homme a cheval ou a pié, portant arc ou escu, d'aprendre lui toutes manieres d'armeüres et tous giex et tous poins ⁴, et qu'il ne guerpisse pas son lieu, que il ne tourblesce les ordres, et qu'il gette par grant force le gavelot la ou il le veut ferir et qu'il sache faire fossés et fichier piex et bien traitier son escu et flechir et destourber par cops traversains les gavelos que on gette ⁵. Et quant li jones

1 incipientem pubertatem. — 2 militaris alacritas, *qui devrait être avant* a saillir, *n'a pas été traduit.* — 3 spatium *a été traduit par* esperance. — 4 toutes manieres d'armeüres et tous giex et tous poins *rend très imparfaitement les mots* armaturae numeros omnes omnesque gestus, *qui signifient plutôt les mouvements et les figures de l'escrime.* — 5 *Après* tela deflectere (destourber... les gavelos que on gette), *il y a, dans le latin, les mots* plagam prudenter vitare, audacter inferre, *qui ne sont pas traduits.*

chevaliers sera ainsi apris a batillier contre tous anemis en ost, il ne li tournera mie a paour, mais a delit.

V. — *Ici enseingne et aprent de quel estature on doit les jovenciaus prouver.*

Certaine chose est que cil qui ont esleüs les plus lons chevaliers comme [1] de .vi. [2] piés de lonc ou de .v. piés et .x. pouces [3] pour gouverner les elles de lor batailles ou pour metre les es premeraines compaignies des legions y ont tous jours eü damage [4], mais lors estoit la multitude plus grande et plus large [5] et plusour si voient lors la chevalerie armee, ne li citoyen n'avoient pas encore triués ne esleüs [6] les plus vaillans jovenciaus. Donques requiert li besoins et est mestiers que on ne doie pas tant avoir de regard a la grandeur de l'estature de l'home comme a la fourme [7] du cors, ne nous ne sommes pas deceü en ce. Car Omer meïsmes tesmoingne que Thideüs estoit assez petit de corssage, et si estoit il moult fors et moult preus [8] as armes, et bien y parut quant il ala el message a Thebes au roy Ethiocles de par Polinices, son frere, car il occist et desconfist par son cors seul .L. chevaliers qui le gaitoient a un mal pas por occire.

1 *Le traducteur ne semble pas avoir compris le mot* incommam, *qui était la mesure employée pour vérifier la taille des soldats, ce que nous appelons la « toise ». Est-ce ce mot qu'il a rendu par* comme? — 2 *Notre texte porte à tort* .v. piés; *B et les autres mss. portent* .vi. piés. — 3 *B, au lieu de* .v. piés .x. pouces, *donne* .v. piez et demi *ou de la environ*. — 4 y ont toujours eü damage *m. lat. Cf. Priorat, v. 549; B ajoute* por ce qu'il ne se fioient que es grans, *qui n'a pas non plus son équivalent. Le traducteur a voulu ainsi compléter une phrase dont le sens lui échappait.* — 5 et plus large *m. lat. Cf. Priorat, v. 553.* — 6 ne esleüs et et est mestiers *m. lat. Cf. Priorat, v. 558.* — 7 virium; force *B*. — 8 et moult preus *m. lat. Cf. Priorat, v. 573. La fin du chapitre, à partir des mots* et bien y parut, *est une addition.*

VI. — Ici enseigne et aprent comment on doit connoistre au voust et a la fasson dou cors li quel sont miex a eslire.

Cils qui doit eslire les chevaliers se doit moult prendre garde au vis, as yex, et a la formacion de tous membres, qu'il eslise tels persones qui puissent acomplir office de bateilleur. Car la vertus [1] non pas tant seulement des hommes, mais des chevaus et des chiens, apiert en maintes manieres, ainsi comme li sage homme le nous ont enseingnié, et ce meismes dist Virgiles, qui dist que on doit resgarder as es [2], dont il en devise .II. manieres [3]. Li jovenciaus donques que on doit eslire pour batillier doit avoir les yex esveilliés, la face droite, le pis large, les espaules dures, les bras fors, les dois lons, le ventre petit, les rains grailes [4], les cuisses et les piés non pas trop charnus, mais nervus et durs. Et quant tu verras tels signes en chevalier, tu n'i dois moult desirer grandeur, car c'est plus pourfitable chose as chevaliers d'estre fors que d'estre grans.

VII. — Ici aprent de quels ars on doit eslire chevaliers ou refuser.

On ne doit pas eslire [5] pour estre chevaliers hommes pereceus, oiselleurs, rabardiaus, jougleurs, tresgetteurs,

---

1 vertus *doit être pris dans le sens de courage*. — 2 Yex *A et B*. — 3 *Le traducteur n'a pas compris et n'a pas traduit ce passage*: quod etiam in apibus Mantuanus auctor dicit esse servandum:

Nam duo sunt genera, hic melior, insignis et ore
Et rutilis clarus squamis, ille horridus alter
Desidia latamque trahens inglorius alvum.

— 4 *Le latin porte* exilior clunibus, suris. — 5 *Le latin porte* sequitur, ut cujus artis vel eligendi vel penitus repudiandi.

bordeliers, ne gent qui s'entremettent d'office appartenans as delices¹. Tels gens doivent estre cachié hors des herberges; mais il fait bon eslire fevres, ouvriers de fer, charpentiers, bouchiers, cacheurs de cers et de sengliers. De tels gens doit on faire chevaliers, et en ce gist la salus et la seürtés² de tout le commun pueple, c'est assavoir que on n'eslise pas sans plus de cors, mais les plus vaillans hommes de cuer que on porra trover, et de ce face on chevaliers. Car en la sage pourveance de la premiere eleccion gisent les forces et li fondement dou royaume et dou nom as Ronmains, ne ce n'est pas petis offices que d'eslire les chevaliers, n'il ne fait pas communement a baillier a chascun, ne li ancien ne le bailloient pas fors a hommes sages et renommés de vertus, si comme fu Centurio³, qui moult en ot grant los. Car li jone homme que on eslist a deffendre le pays et a mettre les cors en batailles as aventures de fortune⁴ doivent sormonter les autres et en lignaige et en bonté de cuer⁵, ce est a dire en vertus⁶, se on en puet assés trover de ceaus, car bons cuers et honestes⁷ fait le bon chevalier honteus de fuir et li donne hardement de combatre, dont il vient a victoire; et qui vauroit aprendre et faire hanter l'usage des armes as mauvais et as pereceus et donner leur gages et deniers pour demourer es herberges⁸, il perderoit sa paine, ne onques ne vint a pourfist quant on y eslit a escient malvais chevaliers en lieu des bons, et si comme

---

1 piscatores (preecheurs *B*), aucupes, dulciarios, linteones omnesque qui aliquid tractasse videbuntur ad gynaecea pertinentes. *Le traducteur a donc amplifié, et n'a pas compris le mot* gynaecea. — 2 et la seürtés *m. lat. Cf. Priorat, v. 635.* — 3 Sertorio; Sercorius *B*. — 4 cui bellorum est committenda fortuna. — 5 moribus. — 6 ce est a dire en vertus *m. lat. Cf. Priorat, v. 668.* — 7 honestas. — 8 *Le latin porte* quid enim prodest, si exerceatur ignavus, si pluribus stipendiis moretur in castris? *Le traducteur n'a pas compris, entr'autres, la valeur du mot* stipendiis, *qui signifie « années de service ».*

nous avons seü par us et par experiment, mescheances, pestilences et occisions en sont trop souvent avenues a cheaus qui longuement avoient esté em pais, quant il ou par grace ou par amour, sans cure et sans diligence, eslisoient pour estre chevaliers autres qu'il ne convenist, si comme les mauvais et les pereseux dont lor seingnour se tiennent a carchié et leur tourne a grant annuy de detenir en lor hostex ; si n'est mie merveille se cil qui tels gens eslisoient et lassoient les plus vaillans hommes et les plus honestes entremettre des offices et des mestiers que on fait communement par les cités en avoient a souffrir[1]. Donques doit on establir grans hommes et sages[2] qui eslisent par grant diligence les nouviaus plus convenables as armes.

VIII. — *Quant on doit les chevaliers esleüs seignier pour estre retenus en lor office.*

On ne doit pas seingnier ne mettre en estat[3] le chevalier si tost comme il est esleüs, ains le doit on avant bien aüser et assaier pour esprouver et pour connoistre s'il est convenables a si grant oevre. Et doit on resgarder se il est isniaus et fors et s'il porra appanre la science des armes et savoir se on se porra fier en lui de ce faire qui appartient a bon chevalier. Car il en y a

---

[1] *Voici le latin, qui correspond au passage* quant il ou par grace... en avoient a souffrir, *lequel est assez obscur et que le traducteur ne semble pas avoir bien compris :* dum longa pax militem incuriosius legit, dum honestiores quique civilia sectantur officia, dum indicti possessoribus tirones per gratiam aut dissimulationem probantium tales sociantur armis, quales domini habere fastidiunt. — [2] et sages *m. lat. Cf. Priorat, v. 709.* — [3] *Sic B. Primitivement le texte devait porter* escrit. *Le «* seingne *» est le pointillage, le tatouage ou marque que recevait le soldat après son incorporation.*

moult de ceaus qui sanblent estre trop vaillant hommes de cuer par la loiauté de lor cors ¹, et quant vient a l'esprouver on trueve que il ne sont digne d'estre chevalier. Donques doit on refuser les mains pourfitables et mettre les plus vaillans et les plus preus ² en lieu d'yaus, car en toutes batailles multitude ne vaut pas tant comme vertus. Donques puis que on ara les chevaliers saingniés retenus ³, on lor doit aprendre chascun jour l'usage et la science des armes, mais cis usages est près que tous reniés et deffachiés ⁴ pour ce que les gens ont esté longuement en pais et en seürté, et pour ce a esté entrelaissie ⁵ ceste doctrine, et nuls ne set ensaignier a autrui ce qu'il meïsmes n'aprist onques. Et pour ce firent cha en arriere li sage establir les theatres ⁶ pour aprendre as jones hommes l'art de chevalerie et pour esprouver la force dou cors et des allaines; et en cest daerrain eage en sont venu en avant li tournoiment, et moult lor pourfite quant il sont estrait de hautes lignies et de ceaus qui ont eü los de victoire, car plus volantiers s'abandonnent a ensivir les fais de lor ancesseurs. Pour ce nous convient il reciter ou requerre les anciennes coustoumes qui sont escriptes es hystoires et es livres anciens ⁷; mais il n'escrirent que les choses faites et ce qui lor avenoit de lor batailles et laissierent comme conneües et seües ⁸ les choses que nous alons querant. Li Lachedemonien et cil d'Athenes et li autre Grijois escrirent pluseurs choses en lor

---

1 *La périphrase* trop vaillant homme de cuer par la loiauté de lor cors *est la traduction de* non improbabiles. — 2 et les plus preus m. lat. Cf. Priorat, v. 744. — 3 *De même* et retenus. Cf. Priorat, v. 752. — 4 *De même* et deffachiés. Cf. Priorat, v. 760. — 5 *Tout le passage compris entre* et pour ce a esté entrelaissie *jusqu'à* lor ancesseurs, *est une interpolation.* — 6 chartres A. — 7 *Le texte latin porte de* historiis ergo vel libris nobis antiqua consuetudo repetenda est. — 8 et seües m. lat. Cf. Priorat, v. 780, où perfaites.

livres et les nommerent si comme il vaurrent [1], mais il nous appartient a enquerre la science et [2] la discipline [3] as Rommains, qui de trop petites contrees acrurent et eslargirent l'empire de Romme dès icele contree ou li sollaus apiert premierement dessous terre [4] dusques a la fin dou monde. Et puis que j'ai reversié et veü [5] les aucteurs, je vous en dirai briément [6] en cest mien petit livre loiaument ce que Cathons Censoriens et Corniles et Frontins et pluseur autre poete en ont escript, et maint empereur nos en ont fait establissemens [7]. Car je ne empreing pas l'auctorité sor moy, mais je vous en mettrai briefment par ordre en une petite somme ce qu'il en ont espandu en divers volumes et en divers escris [8].

IX. — *Comment on doit les nouviaus chevaliers faire hanter et aüser l'uevre de chevalerie et apenre a courre et a saillir.*

On doit au commencement aprendre les chevaliers comment il doivent aler, car nule riens ne fait plus a garder en chemin ne en ost que ce que le chevalier sachent aler ordone[e]ment, ne si ne porroient il pas

---

1 *Le traducteur, qui n'a pas compris le mot* tactica, *a traduit* quae tactica vocant *par les nommerent si comme il voudrent.* — 2 la science et *m. lat. Cf.* Priorat, *v.* 790. — 3 *Après* discipline, *B ajoute* de chevalerie, *traduction de* militarem. — 4 premierement dessous terre *m. lat. Cf.* Priorat, *v.* 798, *où il emploie une périphrase.* — 5-6 *De même* et veü *et* briement. *Cf.* Priorat, *v.* 801 *et* 804, *où* loiaulmant. — 7 *Le latin porte* quae Cato ille Censorius de disciplina militari scripsit, quae Cornelius Celsus, quae Frontinus perstringenda duxerunt, quae Paternus, diligentissimus juris militaris adsertor, in libros redegit, quae Augusti et Trajani Hadrianique constitutionibus cauta sunt. — 8 *Le latin porte simplement* quae dispersa sunt; *et* en divers escris *est au moins de trop.*

savoir se il ensanle ne l'aprendoient par hantance d'usage, ce est a aler isnelement et ygaument, car ost devisés et departis ¹ et desordenés a tous jours esté en trop grant peril de estre moult grevez de ses anemis, et bien y parut au roy Cyrus de Perse, car par ce que ces gens se departirent par tropiaus, ne ne se tinrent pas en ordre, ainsois s'esparpillerent et desrompirent cha .xl. cha .c., les desconfist la royne ² Thamaris a mains de gent le tiers que li roys n'avoit, et prist la royne le roy tout vif, si le fist noier en plaine cuve de sanc, pour ce que tant avoit tous jours eü soif de sanc espandre. Et ainsi comme vous oés fu mors li roys Cyrus ³ et sa gent desconfite et livree a perdiscion et a mal par malvaisement garder leur ordenance entre yaus. Or doit donques ⁴ chevaliers aler .x^m. ⁵ pas par l'espasce de .v. heures el temps d'esté, et, se mestiers i est, il puet bien ajouster .11^m. ⁶ pas plus pour plus haster l'errer, et qui plus en y ajouteroit, ce seroit cours, mais de ceste espace ne puet on pas estre certain ⁷. Et devez savoir ⁸ que .v. piés sont .1. pas et que .c. et .xxv. pas sont une estade, c'est a dire la sizime partie d'une liue et .viii. estades font une mille, c'est a dire demie liue, si que par ceste conte .11^m. pas ne font que une liue. Et si se doivent acoustumer li jone homme meismement a courre, pour ce k'il se puissent plus tost ferir et embatre ⁹ en lor annemis et qu'il pourpregnent, quant il en sera mestiers, les plus convenables liex plus isnelement, si que lor anemy qui volantiers y venroient n'i

---

1 et departis *m. lat. Cf. Priorat, v. 837.* — 2 de *A. et B.* — 3 Tyrus *A et B.* — 4 *Tout ce qui suit, à partir de* et bien y parut au roy Cyrus de Perse *jusqu'à* or doit donques, *est une interpolation.* — 5 *Le latin porte* .xx. milia passuum. — 6 totidem horis .xxiii. milia peragenda sunt. — 7 quicquid addideris, jam cursus est, cujus spatium non potest definiri. — 8 *La phrase qui commence par* et devez savoir, *a été ajoutée par le traducteur. On en trouve l'équivalent dans Priorat, v. 855-864.* — 9 *Le latin porte* ut majore impetu in hostem procurrant.

puissent pas avenir avant yaus et qu'il aillent hastivement espier, et tost reviegnent pour ¹ ce que cil de lor ost puissent plus tost aconsivir et prendre les fuitis qu'il avront espiés. Et si doit li chevaliers hanter et aüser soy a saillir fossés et quelsques haus liex ², si qu'il puisse tels empeeschemens tressaillir ³, se mestiers li en estoit, et puis quant il convient batillier et lancier dars et li chevalier vient le cours ⁴, il esbahist et espoente les yex de son adversaire et le cuer, et le navre anchois que cil se soit apparailliez de lui garder et de lui deffendre. Et raconte Salutes que Julius Cesar, a cui li grans Pompés fu gendres ⁵, aloit contre les haligres les saus et encontre les isniaus aloit le cours, et combatoit par force contre les fors, ne autrement ne peüst il avoir eü victoire ⁶ s'il n'eüst avant apparillié et enfourmé soi et ses chevaliers trés bien par pluseurs fois et ⁷ pluseurs hantemens de batailles.

X. — Ici enseingne li .x. chapitres comment li chevalier doivent aprendre a noer.

Li chevalier doivent aprendre a noer el temps d'esté, car on ne trueve pas tous jours pont a passer les flueves ne les rivieres ⁸, ains convient que li ost qui va avant et

---

1 *Le membre de phrase* pour ce que cil... qu'il avront espiés, *est représenté dans le latin par* ut fugientium facilius terga comprehendant. — 2 quelsques haus liex *signifie obstacles*. — 3. sine labore transire. — 4 cum cursu saltuque. — 5 *Le latin porte seulement* de exercitio Gnei Pompei magni Sallustius memorat. *Le traducteur ne semble pas avoir compris cette citation :* cum alacribus saltu, cum velocibus cursu, cum validis recte certabat, *qui peut être rendue par :* « Il l'emportait sur les légers au saut, sur les agiles à la course, sur les forts à la massue. » — 6 *Après* victoire, *le traducteur eût dû ajouter* sur Sertorius. — 7 apparillié trés bien par pluseurs fois et *m. lat. Cf.* Priorat, *v.* 935 *et* 937. — 8 *De même* ne les rivieres.

cil qui passent après passent a no, et souvent sorabondent li ruissel de grans nois ou de grans pluies¹ : par ignorance enchiet on en peril, non pas tant seulement des anemis, mais des yauves que on encontre. Et pour ce eslirent li ancien Rommain .i. champ que il apelerent martial, c'est a dire batillereus, et fu dalés le Tybre², et ce fu establi pour les jones hommes a cui il avoient apris les batailles et les perilz et tout l'art de chevalerie, pour ce qu'il se lavaissent el flueve des sueurs et des poudres qu'il avoient cuellies par le hantels des armes, et ostaissent la laisseté de lor cors par le travail de noer. Et si n'est pourfitable chose d'aprendre l'usage de noer as chevaliers tant seulement, mais as gens a pié meismes et nes as chevaus et a leur autres bestes³, pour ce que meschiés ou damages ne lor puisse avenir⁴ par l'ignorance de noer, se besoins leur sourdoit. Et encore tienent ceste coustume li Tartaire plus que nulles autres gens, car il ne truevent ne reviere ne flun qui les puisse contretenir, et ainsi par le usage de noer se getent hors de moult de perilz⁵.

XI. — *Comment li ancien assaierent les jovenciaus chevaliers as escus fais de verges et as piex.*

On trueve escrist es livres anciens que li chevalier soloient en ceste maniere aprendre a hanter l'usage des armes, c'est assavoir qu'il faisoient escus reons de

---

1 repentinis imbribus vel nivibus ; de grans nois m. A. — 2 campum Martium, vicinum Tiberi. — 3 lixas *signifie non pas leur autres bestes, mais « valets d'armée »; les mots* quos galiarios vocant *ne sont pas traduits.* — 4 ne quid imperitis... eveniat. — 5 *Cette dernière phrase est une addition.* B *ajoute encore* et sachiez que cils usages leur profite moult et leur a valu en plusseurs lieus par moult de fois.

grosses verges a maniere de cloyes, et pesoient .II. tans plus que li escu que on portoit communement es batailles; et avoient en lieu de glaives maces ¹, aussi de double pois, et s'assaioient en tele manere as piex non pas au matin sans plus, mais emprès myedi. Ne li usages des piex ne pourfite pas as chevaliers sans plus, mais a ceaus nes qui portent les glaives, ne onques n'en champ n'en place ne fu hons tenus pour bien esprouvez, s'il n'eüst avant diliganment hanté l'usage dou pel. Et fichoit chascun chevalier son pel en terre et l'estanchonnoient² en tel menniere qu'il ne pouoient branler de nulle part, et avoit li piex par dessoure³ terre .VI. piés de haut. Si assaloient li chevalier cel pel et chascuns par soi a cele mace et a celle cloie, ainsi comme feïst son adversaire a glaive et a escu, et le assaioit a ferir ore el chief, ore en la face, ore le manesoit a ferir de costé et puis a cauper les cuisses ou les jambes, et saloit et ressaloit entour ce pel de toutes pars comme entour son adversaire et se prendoit tous jours garde comment il peüst son adversaire navrer en tel maniere qu'il fust tous jours si couvers de son escu que ses adversaires ne li peüst malfaire ⁴.

XII. — *Ici ensaigne comment li chevalier se doivent aüser a ferir d'estoc.*

Après ce li ancien aprendoient les jones homes a ferir de pointe, que li Fransois apelent ferir d'estoc, et

---

1 clavas ligneas; *ce dernier mot n'est pas traduit*. — 2 et estanchonnoient *m. lat. et Priorat*. — 3 dessous *A et B*. — 4 praesentem adversarium, sic palum omni impetu, omni bellandi arte temptaret. In qua meditatione servabatur illa cautela, ut ita tiro ad inferendum vulnus insurgeret, ne qua parte ipse pateret ad plagam.

ne mie de taille¹, car li Rommain ne vainquirent pas sans plus ceaus qui feroient de taille, ains les escharnirent et² gaberent. Car li cops dou trenchant de grant force nes empains n'ocist pas souvent, ainsois est empeechiés par les armes et par la durté des os; mais la pointe, quant elle entre .ii. doie³ dedens la char, est mortels, car cis coup tresperce les entrailles⁴ tant comme li glaives y entre. Après ce, quant on fiert en caupant, se li trenchans entre, li bras et li costés destres sont desnué, mais li cops de pointe entre nes quant tous li cors est couvers et navre l'adversaire ansois qu'il le voie. Et pour ce userent li Rommain plus volantiers en lor batailles de ceste menniere de ferir que de l'autre. Et avoient as pex cloies et maces de double pois en lieu d'escu et de lance⁵, pour ce que quant il portaissent es batailles armes vraies et plus legieres qu'il se sentissent plus delivre de pesant fais et se combatissent plus seürement, plus legierement et plus liement⁶.

XIII. — *Comment on doit as chevaliers enseingnier la maniere et l'usage dou gieu que on apelle armeüre.*

Après ce doit on au chevalier ensaignier cele maniere qui est appellee armeüre⁷, et encore le garde on en partie, et certainement encore bataille on miex ore par armeüres que par autres choses, et par ce puet on entendre combien li chevalier bien aüsé⁸, diliganment entro-

---

1 *praeterea non caesim, sed punctim ferire discebant.* L'addition que li François apelent ferir d'estoc *a son équivalent dans Priorat; elle est donc de Jean de Meun.* — 2 les escharnirent et *m. lat. et Priorat.* — 3 duas uncias. — 4 vitalia. — 5 en lieu d'escu et de lance *m. lat. et Priorat.* — 6 *De même* et plus liement. — 7 armeüre *doit ici être pris dans le sens d'escrime. Après les mots* quod armaturam vocant, *il y a* et a campidoctoribus traditur, *qui n'est pas traduit.* — 8 osé *A et B passim.*

duit en cest art¹, valent miex que cil que pas n'ont apris l'usage, car cis qui est aüzés en armeüres sormonte les autres compaignons en art de batailles. Et la discepline de l'usage estoit si gardee par les anciens que li plus sage des armes rescevoient double blé ², et cil qui en cel gieu avoient pou pourfité estoient contraint a rescevoir orge en lieu de fourment, ne li fourmens ne lor estoit rendus dusques a tant qu'il eüssent prouvé par certains experimens devant le prevost de la legion ³ et devant les princes des compaingnies que il eüssent tout acompli quanqu'il appartient a l'art de chevalerie. Car nulle riens n'est plus ferme ne plus loable ne plus boneeüree que est communautés de pueple, quant elle habünde de chevaliers bien enseigniés; car resplendeurs de robes ne habondance d'or ne de argent ne de pierres precieuses ne nous enclinent pas nos anemis a venir a nostre volenté ⁴ et a nostre merci, ains sont sougis a nous par la paour des armes seulement. Après ce, si com dist Cathons, se on faut es autres besoignes, li deffaut puent bien estre amendé après, mais les erreurs des batailles ne ressoivent pas amendement, car la peine saut ⁵ tantost après la faute; car ou cil perissent tantost qui pereceusement et folement se combatent, ou il tournent en fuye ne n'osent plus estre pareil as vainqueurs.

XIV. — *Ici enseingne comment on doit as chevaliers ensaingnier a geter gavelos.*

Je retourne a ce que j'avoie dit avant. Li chevaliers qui s'assaie o la mace et o l'escu reont fait de verges ⁶

---

¹ diliganment entroduit en cest art *m. lat. et Priorat.* — 2 double blé *signifie « double ration de blé »*. — 3 *Ici il devrait y avoir* des tribuns. — 4 reverentiam. — 5 sequatur. — 6 et o l'escu reont fait de verges *m. lat. et Priorat.*

contre le pel est aussi comme contrains a geter gavelos pesans au double de ceaus dont il se doit aider en la bataille¹, et se doit prendre garde li maistres des armes qu'il tournoit la hante par grant force et qu'il gette roiddement au peil ou dalés, car par ceste chose hanter croist force as bras et en est aquis sens et usages de bien geter.

XV. — Ici enseigne et aprent comment on doit as chevaliers enseignier a traire de l'arc et des saietes.

On doit près que la tierce partie ou la quarte des jones hommes que on porra trouver plus convenables aprendre a user des ars de fust et de saietes² encontre les pex, et a ce moustrer a faire doit on baillier sages enseigneurs, et cil doivent mettre grant cure qu'il tiegnent sagement l'arc et qu'il soit forment entesés et que la senestre³ main soit fichie a l'arc; la destre soit conduite et mene[e]⁴ par raison, si que li oel et li cuers s'acordassent ensanble a ce que on vuet ferir, et que la saiete voist droit, soit traite a piet ou a cheval. Et cel art convient apprendre diliganment et chascun jour hanter⁵, et combien de pourfit font li bon archier es batailles, ce nous enseingne Cathons ou livre de la discipline de chevalerie, et Claudius, qui sormonta son anemy, a cui il n'estoit pas paraus avant, par plusors archiers et geteurs de dars⁶ bien ordonnés et bien aprís chascun

---

1 de ceaus dont il se doit aider en la bataille *est la traduction de* quam vera futura sunt jacula. *Après ces mots suit* adversum illum palum tamquam adversum hominem, *qui n'est pas traduit. De même après* in palum vel juxta, *le mot* missile *n'est pas traduit*. — 2 sagittis lusoriis. — 3 sinistra; dextre A. — 4 et mene[e] m. lat. — 5 et cotidiano usu exercitioque servari. — 6 jaculatoribus *traduit par* archiers et geteurs de dars.

de son mestier. Scipio li Offriquans, quant il se deut[1] combatre contre les Numantins, qui avoient vaincu et mis en servage[2] l'ost des Ronmains, ne cuida pas qu'il les peüst sormonter ne vaincre[3] autrement que par merler archiers et fondeurs[4] en toutes ses compaignies.

XVI. — *Comment on doit as chevaliers aprendre l'usage de geter pierres.*

On doit diliganment aprendre les jovenciaus a geter pierres ou as mains ou as fondes. Cil qui habitent es isles Baleaires[5] trouverent premiers l'usage des fondes, et tesmoingne on qu'il les hanterent si diliganment que les meres ne souffrissent pas que leur fil presissent nulle viande se il ne la feroient avant de pierre au giet de la fonde. Et souvant est avenu as batilleurs garnis de hyaumes, de haubers et de cuiries que li coup des fondes et des autres engiens[6] les grevoit plus que nulles saietes, car il font playe mortel sans depessier les armes[7] et muert li anemis ferus de la pierre sans espandre point de son sanc. Et ce est bien partout chose seüe que li fondeour ont moult pourfitié en lor parties[8] en toutes les batailles anciennes, et cel art doivent moult li chevalier aprendre a hanter, ne ce n'est nuls travaus que de porter fondes. Et il avient aucune fois que on se combat en liex perrex ou qu'il convient deffendre aucune montaigne ou aucun tertre,

---

1 doit *A B.* — 2 sub jugum miserant. *Cf. Priorat, v. 1226.* — 3 ne vaincre *m. lat. Cf. Priorat, v. 1228.* — 4 et fondeurs *m. lat. et Priorat.* — 5 Balearium; Valeaires *A.* — 6 vel fustibalo *traduit par* et des autres engiens; *le ou la fustibale est une fronde attachée à un bâton.* — 7 membris integris. — 8 en lor parties *m. lat. et Priorat.*

et la puent fondeur et archier moult valoir¹, car on puet par pierres et par fondes esloingnier et cachier de tels liex, et nes² de l'assaut des chastiaus et des cités.

XVII. — *Comment on doit ensaignier as chevaliers l'usage des plommees.*

On doit apprendre as jovenciaus l'usage des dars³ c'on appelle barbelés⁴, car en Grece⁵ furent jadis .ii. legions dont chascune tenoit .vi^m. chevaliers, et furent appelé marceberbelier, pour ce qu'il usoient forment et sagement de tels gavelos, et par ce acheverent par lonc temps et par grant proesce toutes leur batailles, si que quant Dyoclesiens et Maximiens vinrent au gouvernement de l'empire, il les appellerent pour le grant pris de lor vertuz joviens et herculiens en l'onneur de Jupiter et de Hercules, qui lors estoient honouré comme dieu⁶, et furent mis cil marceberbelier avant toutes legions; et soloient porter .v. de ces gavelos fichiés en lor escus. Et ce cil qui les escus portent gettent convenablement ces dars, lor offices est près que sanlables a l'office des archiers, car il navrent les annemis et lors chevaus ainsois qu'il puissent avenir a yaus pour batillier de près⁷.

1 et la puent fondeur et archier moult valoir *m. lat. et Priorat.* — 2 de tels liex et nes *m. lat. et Priorat; après des cités, B ajoute* les anemis; *en latin* barbari. — 3 plumbatarum, *qui signifie balles de plomb.* — 4 mattiobarbulos. — 5 Illyrico. — 6 en l'onneur de Jupiter et Hercules, qui lors estoient honouré comme dieu *m. lat.; il a son équivalent dans Priorat, v. 1313-1316; c'est donc une glose de Jean de Meun.* — 7 priusquam non modo ad manum, sed ad ictum missibilium potuerit perveniri.

XVIII. — *Comment on doit les chevaliers aüser
a monter seur les chevaus.*

On doit non pas sans plus as chevaliers, mais as soudoiers meïsmes aprendre et faire hanter l'usage de saillir seur les chevaus, et cis usages a estié maintenus nes dusques a no temps. Li ancien faisoient chevaus de fust qu'il mettoient es maisons en yver et as chans en estié et faisoient les jones hommes monter dessus desarmés[1] premierement dusques a tant qu'il en fussent bien aüsé, et puis y montoient tout armé ; et si grant cure y metoient qu'il montoient et descendoient et saloient et ressaloient[2] a destre et a senestre tenant les espees traites ou les maces en lor mains, et ce faisoient il par si grant entente pour ce que quant il venroient es tumultes[3] de la bataille, qu'il peüssent tost et delivrement monter si comme il en avoient esté coustumier par grant estude en pais[4].

XIX. — *Comment on doit aprendre as chevaliers
a porter fais.*

On doit contraindre les jones hommes souvent a aprendre a porter fais dusques au poys de .LX. livres et aler a l'aire de chevalerie[5] pour ce que mestiers (en) estoit qu'il peüssent porter lor viande et leurs armes ensanble. Ne on ne doit pas cuidier que ce leur soit grief puis qu'il l'aront aüsé, car usages fait toutes choses estre legieres. Et ainsi le fisrent li chevalier

---

1 inermes; tous armés *A*. — 2 *Le latin porte seulement* insilire et desilire, *que le traducteur a rendus par* montoient et descendoient et saloient et ressaloient. — 3 tumultu; multitudes *A*. — 4 ou pais *A B*. — 5 gradu militari.

ancien, si comme Virgiles meïsmes le tesmoingne en .1. essample qu'il met et dist : « Ainsi s'en va son chemin li Rommains fiers et vistes, tous armés, sus son col son faissel, et puis attent sa compaignie as herberges tout ainsi garnis. »

XX. — *Ici parole de quel maniere d'armes li ancien userent en guerre.*

Or devons ici dire de quels manieres d'armes on doit ensaignier et garnir les chevaliers. Mais de ce n'est mais tenue la coustume des anciens, ja soit ce que [a] l'exemple(s) du pueple des Gos et des Alains et des Unains cil a cheval portaissent armes [1], toute voies sont [2] li homme a pié sans armes, et dès lors que la citez de Rome fu fondee dusques au temps l'empereur Gracien estoient les os de gens a pié garnis de hyaumes et de cuiries. Mais puis que la hantance d'armes que on faisoit as giex champestres [3] cessa par nesgligence et par peresce, lors commencerent les armes a estre pesans, pour ce que on s'en armoit a tart [4], et requirent la gent de pié a l'empereur premerement a laissier les cuiries et puis les hyaumes. Par coi nostre chevalier batillant encontre les Gos [5] ont esté mainte fois destruit par la multitude des archiers ; et puis que maintes de nos citez en eurent esté destruites [6], il ne chalut a nullui de rendre a l'ost de gent a pié ne les cuiries ne les hyaumes. Dont il avient que cil qui sans armes s'abandonnent as plaies pensent [7] plus de fuir que de batillier. Car li archiers a pié sans cuirie et sans hyaume, qui ne puet pas tenir l'arc et l'escu ensanble, que fera il ? Et qui portent les

---

1 arma profecerint licet exemplo Gothorum et Alanorum Hunnorumque. — 2 estoient *A B*. — 3 campestris exercitatio. — 4 raro. — 5 sic detectis pectoribus et capitibus congressi contra Gothos. — 6 nec post tot clades, quae usque ad tantarum urbium excidia pervenerunt. — 7 et perissent *A B*.

dragons et les ensaignes, qui gouvernent les hantes a lor senestres mains et ont les chiés et les pis tous descouvers, que feront il es batailles ? Mais il samble par aventure a l'omme a pié que li haubers et li hiaumes sont trop pesant pour ce que il n'est pas aüsés dou porter ne dou manier; mais usages de pesant fais porter en oste le travail [1], et cil qui ne puent souffrir le travail des armes [2] porter et le tiennent a grief et ont esté les cors et les membres [3] descouvers, en sont souvent contraint a rescevoir playes et nes la mort ou estre pris ou destruire la communauté par lor fuite, qui pis vaut. Et par ce quant il eschivent l'usage et le travail d'armes porter, il en sont a grant honte detranchié comme bestes. Et li ancien pour coi appelloient il mur l'ost de gent a pié? Certes, pour ce que il [4] aveuc les escus portoient hyaumes et cuiries, et avoient li archier les senestres bras garnis de manches [5], et cil a pié qui portoient escus, nes o les cuiries et les hyaumes, estoient contraint de chaucier chauces de fer ou trumelieres ou cuissins en lor cuisses destres [6]; et ce ne lor grevoit pas pour l'usage qu'il en avoient, ne ce ne doit pas estre grief a homme que de estre bien garnis de son cors, car ce est plus bele chose et plus seüre de lentement encauchier ses annemys que ce n'est de legierement fuir. Ainsi estoient garni ancienement cil de la premiere bataille, [et] estoient appellé prince batilleur. En la seconde

---

1 ceterum cotidianus usus non laborat, etiam si onerosa gestaverit. — 2 veteribus munimentis armorum. — 3 *et les membres m. lat. et dans Priorat, qui a un peu écourté ce passage.* — 4 *Le traducteur s'est contenté de rendre par* il *les mots* pilatae legiones *(colonnes serrées), dont il n'a sans doute pas compris le sens.* — 5 manches *signifie ici brassards.* — 6 *Le texte latin porte simplement* etiam ferreas ocreas in dextris cruribus cogerentur accipere. *Ce qui suit, depuis* et ce ne lor grevoit *jusqu'à* legierement fuir *inclusivement, n'a pas son équivalent dans le texte latin; il l'a dans Priorat, v. 1485-1490; donc c'est une addition de Jean de Meun.*

bataille estoient li hanté, ce est a dire qui portoient les hantes a glaives divers pour lancer et pour ferir. En la tierce bataille estoient li triaire, ce est a dire li tierchonnier ou troisime ; ausi estoient cil nommé pour ce qu'il tenoient le tiers lieu, et cil triaire se soloient tenir a genous et baissier sor les escus¹ pour ce qu'il ne fussent en estant navré de gavelos ne de saietes des premier[e]s batailles² et que, ce mestiers fust, il comme tout reposé assaillissent plus vigeureusement lor annemis. Et par ceaus a esté mainte fois acquise victoire, puis que les .ii. batailles qui aloient avant avoient esté livreez a mort et a desconfiture. Et metoient li ancien deffendeurs et hommes legierement armez entre la gent a pié³ et meesmement es cornees de la bataille, et cil commensoient premiers a batillier, et a ce estoient esleü li plus isnel et li miex aüsé, ne n'estoient pas trop grant multitude, pour ce que, ce force d'annemis les contrainsist a fuir, qu'il peüssent sans encombrement estre receü entre les legions⁴, et qu'il ne convenist pas que l'ordenance de l'ost se remuast pour yaus. Et avoient li ancien une coustume qui près a duree dusques a no temps, que tuit li chevalier avoient sor lor hyaumes chapiaus de piaus⁵, pour ce que li hyaumes ne sanlast pesans⁶. Et usoit li host de gent a pié d'une maniere de dars que on apeloit pilès, et avoit chascuns de ces dars .i. fer soutil

---

1 in secunda hastati, in tertia triarii vocabantur. Sed triarii genibus positis solebant intra scuta subsidere... — 2 ne de saietes des premier[e]s batailles *m. lat. et Priorat.* — 3 *Le membre de phrase* puis que les .ii. batailles... entre la gent a pié *est la traduction un peu libre des mots latins* cum hastati illi et qui priores steterant interissent. Erant tamen apud veteres inter pedites qui dicebantur levis armaturae, funditores et ferentarii... — 4 inter principia legionum recipi solebant. — 5 *Après le mot* pileis *il y a, dans le texte latin*, quos Pannonicos vocabant, *que le traducteur a omis.* — 6 quod propterea servabatur, ne gravis galea videretur in proelio homini, qui gestabat aliquid semper in capite.

d'un piet de long¹ a .III. broches quarreez², et quant il ert embatus en l'escu, il n'en pooit estre ostés, et quant il ert sagement et forment lanciés, il rompoit legierement le haubert. De ces dars nous n'en portons mais ou peu ou nul, mais en Barbarie cil a pié qui portent les escus³ en usent moult, et les appellent hebres⁴ et en portent bien chascuns .II. ou .III. en bataille. Et est assavoir que quant on veut lancier dars, li senestres piés doit estre mis avant; li gavelos en est miex branlez et fiert meilleur caup, et quant vient a ferir de près et a bouter ou de glaive ou de quelconque chose, li destres piés doit estre mis devant⁵; en ceste menniere est mis li costés fors et gardé d'estre navrez dou coup de l'anemy et la destre main en est plus preste pour l'anemy navrer. Or doit on donques enseingnier et garnir les noviaus chevaliers de tous ars de batailles et de toutes manieres d'armeüres ancienes⁶, car plus hardiement se combat cis qui ne doute nulle plaie, par ce que il se sent bien garnis el pis et el chief et par tout, que cis qui mal garnis se sent⁷.

XXI. — *Ici endroit aprent et enseigne de la garnison des herberges.*

Li chevaliers doit aprendre a garnir les herberges, car riens ne lor est si pourfitable en bataille⁸, car se

---

1 unciarum novem sive pedali. — 2 a .III. broches quarreez *m. lat.;* trois broches *se trouve dans Priorat, v.* 1550. — 3 Barbari autem scutati pedites; ci a pié *m. A.* — 4 bebras; *le texte de Priorat porte* ebres, *v.* 1560. — 5 sed cum ad pila, ut appellant, venitur et manu ad manum gladiis pugnatur, tunc dextros pedes... — 6 ... protegendos omni antiquo armorum genere constat esse tirones. — 7 et par tout que cis qui mal garnis se sent *m. lat.* — 8 nihil enim neque tam salutare neque tam necessarium invenitur in bello.

les herberges sont establies a droit, li chevalier sont dedens le parc asseür et par jour et par nuit; nes se lor adversaire les avoient assis, sont il ausi dedens, se semble, comme se il portoient tous jours avec yaus une cité fermee de murs. Mais de ce ne seit on mais fors pou ou noient, car nuls n'use mais de faire fossez ne de fichier pex entour, et pour ce, si comme nous savons, ont esté tormenté maint ost [1] et par jour et par nuit et par la sorvenue de lor annemis [2], car on trueve ancienement que, dès dont que on commensa primes a porter armes, en fu desconfis li roys de Mede par l'ignorance de ce, qu'il ne se daigna logier seürement, ne sot faire eschargaitier, et par ce fu soupris de Abraham, qui n'avoit que .iii^c. hommes en sa compaignie, et li roys en avoit bien .xv^m., qui tout furent mort que desconfit, et rescoust Abraham Loth, son neveu, et guaigna grant proie, si comme on trueve el livre de Genesis; et li roy Cercès [3] refu desconfis en Grece par le roy Leonidas [4], qui n'avoit que .vi^c. hommes, et lor courut sus, car il trova lor host sanz garde qui se fioient tant durement en la multitude de gent qui si grant estoit qu'il avoient, qu'il ne se daignoient logier ne eschargaitier ne yaus garder, ainsi comme il appartient a gent de guerre. Qui tant vauroit raconter quantes manieres de gens en ont esté mis a meschief puis que on commensa primes a user le mestier d'armes et des anciens et de ceaus qui ore sont, trop y aroit longue chose a reciter. N'il ne reçoivent pas tant seulement tels damages quant il sont es herberges, mais quant il leur convient, nes par aucun cas, retourner ou [5] fuir de la bataille, et il n'ont pas herberges garnies ou il se peüssent seürement rescevoir : lors sont occis [6]

---

1 multos exercitus; *A om.* ost. — 2 equitum barbarorum. *Ce qui suit, depuis* car on trueve *jusqu'à* a reciter, *est une addition.* — 3 Tyrus, *A.* — 4 Laomedon *A B.* — 5 retourner ou *m. lat. et Priorat.* — 6 inulti cadunt.

aussi comme bestes et ne finent de mort rescevoir dusques a tant que volentés d'ocirre faut a lor anemys.

XXII. — *Comment on doit les herberges garnir et asseoir en fort lieu.*

On doit les herberges mettre en lieu seür et meïsmement [1] quant li adversaire sont près, si que on y puisse assez avoir et buche et pasture et yauve, et se on y doit longuement demourer, on doit resgarder que li liex soit convenables a la santé des cors, et doit on garder qu'il n'ait montaigne près ou lieu plus haut dont lor adversaire lor puissent nuire [2]. Et doit on encore resgarder que li chans ne soronde des ruissiaus par coi li ost (ne) puist estre grevez. Et selonc le nombre des chevaliers et des pavillons et de toutes les choses qui sont necessaires [3] en ost doivent estre garnies les herberges, si que trop grant multitude ne soit trop a estroit en trop petite place. Et se il sont peu de gent, que il ne pourpraingnent pas plus de place que mestiers leur en est, car il en seroient plus foible et plus seürement se porroient lor anemy embatre seur yaus [4].

XXIII. — *Ici enseingne quel fourme les herberges doivent avoir.*

Aucune fois doit on faire les herberges en fourme quarrée et aucune fois en fourme de triangle ou en

---

1 praesertim. — 2 mons sit vicinus aut collis altior, qui ab adversariis captus possit officere. — 3 militum vel inpedimentorum. — 4 *La fin de la phrase, depuis* car il en seroient plus foible, *m. lat.; on en trouve l'équivalent dans Priorat, v. 1680-1684; donc l'addition est de Jean de Meun.*

fourme demy reonde, si comme li sieges dou lieu¹ le requiert. Il soloient es herberges faire .ii. portes²; l'une estoit appele[e] porte pretoire et resgardoit vers orient ou vers le lieu ou li anemy estoient, ou se li ost ert en alant, elle resgardoit vers celle partie ou il devoient aler, que leur annemy³ ne se peüssent embatre seur yaus qu'il ne le seüssent. De ceste science fu bien Julius Cesar maistres, qui a tantes diverses manieres de gens ot a faire, ne onques par son logier ne furent ses gens greveez de lor anemis, et bien y parut au siege de Clermont⁴, quant il se loja encontre Vercigetoris, et a Mode en Espaigne, quant Sextus Pompeius, li fieux au grant Pompee, le cuida seurprendre en ses tentes, mais la forteresse de son logier retint ses anemis une piece; et par tout la ou il faisoit ses legions yverner, il se logoient en tele maniere que cil qui estoient a Trievre pooient bien attendre le secours d'Ostun, et cil qui estoient en Artois pooient bien atendre le secours de Bretaigne, et ce fu la chose par coi il lassa plus ses anemis et par coi il eust plus souvent victoire. Dedens cele premiere porte dont nous avons parlé dessus se logoient les premieres compaingnies⁵ et tendoient illuec lor pavillons et y fichoient lor dragons et les enseingnes. L'autre porte ert appellee decumana, qui ert par derriere⁶, et par celle estoient mené a rescevoir lor paine li chevalier qui fourfaisoient en l'ost.

1 prout loci qualitas aut necessitas postulaverit. — 2 il soloient es herberges faire. ii. portes *m. lat.; cf. Priorat, v. 1695-1696.* — 3 *Ce qui suit, depuis* que leur annemy *jusqu'à* plus souvent victoire, *est une addition.* — 4 B *ajoute* en Auvergne. — 5 intra quam primae centuriae, hoc est cohortes. — 6 post praetorium est.

XXIIII. — *Ici enseingne et aprent comment on doit garnir les herberges.*

Li garnisons des herberges seut estre faite en .II. manieres ou en .III.[1] Car se il n'ont moult grant besoing, il errachent de terre motes herbues et en font ausi com .I. mur haut de .III. piés seur terre, si que la fosse dont les motes sont levees est par devant. Après celle fosse en faisoient il une autre qui tenoit .IX. piés de large et .VII. piés de haut, et se grant force d'anemis lor apparoit, lors faisoient tout entour les herberges une fosse[2] qui contenoit .XII. piés de large et .IX. piés de haut[3] et faisoient par dessoure la terre que on avoit traite de la fosse une maniere de haye qui contenoit .IIII. piés de haut, si que la fosse contenoit par dessus .XIII. piés de haut et .XII. de large, et faisoient par dessus[4] unes lices de fors pex de fust que li chevalier soloient porter aveuc yaus, et a ceste oevre faire convient avoir fessours, peles, martiaux et pis, houyaus et cuignies et autres estrumens qui tous jours doivent estre porté après l'ost[5].

XXV. — *Comment on doit les herberges garnir quant li annemy sont près.*

Legiere chose est garnir les herberges quant li annemy sont loing, mais quant il assalent de près, tout cil a cheval et la moité des gens a pié se doivent lors

---

1 diversa triplexque. — 2 legitima fossa. — 3 alta sub linea, sicut appellant, pedes novem. — 4 supra quam; defors A. — 5 Ligones, rastra, qualos aliaque utensilium genera habere convenit semper in promptu.

ordonner a bataille et bouter arriere lor anemis, et li autre doivent faire les fosses derrier yaus [1], et doit on par crieurs faire crier comment il seront ordoné, li quel seront primer, li quel secont et li quel tiers, et puis doivent resgarder la fosse et prendre garde as ouvriers li centurion [2], c'est a dire li centenier, qui sont seigneurs de .c. hommes et pugnisent ciaus qui negligamment ont ouvré. A cest usage se doit li chevaliers acoustumer, si que quant il sera mestiers qu'il puisse sagement et tost [3] les herberges garnir.

XXVI. — *Comment on doit les chevaliers aüser a garder les ordres et les espaces entr'eus en l'ost.*

Riens ne pourfite plus en bataille que bien garder les ordres par acustumance d'uzage, si que les batailles ne soient pas trop amoncelees ne trop lasches, car aussi com les chevaliers trop amonchelé perdent les espaces des batailles et s'entrempeschent, aussi cil qui trop sunt esparpillié [4] donnent a lor annemis entree d'estre rompu par yaus, et lors convient qu'il soient tout confondu par paour, quant li anemi pueent lor batailles rompre et lor donnent assaut au dos. Or doit on donques les chevaliers faire venir el champ ordeneement [5], si que la premiere bataille soit simplement estendue, ne n'ait en soi nule corveüre [6], et que li chevalier soient loing li .I. de l'autre ygalment par tele espace comme il convient. Après on lor doit commander a doubler lor batailles soudainement, si que la seconde bataille sache

---

1 reliqui post ipsos ductis fossis muniunt castra. — 2 post hoc a centurionibus fossa inspicitur ac mensuratur et vindicatur. — 3 sine perturbatione et celeriter et caute. — 4 rariores atque interlucentes. — 5 producendi ergo tirones sunt semper ad campum et secundum matriculae ordinem in aciem dirigendi. — 6 ne quos sinus, ne quas habeat curvaturas.

vistement assener a garder l'ordre comme elle doit.
Après on leur doit dire qu'il se mettent en esquarrie
soudainement, et puis se redoivent mettre en triangle,
et ceste maniere d'ost apeloit l'en anciennement ber-
çueil¹; ceste ordenance seut moult pourfiter en bataille.
Et après ce leur doit on commander qu'il se mettent en
la reonde; et lors par ceste maniere, quant force d'annemis lor keurt sus et² a rompu l'ost, li chevalier bien
osé lors suelent contrester et destourner lor gent que il
ne se mettent a fuie ou qu'il ne lor conviegne grant
damage recevoir³, et se li jovencel ont bien apris ces
choses et acoustumees, il les garderont plus legierement
es batailles.

XXVII. — *Par combien d'espace li chevalier doivent
aler et revenir, et quantes fois il se doivent auser le
moys quant il issent hors pour aprendre a aler pour
garder leur ordres et leur rens.*

Après celle ancienne coustume fu, et l'establirent ainsi
li devin empereur Augustus et Adriens, que cil a cheval et cil a pié issisent fors .III. fois le moys⁴ par l'espace de .x^m. pas loins tout armé et tout garni de toutes
manieres de dars, et leur commandoit l'en qu'il s'en
revenissent par plus viste cours et plus jolif⁵, et cil a
cheval nes se devisoient et departoient par compaignies,
et aloient aucune fois avant, aucune fois après seulonc

---

1 in trigonum, quem cuneum vocant; et ceste maniere d'ost
appellent il ost ygal A. — 2 lor keurt sus et m. *lat. et Priorat.* —
3 ne omnis multitudo fundatur in fugam et grave discrimen
immineat. — 4 tam equites quam pedites educantur ambulatum;
hoc enim verbo hoc exercitii genus nominant. — 5 ire ac redire
jubebantur in castra, ita ut aliquam itineris partem cursu alacriore
conficerent.

l'erre de chevalerie¹. Et n'estoient pas tant seulement li un et li autre contraint d'aler par les planices de chans, mais par les lieux ruistes et haus et bestours² et monter et descendre, si que riens ne lor peüst par nul cas avenir dont il ne fussent moult bien aüzé avant par continueus experimens.

XXVIII. — *De l'amonnestement de la chevalerie [et] de la vertu des Rommains*.

Toutes ces choses je, empereres vainquieres, par loyauté et par devocion ai conqueillies es livres de divers aucteurs³ qui misrent en escript l'art de chevalerie, et les ay mises en ce petit livret, pour ce que se aucuns vueut estre diligens et curieus⁴ d'eslire et d'aüser les jones chevaliers, qu'il puisse legierement son ost enforcier par penre exemples es coustumes des anciens. Car vigueurs et chaleurs de batillier n'est pas faillie ne forlignie es hommes, ne ne sont pas brehaignes le[s] terres qui engenrrent les Lachedemoniens ne les Atheniens et mains autres batilleurs, ne celles meïsmes qui engenrent les Ronmains⁵. S'ont estié aucune fois li Epirien⁶ moult vaillant as armes. Li Macedonien et li Thesalien ne vainquirent il les Persiens⁷ et par bataille tresperchierrent les terres dusques en Ynde? Et est certaine chose que li Danois⁸ et li Messien⁹ et cil de Tharse¹⁰ ont esté si fort batilleur qu'il dient et affer-

---

1 equites quoque divisi per turmas armatique similiter tantum itineris peragebant, ita ut interdum cedant et recursu quodam impetus reparent. — 2 in clivosis et arduis locis. — 3 universis auctoribus. — 4 et curieus *m. lat. Cf. Priorat, v. 1909*. — 5 neque enim degeneravit in hominibus Martius calor nec effetae sunt terrae quae Athenienses, quae Samnites, quae Pelignos, quae ipsos progenuere Romanos. — 6 Epiri; Egypcien *A*, Pirien *B*. — 7 Persis; personne *A*. — 8 Dacos. — 9 Moesos. — 10 Thraces.

ment que Mars li fevres, qui est diex des batailles, fu nés en lor pays[1].

Longue chose et enuieuse[2] seroit se je voloie raconter les forces de toutes les provinces comme eles soient toutes sousmises a l'empire des Rommains, mais seürtés de longue pais a les hommes atraiz a delit et a oiseuse et en partie as besoingnes dou siecle. Ainsi chei la cure de l'usage[3] premerement en despit par negligence et puis en nonchaloir et au derrenier fu toute mise en oubli, ne de ce ne se doit nuls mervillier s'il en est ainsi avenu en l'eage qui passés est, car li Rommain[4], qui tout avoient esté vaincueur, par la longue pais ou il furent puis par l'espace de .xx. ans ou de plus, par oiseuse et par desacoustumance après la bataille, perdirent si l'usage des armes qu'il ne porent en la seconde bataille[5] estre pareil a Hanibal; mais [puis] qu'il eurent perdu tant de bons consilliers et tant de bons os[6] et il se furent repris a l'usage et a l'exercice des armes, il revinrent parfaitement a victoire. Donques doit on eslire et aüser les jones hommes es armes, et miex vient il enseignier les siens en armes que les estranges atraire par soudeez et par loier[7].

Ici endroit encommencent tout li chapitre de ce secont livre et les trouverés tous par ordre et tous par nombre.

Li premiers chapitres aprent a cognoistre en quantes manieres est devisee la chose de chevalerie.

---

1 Martem fabulae apud eos natum esse confirmant. — 2 et enuieuse *m. lat. et Priorat.* — 3 exercitii militaris; de l'usage de chevalerie *B.* — 4 cum post primum punicum bellum... Romanos. — 5 secundo punico bello. — 6 tot ducibus, tot exercitibus omissis; tant de bons dus et tant de bons olz *B.* — 7 et par loier *m. lat. Cf. Priorat, v. 2001, où deniers.*

Li secons moustre quel difference il a entre legions et aides.

Li tiers devise quele la cause fu d'apeticier les legions.

Li quars raconte quantes legions li ancien meinerent en bataille.

Li quins enseigne comment les legions sont estaublies.

Li sisismes quantes compaignies il a en une legion et quans chevaliers en une compaingnie.

Li septismes quel sont li non des princes et des dignetés des legions.

Li .viii^{mes}. les nons de ceaus qui menoient les anciennes ordres.

Li .ix^{mes}. parole de l'office dou prevost de la legion.

Li disimes de l'office dou prevost des herberges.

Li onzimes de l'office dou prevost des fevres.

Li douzimes dou triboul des chevaliers.

Li tresimes des centuries, des confanons et des enseignes des gens a pié [1].

Li .xiiii^{mes}. des compaignies des chevaliers qui sont es legions.

Li quinzimes enseigne en quel manere les batailles des legions soient ordeneez.

Li sezimes en quel maniere li triaire et li centurion sont armé.

Li .xvii^{mes}. moustre comment la pesant armeüre est en bataille en lieu de mur.

Li .xviii^{mes}. devise pour coi li non des chevaliers et dignetés doivent estre escrites au travers de leur escus.

Li .xix^{mes}. enseigne comment on doit eslire es chevaliers art et science de lettres et de conte outre la force des cors.

[1] de centuriis atque vexillis peditum.

Li vintismes pour coi la moitié des gages as chevaliers doit estre mis as herberges pour garder le.

Li .xxi^mes. comment cil que on doit essaucier [1] es legions doivent passer par les degrés de toutes les compaingnies.

Li .xxii^mes. parole de la différence des busineours et des corneours et des claziques.

Li vintetroizimes dou hanteïs et de l'usage des chevaliers.

[Li] vintequatrimes des examples et des ammonestemens de l'usage de chevalerie trais des autres arts.

Li .xxv^mes. dou nombre des ferremens et des engiens de la legion.

Ici commence li prologues du secont livre.

Ampereres vainquierres, il appert bien par l'acoustumance de tes victoires [2] que tu as plainement et sagement retenu les establissemens des grans hommes anciens, et li ars est tous jours prouvee par le fait. Mais ta paisibletés qui sormonte les anciens par nouviaus fais desirre par plus haut conseil que pensee d'omme ne puet concevoir les ancienetés des livres. Et pour ce que tu m'as commandé que je les meïsse briément en escrit, je les y ai mises, non pas pour ce que je le tes apregne, mais pour ce que je le tes ramentoive. Mais ains que je m'en entremeïsse [3], paours et honte se combatirent souvent en moy, car trop fust a moy grans hardemens que de dire de l'usage de la discipline des batailles au seingnour et au prince de l'humain lignaige et au vainqueur de toutes nacions estranges [4], se il

---

1 promotiones; aidier *A*. — 2 victoriis ac triumphis. — 3 mais ains que je m'en entremeïsse *m. lat. Cf. Priorat, v. 2095.* — 4 barbararum.

meïsmes ice ne m'eüst commandé a faire que il meïsmes
eüst fait; et de rechief se je ne vausisse obeïr as commandemens de si grant empereur, trop me samblast
grant peril et grant forfait. Or sui je donques hardis
par merveilleuse maniere [1], car trop me samblast plus
grant hardement se je l'osaisse refuser que de faire le,
et a ceste folie emprendre m'a enhardi la pardurabletez
de vostre pardon ja receü, car je vous offri jadis le livret
comme serjans de l'election et de l'usage des nouviaus
chevaliers, ne n'en fui onques blasmés. Si ne redout
pas tant a emprendre [l'uevre] qui m'a esté commandé
a faire, puis que celle que j'ai faite de mon gré et sans
commandement ne m'est tournee a nulle paine ne a nul
blasme [2].

I. — *Ici nous moustre en quantes manieres la chose de chevalerie est devisee.*

La chose de chevalerie, si comme li noble aucteur des
Latins le tesmoingnent [3], est en armes et en forces [4], et
est devisee en .III. parties, ce est a savoir en gens a cheval et en gens a pié et en navies [5]. On se puet aidier des
gens a cheval as chans, des navies en mer et en flueves,
et des gens a pié se puet on aidier par montaignes, par

---

1 miro itaque more in parendo audax factus sum. — 2 nec
formido jussus adgredi opus, quod spontaneum cessit impune.
— 3 sicut Latinorum egregius auctor carminis sui testatur exor-
dio. — 4 viris. — 5 *Dans le texte latin, il y a ce passage qui n'a
pas été traduit :* Equitum alae dicuntur ab eo quod ad similitudinem alarum ab utraque parte protegunt acies; quae nunc vexillationes vocantur a velo, quia velis, hoc est flammulis, utuntur.
Est et aliud genus equitum, qui legionarii vocantur propterea
quod conexi sunt legioni; ad quorum exemplum ocreati sunt
equites instituti. Classis item duo genera sunt, unum liburnarum, aliud lusoriarum. *On n'en trouve pas non plus l'équivalent
dans Priorat.*

cités, par liex plains, par liex ruistes, par coi on puet entendre que li homme a pié sont plus pourfitable au commun dou pueple par tous liex, et sont soustenu de plus petit despens que ne sont li chevalier [1]. On devisoit ansienement les hommes a pié en .II. parties, c'est assavoir en aydes et en legions [2], et mettoit on le plus petit nombre des chevaliers en haste aveuc les aides et moult plus grant nombre en metoit on es legions.

II. — *Ici nous moustre, enseigne et aprent quel difference il a et doit avoir entre legions et aides.*

Li Macedonien, li Grec et li Dardanien orent en lieu de legions eschieles en bataille que il appelloient palenges [3], et avoit en chascune palenge .VIII^m. hommes a armes. Li François et pluseurs autres nacions estranges [4] avoient en lieu de palenges [5] caterves en lor batailles et avoit en chascune bataille .VI^m. hommes a armes (et aucune fois en y vuelent il mettre plus [6]). Li Rommain ont legions et mettent en chascune legion .VI^m. hommes a armes et aucune fois en y vuelent il

---

1 et major numerus militum sumptu expensa minore nutritur. *Après ce membre de phrase, vient la phrase suivante qui n'a pas été traduite :* Exercitus ex re ipsa atque opere exercitii nomen accepit, ut ei numquam liceret oblivisci quod vocabatur. — 2 *Entre ces deux membres de phrase, il y a encore une omission. En effet, le texte latin porte :* Sed auxilia a sociis vel foederatis gentibus mittebantur; Romana autem virtus praecipue in legionum ordinatione praepollet. Legio autem ab eligendo appellata est, quod vocabulum eorum desiderat fidem atque diligentiam, qui milites probat. — 3 en lieu de legions eschieles en bataille que il appelloient *m. lat. Cf. Priorat, v.* 2183-2185. — 4 Galli atque Celtiberi pluresque barbarae nationes. — 5 en lieu de palenges *m. lat. Cf. Priorat, v.* 2192. — 6 *De même* et aucune fois en y suelent il mettre plus, *qui est bien à sa place à la phrase suivante.*

mettre plus. Entre les aydes et les legions a tel difference que les aides sont faites de gens a pié¹, qui sont de divers liex et de divers nombres et de divers enseignemens et de diverses connoissances et de diverses volentés² et divers establissemens ont entre yaus et divers usaiges d'armes, et par ce convient il que cil viennent plus tart d'autres a victoire qu'il se descordent avant qu'il se combatent. Après ce, comme il soit grans pourfis en ost que tuit li chevalier soient esmeü par .i. seul commandement, cil ne pueent ingaument les commandemens acomplir qui ne s'acorderent onques avant ne ne furent ensamble³. Et toutes voies se cil estoient toute jour enseignié par sollenpnel usaige d'armes⁴, moult tenroient grant pourfit, car les aydes estoient tous jours en l'ost jointes as legions, si comme la legiere armeüre, pour ce qu'il vaussissent plus a batillier que li principaus secours⁵. Et quant la legions estoit plaine de ces compaignies et elle avoit la pesant armeüre, ce est assavoir les princes et les chevaliers as glaives pesanment armés⁶, et elle avoit aveuc la legiere armeüre, c'est assavoir ceaus qui sont legerement armé⁷, si comme les archiers⁸, les fondeurs et les arbalestriers, et il avoient près d'iaus lor propres chevaliers legionniers, quant d'un cuer et d'une volenté garnissoit les herberges et ordenoit l'ost et batilloit bien parfaitement de toutes parties ne n'avoit mestier d'estranges aydes, elle soloit sormonter trop grant multitude d'anemis, et ce est bien chose provee. Car quant la

---

1 *De même* sont faites de gens a pié. *Le texte latin porte* auxiliares cum ducuntur ad proelium. — 2 affectione. — 3 *Le latin porte* non possunt aequaliter jussa conplere, qui ante pariter non fuerunt. — 4 sollemnibus diversisque exercitiis. — 5 ut in his proeliandi magis adminiculum esset quam principale subsidium; *le traducteur n'a pas compris.* — 6 principes, hastatos, triarios, antesignanos. — 7 c'est assavoir ceaus qui sont legerement armé m. lat. — 8 ferentarios, sagittarios.

hautesce de Romme se combatoit par legions, ele vainquî tous jours de ses annemis ou tant comme ele vout ou tant comme la nature des choses le pot souffrir.

III. — *Ici nous moustre et aprent quele fu la cause de apetizier les legions.*

Li nons des legions demeure tous jours en ost, mais il est moult afoibliés et brisiés [1] par la negligence des temps trespassés, quant li louier de vertu estoient pourpris par convoitise et on essaussoit par grace ou par amour [2] les chevaliers qui soloient estre essaucié par lor propres travaus. Après ce, quant li jovencel avoient laissié par tesmoingnage l'usage des armes que on avoit acoustumé a laisser par experimens et par certains assais [3], on ne mist pas autres es lieus de ciaus. Et d'autre part il en esconvient afebloier aucuns par maladies et aucuns morir et aucuns reconvient laissier le hantels des armes par pluseurs autres cas [4], et ainsi qui ne mettroit chascun an et par peu chascun moys autres jovenciaus en lieu de ciaus qui ainsi defalent, il convanroit la legion, voire nes .I. grant ost, defaillir. Autre chose y a encore pour coi les legions sont appeticies, car il y a grant travail et si y sont les armes plus pesans et li don croisent a ciaus qui s'en partent, car il sont tenus pour bien enseignié et pour bien atisé d'armes [5], par coi pluseurs de ciaus qui sont es aydes, quant il voient ce, il se hastent de laissier les aydes et de ressevoir les sacremens de chevalerie ou il ont mains de travail et plus de loyer.

1 sed... robur infractum est. — 2 ou par amour *m. lat. Cf. Priorat, v.* 2277. — 3 deinde contubernalibus, completis stipendiis, per testimoniales ex more dimissis. — 4 aliquantos deserere vel diversis casibus interire. — 5 plura munera, severior disciplina.

Chatons li graindres, qui onques ne fu vaincus par armes et estoit consilliers de Rome, comme il eüst mené par pluseurs fois ost, il cuidoit avoir plus pourfité au commun d'avoir escript l'art de chevalerie qu'il n'avoit par ses propres fais, et le conferme par ceste rayson [1], car il dist que les choses faites par force ne sont que d'un eage, mais les choses escriptes pour le commun pourfit sont pardurables. Ainsi le firent Frontins et pluseur autre sage homme [2] dont j'en dirai les establissemens et les commandemens au plus briément et au plus loyaument comme je porrai. Car comme il conveingne faire uns meïsmes despens pour ost bien et diligamment ordené [3], empereres augustus, il ne pourfite pas sans plus a ceaus de nostre temps, mais a ciaus qui sont nes a venir, se la fors ordenance des armes [est] rapareillie et la nonchalance de nos ancesseurs amendee par la pourveance de la seignourie.

IIII. — *Ici nous enseigne et aprent quantes legions li ancien menerent en batailles.*

On trueve es anciens aucteurs [4] que li conseille, qui estoient chevetainne dez olz, ne menoient nulle foiz en bataille, combien qu'il eüst contr'eulz grant plenté d'anemis, que .II. legions, avec les aides des compaignonz, et avoient en eulz si grant fiance pour leur usage que lor iert avis que .II. legions pooient bien souffire encontre toute bataille, quelconques ele fust. Et pour ce dirai je briefment [5] l'ordenance de l'ancienne legion

---

[1] qu'il n'avoit par ses propres fais, et le conferme par ceste rayson, car il dist *m. lat. Cf. Priorat, v. 2334-2336.* — [2] idem fecerunt alii conplures, sed praecipue Frontinus, divo Trajano ab ejusmodi comprobatus industria. — [3] diligenter et neglegenter exercitus ordinatus. — [4] in omnibus auctoribus. — [5] briefment *m. lat. et Priorat.*

selonc la regle du droit de chevalerie, et se la description samble trop obscure ou trop rude, l'en ne s'en doit pas prendre a moi ne moi blasmer, ains m'en doit l'en escuser [1] pour la cose qui est trop griez. Et d'autre part vous en trouverois la nature et la devision el siste capitre [2]. Et pour ce doit l'en ententivement ces cosez lire et [3] relire souvent, si que l'en les puisse aprendre par memoire et par entendement, car li communs pueples ne puet estre vaincus dont li empereres, qui bien set l'art de chevalerie, puet faire tant d'olz comme il veut de bons bateilleurs.

V. — *Ici parole comment les legions doivent estre establies.*

Puis donques que li jovencel vaillant de cuer et de cors [sont] bien enfourmé chascun jour en l'usage des armes par l'espace de .IIII. moys ou de plus, par le commandement et par le bon eür [4] de l'empereur est enfourmee la legion ; li chevalier escrist, qui sont a ce retenu, seulent jurer par Dieu [5] et par Crist et par le saint Esperit et par le majesté l'empereur, que tout homme doivent amer et honeurer seulonc Dieu. Car li empereres, quant il a receü nom d'Auguste, doit on amer loiaument et ententivement servir comme Dieu present et corporel, car cis sert bien a Dieu qui obeïst [6] a celui qui regne par l'auctorité de Dieu. Or jurent donques li chevalier qu'il feront viguereusement et diliganment a

---

1 *De même* ne moi blasmer, ains m'en doit l'en excuser. *Cf. Priorat, v. 2402.* — 2 *La phrase :* Et d'autre part... el siste capitre *semble être une addition de copiste.* — 3 lire et *m. lat. et Priorat.* — 4 auspiciis; cuer *A.* — 5 nam victuris in cute punctis milites scripti, cum matriculis inseruntur, jurare solent; et ideo militiae sacramenta dicuntur. Jurant autem per Deum. — 6 Deo enim vel privatus vel militans servit.

lors pooirs ¹ quanques li emperes commandera et qu'il ne lasseront jamais la chevalerie ne ne refuseront mort pour deffendre la communauté de Romme.

VI. — *Quantes compaignies il doit avoir en une legion et quans chevaliers en une compaignie.*

En une legion doit avoir .x. compaignies, mais la premiere sormonte les autres par nombre des chevaliers et par dignité, car elle requiert trés vaillans hommes, esleüs et de lignaige et des lettres; ceste ressoit l'aigle, qui est li plus nobles signes en l'ost as Romains et la loiautés de toute la legion ²; ceste honneure les ymages des empereurs comme signes devins et presens. Ceste a mil et .v^c. hommes ³ a pié et tient .c. et .xxxvi. ⁴ chevaliers a haubers et est apellee milleniere; ce est le chief de la legion, et de ceste, quant on doit combatre, convient la premiere bataille estre ordonnee. La seconde compaignie contient de poonniers, c'est a dire ⁵ de hommes a pié, .v^c. et .lv., et chevaliers .lxvi. La tierce compaignie a chevaliers .v^c. et .lv. et poonnier .lxvi., mais en ceste tierce soloit on prouver les plus vaillans ⁶. La quarte partie ⁷ a aussi .v^c. et poonniers et chevaliers .lxvi. ⁸ La quinte contient .v^c. et .lv. poonniers et chevaliers .lxvi., et ceste quinte compaignie si vuet avoir bons chevaliers, car ainssi comme la premiere est en la destre corne de la bataille, aussi est ceste en la senestre. Ices .v. compaignies sont

---

1 et diliganment a lors pooirs *m. lat. et Priorat.* — 2 et totius legionis insigne. — 3 mille centum quinque. — 4 equites loricatos .lxxxii. — 5 de poonniers, c'est a dire *m. lat. Cf. Priorat, v.* 2484. — 6 .lxvi. et appellatur cohors quingentaria. Tertia cohors similiter habet pedites .dlv., equites .lxvi., sed in hac cohorte tertia validiores probari moris est, quia in media acie consistit. — 7 cohors; compaignie *B.* — 8 .lxxvi. *A.*

el premier ost de la legion. La sizime compaignie a poonniers .v^c. et .lv., chevaliers .lxvi., et en ceste convient avoir trés¹ esleüs et vaillans hommes, car elle² est el secont ost emprès l'aigle et les ymaiges. La septisme compaignie a poonniers .v^c. et .lv. et chevaliers .lxvi. La vuitisme aussi a poonniers .v^c. et .lv. et chevaliers .lxvi., et ceste revoet avoir bons chevaliers, car elle est en mylieu dou secont ost. La nuefvisme a poonniers .v^c. et .lv. et chevaliers .lxvi. La dizime en a tout autant³, mais elle vueut avoir bons hommes et preux⁴, pour ce qu'elle est ou secont ost en la senestre corne⁵. De ces .x. compaignies est fondee la plaine legion qui contient de poonniers .vi^m. et .c. et de chevaliers .vii^c. et .xix⁶. Menres nombres de gens a armes ne doit pas estre mis en une legion, mais plus grans y suelt on bien mettre aucune fois, car on y commandoit a rescevoir une compaignie ou pluseurs solonc la fuison de gent que on avoit⁷.

VII. — *Quel sont li non des princes et des dignetés des legions.*

Puis que l'anciene ordenance des legions a estié dite, je vuel dire les nons des princes et des dignetés⁸. Li graindres tribons estoit envoiez par la propre lettre⁹ et par le jugement de l'empereur. Li manres tribons estoit fais par son travail. Et sont appellé tribon de ce mot *tri-*

---

1 .iii. *A*. — 2 cohors sexta. — 3 cohors .x. habet pedites .dlv., equites. lxvi. — 4 et preux *m. lat. Cette phrase est plus écourtée dans Priorat.* — 5 quia in secunda acie sinistrum possidet cornum; en la senestre corne *m. B*. — 6 equites .dccxx. — 7 unam cohortem, sed etiam alias miliarias fuerit jussa suscipere; selonc la fuison de gent que on avoit *m. lat*. — 8 principalium militum et, ut proprio verbo utar, principiorum nomina ac dignitates secundum 'praesentes matriculas indicabo. — 9 epistolam sacram.

bus. Car cis mos *tribus* en latin vaut autant comme lignie en françois, et fu premerement appellés tribons[1] cis qui[2] fu chevetaine des chevaliers que Romulus eslut premerement de la lignìee. Ordinaire sont appellé(e) cil qui les autres ordenent en bataille[3]. Augustal sont cil dist qui par le commandement a l'empereur Auguste sont joint as ordenaires. Flavial sont ausi comme secont augustal, qui de par l'empereur Vaspasien furent ajousté as legions. Aquilifer[4] estoient apellé[5] cil qui portoient les aigles. Ymaginaire sont cil qui portent les ymages des empereurs. Opcions, cis mos vaut autant comme avoés[6], et sont appellé[7] opcions cil qui estoient establi et mis comme vicaire en lieu des chevetaines malades pour curer de tout. Signifer sont appellé cil qui portent les signes, que on apelle dragonniers[8]. Tessaire sont cil qui par les compaignies vont denunsant le commandement le prince de l'ost[9]. Cil dient par quel lieu li ost doit aler ou quel besoingne il doit faire ou se on doit batillier; et sont appellé(e) tessaire de *tessara*, car cis mos *tessara* si vaut autant comme commandement ou ban[10]. Campigene sont appellé cil par cui entente[11] et par cui vertu il croist a l'ost grant force el champ. Metateurs sont cil qui vont avant pour eslire convenable[12] lieu as herberges. Beneficiaire sont appellé cil qui par le benefice des tribons sont avancié. Libraire sont cil qui racontent

---

1 *Le membre de phrase* car cil mos tribus *jusqu'à* appellés tribons *m. lat. Cf. Priorat, v.* 2565-2568. — 2 *Au lieu de* cis qui fu, *il vaudrait mieux* parce qu'il fu, *en latin* quia praeest. — 3 qui in proelio, quia primi sunt, ordines ducunt. — 4 aquilisier A — 5 estoient apellé *m. lat. Cf. Priorat, v.* 2583. — 6 ab adoptando appellati. — 7 sont appellé *m. lat. Cf. Priorat, v.* 2591. — 8 nunc draconarios; dragonniers orendroit B. — 9 tesseram per contubernia militum nuntiant. — 10 tessera autem dicitur praeceptum ducis. — 11 campigeni, hoc est antesignani, ideo sic nominati, quia eorum opera. — 12 convennable *m. lat.*

es livres les rasons appartenans as chevaliers. Trompeur, corneour, buysineour sont cil qui suellent appeller les batailles a leur instrumens [1]. Double armee sont cil qui prendent double livrison. Simplaire sont cil qui n'ont que une livrison. Mensour sont cil qui mesurent as herberges a la ligne les liex ou li chevalier doivent fichier leur tentes et vont avant pour prendre les hostez es cités. Torquedouplaire [2] sont cil qui par lor vertu deservent .I. sol d'or, et cil qui le deservoient emportoient aucune fois .II. livrisons aveuc leur loenge [3]. Duplaire avoient double livrison. Simplaire [4] une et demie. Candidat double, candidat simple sont li chevalier principal qui sont garnis des privileges a l'empereur [5]. Munifice sont cil qui sont contraint a faire les dons en l'ost [6].

VIII. — *Les nons de ciaus qui menoient les ancienes ordres.*

L'anciene coustume ert que li princes de la legion esleüt le premier centurion [7], qui gouvernoit non pas tant seulement l'aigle, mais .IIII. centuries, c'est a dire .IIII[c]. chevaliers, en la premiere bataille, et ert ainsi comme cief de la legion, et recevoit honneurs et loiers.

---

1 tuba vel bucina. — 2 *Le scribe a ajouté par erreur le passage suivant, qui s'applique aux* mensores.: Torqueduplaire sont cil qui mesurent as herberges a la ligne les liex ou li chevalier doivent fichier lor tentes et vont avant pour prendre les hostez es cités. — *Après* torquati duplares, *le texte latin porte* torquati simplares; torquesimplaire B. — 3 torques aureus solidus virtutis praemium fuit, quem qui meruisset praeter laudem interdum duplas consequebantur annonas. *Il est évident que le traducteur n'a pas compris ce passage. Vient ensuite* duplares, sesquiplares; duplares duas... — 4 *Il faudrait* sesquiplaire. — 5 a l'empereur *m. lat. Cf.* Priorat, *v.* 2662. — 6 reliqui munifices appellantur. — 7 centurio primi pili.

Après li premiers hantés, c'est li chievetaines de chiaus qui portent les hantes [1], menoit .II. centuries en la seconde bataille, c'est a dire .CC. hommes, et cis ert appellés ducenaires. Li princes de la premiere compaignie si menoit une centurie et demie, c'est a dire .C. et .L. hommes, et a cestui appartient a ordener près que toutes les choses qui sont en la legion. Après li secons princes des hantés gouvernoit une centurie et demie, ce sont .C. et .L. homes. Li premiers triaires gouvernoit .C. hommes, et ainsi .X. centuries de la premiere compaignie estoient gouverne[e]s par .V. ordenaires, et a ceaus estoient establi grant pourfit et grans honneurs des anciens, pour ce que li autre chevalier de toute la legion se penassent [2] par grant travail et par grant desirier de suivre a si grans loiers, et y avoit nes centurions qui gouvernoient sengles centuries, qui sont ore appellé centenier, et y avoit autres dedans [3] dont chascuns gouvernoit .X. chevaliers, qui ore sont appellé disenier [4]. La seconde compaignie avoit ainsi .V. centurions et la tierce .V., et chascune des autres dusques a .X. [5] en avoit ausi .V., si que en toute la legion avoit .L. centurions.

IX. — *Ici parole de l'office dou prevost de la legion.*

Li message de l'empereur estoient envoié des conseilles pour gouverner les legions [6] et toutes les aides, et il obeïssoient as messages en ordenance de pais et de batailles [7], mais en lieu de ces messages sont ordoné

---

1 c'est li chievetaines de chiaus qui portent les hantes *m. lat. Cf. Priorat, v. 2685-2687.* — 2 peusent *A*. — 3 dedens *traduction de* decani. — 4 qui ore sont appellé disenier *a pour équivalent dans le latin* qui nunc caput contubernii vocantur. — 5 similiter tertia, quarta usque ad decimam cohortem. — 6 sed legati imperatoris ex consulibus ad exercitus mittebantur. — 7 in ordinatione pacis vel necessitate bellorum.

et ¹ establi noble homme qui sont appellé maistre des chevaliers ²; cil ne gouvernent pas tant seulement .II. legions, mais aucune fois nes pluseurs nombres des chevaliers. Juges propres estoit appellés ³ li prevos de la legion et avoit la digneté de la compaignie ⁴ dou premier ordre, et cis, quant li legaus, c'est a dire li messages de l'empereur ⁵, n'estoit presens, ressevoit comme ses vicaires trés grant pooir en lieu de lui, et li tribon et li centurion et li autre chevalier gardoient les commandemens de cestui et a lui demandoient les congiés ou de veillier ou d'aler. Se nuls chevaliers eüst fourfait aucune cause de crieme, li tribons li en livroit la paigne par l'auctorité du prevost de la legion. Les armes de tous les chevaliers, les chevaus, les roubes, les livroisons appartenoient a lui a ordener, et, briément a parler ⁶, la force de discipline, li chastiemens ⁷ et tout li us des choses appartenans a l'ost non pas sans plus des gens a pié, mais des chevaliers nes legionaires, estoient chascun jour ordené par son commandement, et il comme garderres sages et diligens ensaingnoit et enfourmoit o toute humelité la legion qui lui estoit baillie ⁸ comme cis qui bien savoit [que] la vertus et li bienfais ⁹ des sougés doivent grant loenge au maistre.

X. — *Ici parole de l'office dou prevost des herberges.*

Il avoit .I. prevost es herberges, qui plus estoit bas en digneté, mais toutevoies avoit il molt affaire, car

---

1 ordoné et *m. lat. et Priorat.* — 2 des chevaliers *m. lat. Cf. Priorat, v. 2741.* — 3 appellés *m. lat. et dans Priorat.* — 4 comitivae (*titre de comte*). — 5 c'est a dire li messages de l'empereur *m. lat. Cf. Priorat, v. 2754.* — 6 *De même* a ordener (*cf. Priorat, v. 2767*), et briément a parler. — 7 *De même* li chastiemens. *Cf. Priorat, v. 2770.* — 8 ipse autem justus, diligens, sobrius legionem sibi creditam adsiduis operibus ad omnem devotionem, ad omnem formabat industriam. — 9 et li bienfais *m. lat. Cf. Priorat, v. 2780.*

il se prendoit garde dou siege des herberges et des fossés ¹ et des tabernacles et des casiaus et des chevaliers et de tout lor harnois et se prendoit garde des malades ² et de loer mires et de lor despens. Li char, les voitures et li ferrement et li ostil a cauper le bois ³, a faire les palis et les fossés et a faire venir les yauves estoient en sa pourveance, et si se prendoit garde qu'il ne faillist en l'ost ne fust, ne fuerre, ne engiens, ne arbelestes, ne nulle maniere de tourmens, soit pour punir malfaiteurs ⁴ ou instrumens pourfitables a assaillir ou a deffendre ⁵. Cist emprès longue chevalerie et bien esprouvee estoit esleüs pour le plus sage de tous et pour enseingnier droitement a faire ciaus et autres dont il avoit receü grant loenge en faisant.

XI. — *Ici parole de l'office dou prevost des fevres.*

Aveuc ce la legions a[voit] fevres, massons, charpentiers et autres ouvriers ⁶ tous près pour faire loges contre yver et pour faire engiens et tours de fust et tes autres choses par coi en assaut et deffent les cités ⁷ et pour apparaillier les armes et les voitures, et pour faire toutes menieres de perrieres et de mangonniaus ⁸ ou pour raparillier les quassés ou pour faire tous nues, et i avoient forges, lormeries, archeries ou l'on faisoit saietes,

---

1 castrorum positio, valli et fossae... — 2 aegri contubernales. — 3 sagmarii (*bêtes de somme*), ferramenta quibus materies secatur vel caeditur. — 4 arietes, onagri, ballistae ceteraque genera tormentorum. *Les* « tourmens pour punir malfaiteurs », *cf. Priorat, v. 2822, sont des machines de guerre.* — 5 Ou instrumens pourfitables a assaillir ou a deffendre m. lat. *Cf. Priorat, v. 2820-2821.* — 6 fabros, tignarios, structores, carpentarios, ferrarios, pictores reliquosque artifices. — 7 expugnantur adversariorum civitates vel defenduntur propriae. — 8 et de mangonniaus m. lat. *Cf. Priorat, v. 2845.*

gavelos, hyaumes, haubers et escus [1] et toutes manieres d'autres armeüres, car en ce estoit lor plus especiaus cure qu'il ne fausist es herberges riens que mestiers eüst en ost; et avoient nes conninieres [2] qui s'en aloient par dessous terre menant le connin et persoient les murs et les fondemens pour panre les citez as annemis [3]; et de ceaus estoit propres juges li prevos des fevres.

XII. — *Ici parole de l'office dou tribon des chevaliers de l'ost.*

Nous avons dit qu'il a .x. compaignies en la legion et que la primiere est appellee milleniere. La estoient mis li plus vaillant chevalier de riche lignaige, de lettres, de fourme et de vertu. Et de ceste estoit chevetaingne li tribons des chevaliers, vaillans hons en science d'armes, en force de cors et honesté de meurs. Les autres compaignies estoient gouverneez si comme il plaisoit au prince ou par les autres prevos ou par les autres tribons, et estoient si curieus de bien aüser les chevaliers en armes que li prevost et li tribon disenier ne commandoient pas tant seulement a leur sougés hanter chascun jour devant lor iex l'usage des armes, mais il meismes parfait en l'art des armes se armoient devant yaus et lor amonestoient a yaus ressambler par propres essamples, et estoit li tribons loés et de diligence et de sens, quant li chevalier s'en aloit vestus bien et bel, d'armes bien garnis et bien resplendissans, et bien en l'usage des armes et en la discipline.

1 haubers et escus *m. lat.* — 2 *Après* cunicularios haberent, *il y a* qui ad morem Bessorum, *qui n'a pas été traduit.* — 3 improvisi emergerent ad urbes hostium capiendas.

XIII. — *Li treẑimes, des centuries, des confanons et des enseignes des gens a pié.*

Li primiers signes de toute la legion est li aigles, et le porte li aquilifiers, et si y a dragons en chascune compaignie que li dragonnier portent en bataille ; mais li ancien, pour ce qu'il savoient que quant la bataille estoit commencie, que les ordres ¹ sont tanttost tourbleez et confuses, et pour yaus garder de cest cas, deviserent il les compaignies en centuries, c'est a dire en centainnes, et tient chascune centurie ² .c. hommes, et en chascune centurie misrent .i. enseingne, et en cele baniere estoit escrit ce la senturie estoit primiere ou seconde ou tierce ou quarte et ainsi des autres ³, et quant li chevalier lisoient ou resgardoient cest escrit, il ne pooient desvoier de lor compaignons, combien que li multitude ⁴ y fust grans, et commanderent li prince que li centurion, c'est a dire li centenier, portaissent les crettes des hyaumes de travers ⁵ pour ce que chascuns centurions fust plus legierement conneüs des .c. chevaliers qui sivyr le doivent et qu'il ne sivyssent pas sans plus la baniere, mais le chevalier meïsme qui tel signe portoit en son hiaume. De rechief il deviserent les centuries en petites compaignies, comme en dysaines, et estoient .x. chevalier sous .i. pavillon, dont li uns estoit maistres des autres comme deiens ⁶ et estoit appellés chevetaines de la compaignie ⁷.

---

1 ordines aciesque. — 2 *c'est a dire en centainnes et tient chascune centurie .c. hommes m. lat. Cf. Priorat, v. 2937-2938.* — 3 ex qua cohorte vel quota esset centuria = çe la senturie estoit primiere ou seconde ou tierce ou quarte et ainsi des autres. — 4 tumultu; tumultes B. — 5 transversis cassidum cristis. — Quatenus nullus error existeret, *qui suit singulas jusserunt gubernare centurias, n'est pas traduit.* — 6 unus quasi praeesset decanus. — 7 *Ici il manque la phrase suivante, qui n'a pas été traduite :* Contubernium autem manipulus vocabatur ab eo quod cunjunctis manibus pariter dimicabant.

XIV. — *Ici parole des compaignies des chevaliers qui sont es loges en ost et en guerre.*

Ausi comme [entre] les gens a pié sont compaignies que on appelle centuries, ausi a il entre les chevaliers compaignies que on appelle tourbes ou tourmes [1], et a en une tourbe .xxxii. chevaliers, dont li chevetaines est apelés decourions .C. et .x. hommes a pié sont gouverné par .i. centurion sous une baniere et ausi .xxxii. chevaliers sont gouverné par .i. decurion, sous une ensaigne. Après ce ausi comme li centurion doit estre esleüs de grans forces et de bonne estature, qu'il gette forment et sagement les hantes et les gavelos et qu'il sache bien combatre au glaive et tourner l'escu et ait apris tout l'art d'armeüre, et soit esvilliés, sobres et isniaus et plus apparailliés a faire ce que on li commandera que a parler, et tiegne ses sougés en la discipline et en l'usage des armes et les contraingne a estre bien vestus et bien chauciés et a bien froter leur armes si que elles resplendissent, ausi doit estre esleüs li decurions qui gouverne la tourbe des chevaliers. Il doit primierement estre isneaus de cors, haubergiés et avironnez de toutes armes, si qu'il puisse mervilleusement monter sor le cheval et forment chevauchier et saigement user dou glaive et bien geter gavelos et [2] saietes et sache bien enseingnier ses sougés [3] et toutes les choses qui appartiennent a bataille a cheval, et les contraigne a tenir nettement et souvent [4] terdre et escurer lor haubers et lor hyaumes et lor cuiries [5], car la resplendisseurs des armes espouente moult les anne-

---

1 centuria vel manipulus appellatur, ita inter equites turma dicitur. — 2 gavelos et *m. lat. Cf. Priorat, v. 3027.* — 3 turmales suos, id est sub cura sua equites positos. — 4 tenir nettement et *m. lat.* — 5 loricas suas vel catafractas, contos et cassides.

mis, ne on ne cuide pas que li chevaliers soit bons batillieres entour cui on voit les armes ordes et enrongies, par peresse et par negligence '. Et encore au jour d'uy mettent grant paingne et se tiennent le plus nettement qu'il puent cil qui volentiers usent le mestier d'armes, car leur fait en sont plus parant, et plus volentiers les regardent et plus ententivement cil qui de batillier la endroit ne s'entremettent et miex en sievent leur fais jugier ². Ne il ne souffist pas se li decurions entent as chevaliers tant seulement, ains li convient faire donter les chevaus par continuel travail, et encore appartient au decurion la cure de la senté et de la hantance des hommes et des chevaus.

XV. — *Ici endroit parole de l'ordenance des batailles des legions.*

Or dirons comment on doit l'ost ordoner et enfourmer ³ se la bataille appert, et y mett[r]ons example d'une legion sans plus pour ce que on en puisse, se il estoit mestier, pluseurs ordonner par l'example de chele. Li chevalier sont mis es cornes de la bataille. Li ost de gent a pié se commence a ordener de la primiere compaignie et est en la destre corne, et a ceste est conjointe la seconde compaignie. La tierce compaignie est mise el milieu, et a ceste est ajoutee la quarte. La quinte compaignie tient la senestre corne, mais devant les signes et entour les enseignes ⁴ estoient appellé li prince combatant, ce sont li ordenaire et li autre principal. Ici estoit ⁵ la pesant armeüre, ou il avoient hyau-

---

1 cujus dissimulatione, situ ac robigine arma foedantur. — 2 *La phrase* : Et encore au jour d'uy, *jusqu'à* leur fais jugier, *m. lat. et Priorat ; c'est une interpolation*. — 3 et enfourmer *m. lat.* — 4 circa signa nec non etiam in prima acie. — 5 haec erat.

mes, haubers, cuiries, chauces de fer ¹, escus et grans glaives, et avoient grandes espees ² et menres espees ³ qu'il appelloient demi espees, et estoient ausi comme misericordes ⁴ ou autre grant coutel appointé, et avoient .v. plommees mises a lor escus qu'il getoient a la primiere venue. Après il avoient .ii. gavelos, l'un plus grant de l'autre, dont li fers avoit .iii. broches en fourme de triangle et avoit demy piet de lonc ⁵ et la hante en avoit .v. piés et demy ⁶, et quant il estoient forment et sagement geté, il trespersoient souvent les hommes a piet ou tout les hantes. Li autres gavelos ert mendres, dont li fers avoit plaine paume de lonc et la hante .iii. et demy ⁷. La primiere bataille estoit des princes. La seconde des hantés, bien garnie de ceaus a armes. Après estoient li legier armé, comme archier, arbalestrier, fondeur. La tierce ⁸ bataille estoit ausi bien armee; la estoient li chevalier hanté, mais en ceste tierce ⁹ bataille la sisisme compaingnie et la septisme estoient en la destre corne. La tierce et la nuevime estoient el milieu, et la dizime estoit tous jours en la senestre corne ¹⁰.

1 ocreas. 2 gladios majores, quos spathas vocant. — 3 et alios minores. — 4 et estoient comme misericordes ou autre grant coutel appointé *m. lat. et Priorat; c'est une interpolation.* — 5 unum majus ferro triangulo unciarum novem. — 6 quinque semis, quod pilum vocabant, nunc spiculum dicitur, ad cujus ictum exercebantur praecipue milites. — 7 aliud minus ferro unciarum quinque, hastili pedum trium semis, quod tunc vericulum, nunc verutum dicitur. — 8 post hos erant ferentarii et levis armatura, quos nunc exculcatores et armaturas dicimus, scutati qui plumbatis, gladiis et missilibus accincti, sicut nunc prope omnes milites videntur armati, erant item sagittarii cum cassidibus, catafractis et gladiis, sagittis et arcubus, erant funditores, qui ad fundas vel fustibalos lapides jaciebant, erant tragularii, qui ad manuballistas vel arcuballistas dirigebant sagittas. Secunda acies... — 9 secunda acie. — 10 octava cohors mediam aciem tenebat, nona comitante. Decima cohors in secunda acie sinistrum semper obtinet cornum.

XVI. — *Ici endroit nous moustre comment li triaire et li centurion sont armé.*

Après tous ceaus sont li triaire o les escus, et ont cuiries et hyaumes et glaives et .II. gavelos [1]. Cist se tenoient a genous couvert de lor escus, que se les premieres batailles fussent vaincues, cist recommensassent la merlee de nouvel pour conquerre victoire. Et tout cil qui portoient les enseingnes [2], ja soit ce qu'il fussent a pié, avoient hauberjons et hyaumes couvers de piaus d'[o]urs pour espouenter lor annemis. Li centurion avoient cuiries et escus et hyaumes de fer, mais les crettes estoient de travers [3] pour estre plus tost conneü de lor gent.

XVII. — *Ici nous moustre et enseigne comment le pesans armeüre est en bataille en lieu de mur.*

Il est assavoir [et] a garder en toutes manieres que quant il devoient batillier, la primiere bataille et la seconde ne se mouvoient et li triaire si se seoient, mais la legiere armeüre, li archier et li arbalestrier et li fondeour [4] aloient devant et envaïssoient lor annemis, et quant il pooient cachier lor anemis, il les sivoyent, et quant il n'en pooient souffrir la force [5], il s'en retournoient a leur gent et se metoient derriere yaus, et lors la pesant armeüre ressevoit la bataille, qui estoit ausi comme uns murs [6]. Cil ne se combatoient pas tant seule-

---

1 ocreati cum gladiis, semispathiis, plumbatis, binis missilibus. — 2 omnes antesignani vel signiferi. — 3 sed transversis et argentatis cristis. — 4 ferentarii autem armaturae, exculcatores, sagittarii, funditores, hoc est levis armatura. — 5 virtute aut multitudine premebantur. — 6 murus, ut ita dicam, ferreus.

ment de gavelos, mais de glaives et d'espees¹, et quant cil pooient lor anemis chacier, il ne les sivoient pas², pour ce qu'il ne tourblassent lor ost et lor ordenance, que se lor anemy retournassent sor yaus, qu'il ne les trovaissent esparpilliés, par coi il peüssent estre grevé, mais li legier armé les syvoient as fondes et a saietes et a hommes a cheval. Par ceste ordenance et par ceste cautele vainquoit la legion sans peril, ou, se elle ne vainquoit, si demoroit elle en santé, car li drois de la legion est tels que elle ne doit pas legierement sivir, ne legierement fuïr, car par trop cachier³ a mainte bataille esté desconfite et perdue victoire : et ce pourroit on bien trover en mainte hystoire anciene, et a no tans meismes li roys de Sizile par retenir sa gent el champ, qu'il ne les laissa pas tous cachier, desconfist Conradin⁴. Qui vous voudroit metre en conte les meschiés qui en sont avenu, trop y aroit a dire⁵.

XVIII. — *Comment li nons des chevaliers et lor dignités doivent estre escriptes au travers de lor escus.*

Li ancien de cha en arriere si mirent grant paine et grant estude a ce qu'il peüssent connoistre les chevaliers de lor compaignies, et pour ce faisoient il divers signes en lor escus ; avec ce li nons de chascun chevalier et de quel compaignie ou de quel centurie il estoit ert escris au travers de son escu, et a l'essamplaire de

---

1 sed etiam gladiis comminus dimicabant. — 2 non sequebatur gravis armatura. — 3 *Le reste du chapitre, depuis* car par trop cachier, *n'a pas son équivalent dans le texte latin.* — 4 Cauradin *A.* — 5 sed ne milites aliquando in tumultu proelii a suis contubernalibus aberrarent, diversis cohortibus diversa in scutis signa pingebant, ut ipsi nominant, digmata, sicut etiam nunc moris est fieri. Praeterea in adverso scuto uniuscujusque militis litteris erat nomen adscriptum, addito et ex qua esset cohorte quave centuria.

ces fais ont li chevalier d'ore enseignes et baniere et cotes¹ a armer et escus et lor cognoissances dedens, et par ce cognoissent il leur amis et lor anemis, et quant il sont cognoissant ainsi li uns des autres au tans qui ore est², dont apert il bien, quant il avoient lor legion establie³, ainsi comme il est dit qu'elle estoit comme une cités garnie qui portast avec soi par tous les liex toutes les choses qui mestier li ont en bataille, ne ne cremiroit nulle sorvenue d'anemis, qui soudainement se garnesist en mi les chans de fossés et de palis et qui contenist toutes manieres de chevaliers et d'armes. Qui vaurra donques sormonter ses anemis⁴, il doit requerre par grant desirier que de par Dieu et de par l'ordenance l'empereur⁵ soient les legions rapparilliez de noviaus chevaliers, car li jone homme diliganment esleü et bien aüsé en armes chascun jour, non pas tant seulement au matin, mais nes emprès mydi⁶, porront legierement en brief temps estre parail as bons chevaliers anciens qui tout le monde vainquirent. Et se l'anciene coustume est muee, de ce ne se doit nuls esmovoir, car il appartient bien a hautesce d'empereur⁷ nouvelles choses pourpenser et les anciens restaublir pour le pourfit dou commun du pueple. Toute oevre est griés avant que on l'assait, mais se vaillant homme bien aüsé et sage sont esleü pour eslire et pour ensaingnier les autres⁸ et se les batailles s'esparpellent, tost se porront recuellir, ramonceler et restablir, car par science fait on quanques on vuet, mais que on ait convenables depens⁹.

---

1 toutes. — 2 *Tout ce qui précède n'a pas son équivalent dans le texte latin.* — 3 legions establies. — 4 barbaros. — 5 imperatoris invicti. — 6 post meridiem omni armorum disciplina vel arte bellandi. — 7 sed hujus felicitatis ac provisionis est perennitas tua. — 8 ceterum si exercitati et prudentes viri delectui praeponantur, celeriter manus bellis apta poterit adgregari et diligenter institui. — 9 adscribitur actis majore prope diligentia, quam res annonaria vel civilis polyptychis adnotatur.

XIX. — *Outre la force dou cors doit on eslire au chevalier art et science de lettres et de conte.*

Pour ce qu'il a es legions pluseurs escoles qui requierent chevaliers lettrés, cil qui les chevaliers jones espruevent doivent en tous querre grandeur de estature, force de cors, hardement de cuer, mais en aucuns doit on querre science d'escripture, de conter, de geter, car en ce gist l'ordenance de toute la legion que tout lor office, lor gage, lor livroisons soient chascun jour par diligence grant mis en escrit [1] et quant il doivent faire leurs veilles en pais ou le gait chascuns a son tour, si que li uns ne soit pas trop grevez, ne que on ne face pas trop de grace as autres, et doivent li non de ciaus qui ont fait le gait [2] estre escrit et quant il prisent congiet et a quans jours, car on ne donoit pas lor congiet legierement se on ne seüst bien droituriere [3] cause et bien esprouvee, ne on ne commandoit pas as chevaliers faire nul service ne nulles besoingnes privees, car laide chose fust se li chevaliers l'empereur, qui est vestus et peüs dou bien dou commun, entendist as pourfis singuliers et [4] privés. Toutes voies faisoient il bien les offices des juges, des tribons et des autres principaus quant il y estoient, et les clamoit on lors ajoustés, pour ce que on les ajoustoit as offices ou on avoit ja les autres esleüs [5], et si portoient toutes voies li chevalier es herberges office de fourrier, car il portoient as herberges buche, fain, yauve, fuerre, et ressevoient le non de lor office.

---

1 excubitum sive agrarias de omnibus centuriis et contuberniis vicissim milites faciunt. — 2 qui vices suas fecerunt. — 3 bien droituriere *m. lat.* — 4 singuliers et *m. lat. et Priorat.* — 5 deputabantur milites, qui vocabantur accensi, hoc est postea additi, quam fuisset legio completa, quos nunc supernumerarios vocant.

XX. — *Pour coi la moitié des gages as chevaliers doit estre as herberges pour leur pourfit.*

Li ancien establirent pourveance [1] que la moitié des gages [2] as chevaliers fust mise en sauf as herberges [3] pour garder le as chevaliers, pour ce qu'il ne gaistaissent le leur en outrage ou en acheter trufes ou choses qui riens ne valent [4], car il sont maint homme, maismement li povre, qui tout despendent quanqu'il puent avoir, et fu la garde de ces deniers primierement baillie as diseniers [5], car comme il fussent soustenu du commun, de ce que on retenoit de chascun, lor muebles en croissoit de la moitié [6]. Après ce, li chevalier qui savoient que lor denier estoient mis es herberges [7] ne pensoient pas si volentiers a laisser les herberges, anchois se combatoient pour deffendre les plus volentiers et plus forment, car c'est la maniere et la nature des engiens humains [8] qu'il ont tous jours trop grant cure des choses ou il voient gesir lor sustances et lor avoirs [9]. Et portoit on .x. sas [10] parmi les compaignies ou ceste raisons [11] estoit mise, et y ajoustoit on encore .i. autre onzime sac ou toute la legion metoit, combien que ce fust pour faire despens et ensevelir les mors [12]. Et ceste raison gardoient en .i. coffre cil qui portoient les banieres, et pour ce convenoit il eslire a porter les

---

1 divinitus institutum est; par devine pourveance *B*. — 2 ex donativo, quod milites consecuntur, dimidia pars. — 3 apud signa. — 4 ne per luxum aut inanium rerum conparationem. — 5 sepositio autem ista pecuniae primum ipsis contubernalibus docetur adcommoda. — 6 ex omnibus donativis augetur eorum pro medietate castrense peculium. — 7 apud signa. — 8 magis diligit signa, pro illis in acie fortius dimicat, more humani ingenii. — 9 et lor avoirs *m. lat.* — 10 decem folles, hoc est decem sacci. — 11 ratio. — 12 sepulturae scilicet causa, ut, si quis ex contubernalibus defecisset, de illo undecimo sacco ad sepulturam ipsius promeretur expensa.

enseingnes non pas tant seulement loyaus hommes lays [1], mais hommes lettrés qui bien seüssent garder ce que on lor bailleroit et rendre son droit a chascun.

XXI. — *Comment on doit essaucier ceaus qui les legions doivent passer par les degrés de toutes les compaignies.*

Li Rommain establirent les legions non pas tant seulement par le conseil des hommes, mais par la volenté de Dieu, si comme je croi, et y firent .x. compaignies ordennees qui sunt ausi comme uns cours et une conjunctions [2]. Li chevalier y sont avancié par diverses compaignies et par diverses escoles, si qu'il vont de la premiere compaignie de degré en degré dusques a la dizime et puis s'en retournent arriere a la premiere par toutes les autres moienes, et a ciaus qui ainsi font croist on lor gaiges et sont en greingneur estat que devant [3]. Et pour ce li centurions de la premiere baniere, puis qu'il s'est bien prouvés par toutes les autres compaignies et il revient a la premiere, il en vient a ceste gloire qu'il en a en la fin grant honneur et grant pourfit. Ausi honneroient li chevalier legionaire leur chievetains [4], ja soit ce que cil a cheval se suelent naturelment descorder de ciaus a pié, toutevoies est entr'iaus par ceste mennière acordance gardee quant chascuns y est avanciés seulonc ce qu'il se prueve bien [5].

1 fideles. — 2 nam quasi in orbem quendam. — 3 et a ceaus qui ainsi font croist on lor gaiges et sont en greingneur estat que devant *m. lat. Cf. Priorat, v. 3444.* — 4 infinita commoda consequatur; sicut primiscrinius in officio praefectorum praetorio ad honestum quaestuosumque militiae pervenit finem, ita legionarii equites cohortes suas contubernii adfectione venerantur. — 5 quant chascuns y est avanciés seulonc ce qu'il se prueve bien *m. lat. Cf. Priorat, v. 3464-3465.*

XXII. — *Ici enseigne et moustre de la difference des trompeurs et des corneurs et des clasiques.*

Il a en legion trompeurs, corneeurs et buisineurs. Li tromperes trompe quant li chevalier doivent aler a la bataille et quant il s'en doivent retourner aussi. Quant li corneur cornent, cil qui portent les enseignes leur obeïssent et s'esmuevent, et non pas li chevalier. Toutes les fois que li chevalier doivent hors issir pour aucune besoingne faire, li trompeur trompent, et quant les banieres se doivent esmouvoir, li corneur cornent[1]. Une autre meniere y avoit encore de buisineurs qu'il appelloient clasiques[2], et ceste maniere de instrumens sonne sans plus quant li empereres est presens ou quant on vuet dampner a mort aucun chevalier, car il convient que ce soit fait par les loys l'empereur[3]. Ainsi oeuvrent et cessent li chevalier par les trompeurs et les banieres par les corneurs, et ce hantoient il en tous leurs usages et en lor engiens, car il fait bon assaïer en oiseuse ce qu'il convient faire quant on est en bataille. Et encore au jour d'ui usent li crestien et li Sarrazin de divers instrumens pour les chevaus esbaudir et pour les anemis

---

1 cornicines canunt; quotiens autem pugnatur, et tubicines et cornicines pariter canunt. — 2 classicum item appellatur quod bucinatores per cornu dicunt. Hoc insigne videtur imperii. — 3 *A partir de cet endroit, le traducteur s'éloigne essentiellement du texte latin, qui est ainsi conçu :* sive ergo ad vigilias vel agrarias faciendas sive ad opus aliquod vel ad decursionem campi exeunt milites, tubicine vocante operantur et rursus tubicine admonente cessant. Cum autem moventur signa aut jam mota figenda sunt, cornicines canunt. Quod ideo in omnibus exercitiis et processionibus custoditur, ut in ipsa pugna facilius obtemperent milites, sive eos pugnare sive stare sive sequi vel redire praeceperint duces, siquidem ratio manifesta sit semper in otio debere fieri quod necessario faciendum videtur in proelio.

esbahir et pour ce que la trés grant noise ne laisse a consillier li espoenté as seürs, mais les empeeche si qu'il ne puissent dire lor volentés [1].

XXIII. — *Ici parole dou hanteïs de l'usage des chevaliers en guerre.*

Puis que nous avons devisee l'ordenance de la legion, nous retournerons a parler du hanteïs et de l'usage des armes [2]. Li jone homme et li jovencel chevalier s'aüzoient ancienement au matin et emprès miedi en toutes manieres d'armes, et cil qui estoient viel et cil qui estoient sage [3] s'i aüsoient une fois le jour sans trespasser, car grandeurs de eage ne grans nombres de ans ne donnent pas art de batillier, et li chevalier desaüsé d'armes [4] sont tous jours ausi comme aprentis. Et pour ce ne s'i aüsoient pas tant seulement li chevalier qui sont sous le maistre du champ, mais li maistre meïsmes chascun jour, car li usages leur fait les cors plus isniaus et en fierent plus sagement leurs anemis [5], meïsmement quant il bataillent as glaives de près et plus grant chose nes y acquierent il, car il aprendent a garder leur ordres et lor enseingnes a sivir [6], ne il n'i avoient point d'erreur, puis qu'il sont bien apris, combien que la multitude et la confusion y soit grans. Ausi est ce moult pourfitable chose de soi bien aüser as pex [7], car on y

---

1 *Le passage* Et encore au jour d'ui... et dire lor volentés *n'a son équivalent ni dans le texte latin ni dans Priorat; c'est donc une interpolation.* — 2 ad exercitum revertimur, unde, sicut jam dictum est, exercitus nomen accepit. — 3 veteres autem et eruditi; cil qui estoient ancien B. — 4 sed post quanta volueris stipendia, inexercitatus miles semper est tiro. Armaturam, quae festis diebus exhibetur in circo, non tantum armaturae, qui sub campidoctore sunt, sed omnes aequaliter contubernales. — 5 feriendi hostem seque protegendi. — 6 et vexillum suum in tantis permixtionibus in ipsa polusione comitantur. — 7 ad palum quoque vel sudibus.

aprent a envaïr son anemi en haut et en bas et desus et desous et a destre et a senestre et de tranchant et d'estoc, ce est a dire de pointe [1], et faire les saus et geter les cops et escremir et soi tenir sous son escu, relever et abaissier et soi tourner et retourner et ferir de loing as gavelos les pex, car ici leur croist ars de batillier et de bien lancier et si en sont les bras plus vertueus [2]. Li archier et li fondeeur mettoient leurs bonnes de torchons de fuerre ou de faisseles de rainssiaus de buissons et s'eslong[e]oient de leurs bersaus par l'espace de .vi^{xx}. piés [3] pour ferir les plus souvent ou de saietes ou de pierres, et par ce faisoient il sans paour en bataille ce qu'il avoient tous jours fait as chans en jouant. Et se doivent aüser a tournoier la fonde une fois entour leur chiés quant la pierre eschape. Et encore s'aüsoient li chevalier a geter a une seule main pierres poingnaus auques d'un pois [4]; si lor estoit cis usages auques plus près, car ici ne convient il point de fonde, et les contraignoit on a faire geter gavelos et plommees continuelment, qu'il faisoient el tans d'yver pour ceaus a cheval longues loges couvertes de tuille ou d'aissaules ou de roseaus ou d'esteule ou d'autre chose [5], et a ceus a pié refaisoit quexque casiaus plus petis [6], en coi il hantoient les armes, quant li airs estoit tourbles ou de vent ou de tempestes; mais as autres jours d'yver, quant il ne negoit, ne plouvoit, si en tenoient a plains chans leurs escoles, ne ne voloient pas pour riens laissier ceste coustume, pour ce que leur hardement et leur forces ne affebloiassent. Et aprendoient a trenchier les arbres el bois et a porter fais

---

1. cum latera vel pedes aut caput petere punctim caesimque condiscant. — 2 ut et ars dirigendi et dexterae virtus possit adcrescere. — 3 scopas, hoc est fruticum vel straminum fasces pro signo ponebant, ita ut sexcentis pedibus removerentur a signo. — 4 libralia saxa. — 5 de cannis, ulva vel culmo. — 6 quaedam velut basilicae.

et a tressaillir fossés et a noer en la mer et es flueves et a aler par plaine terre¹ et a courre nes tout armé o tout lor faissiaus, pour ce que l'usaige dou travail acoustumé en pais ne lor samblast pas grief en la bataille. Aussi convient donques aüser les legions et les aides, car aussi comme li chevaliers bien exercités desirre la bataille, aussi redoute cil qui de l'usage n'aprinst onques point, et après tout ice certainne chose est que usaiges pourfite plus en bataille que force, car se la doctrine d'armes cessast ou failloit², il n'aroit point de difference entre les païsans³ et les chevaliers.

XXIIII. — *L'example des ammonnestemens de chevalerie trais des autres ars.*

Champion, charreton et cacheeur sont coustumier de hanter et de chascun jour acroistre lor ars et leur science⁴ pour .I. peu de loier ou pour grace dou pueple. Certes moult convient dont miex que li chevalier s'estudient a hanter l'usage des armes et de batailles⁵, quant la choze commune doit estre gardee par lor mains et si en viennent non pas tant seulement a glorieuse victoire, mais a plus grant loier encore, car li ordres de chevalerie et li jugemens de l'empereur les en seult essaucier en richesses et en dignités. Ainsi li menestrel qui font les gieus es places ou de balestiaus ou d'autres gieus ou d'autres choses ou pour lor pourfit ou pour la loenge dou pueple ne se partent pas de lor mestier⁶, par coi il appert bien que li chevaliers, soit jones, soit viex, qui par son sairement soit esleüs,

---

1 gradu pleno (plain erre?). — 2 ou failloit *m. lat. et Priorat.* — 3 paganus. — 4 artes suas aut servare aut augere. — 5 studiosius oportet scientiam dimicandi usumque rei bellicae jugibus exercitiis custodire. — 6 artifices scaenici ab exercitiis non recedunt pro laude vulgi.

ne doit pas ja cesser d'aüser les armes, puis que combatre li convient pour la sauveté de son propre cors et pour la franchise dou commun, meismement comme selonc la sentence des anciens tout art soient en pensee et en usage [1].

XXV. — *Ici parole dou nombre des ferremens et des engiens de la legion.*

La legions ne seult pas tant seulement venir a victoire par nombre de chevaliers, mais par manieres de ferremens et de engiens [2]. Elle est premierement armee de gavelos que nul hauberc ne nul escu ne puent souffrir, car chascune centurie, c'est a dire chascune compaignie de .c. hommes [3], suelent avoir gavelos et arbalestes en .I. char [4] que mulet ou cheval [5] traioient, et a chascune des petites compaignies que on appelle disaines [6], c'est a dire .XI. hommes, car li dizeniers est onzimes, et uns de ces chars est establis a la compaignie de ces .XI. armer et adrecier et servir [7]. Et de tant comme il estoient grignour, de tant getoient il plus loing et plus forment les gavelos. Cils ne deffendent pas tant seulement les herberges, ansois sont mis el champ emprès l'ost de la pesant armeüre, et devant lor cops ne suelent durer chevaliers a tout haubert, ne homme a pié a tout escus.

A une legion suelt avoir .LV. chars, et en chascun char avoit tant d'arbalestes et de gavelos comme il convenoit [8], et par chascune compaignie estoient porté par

---

1 omnes artes in meditatione consistere. — 2 et de engiens *m. lat. Cf. Priorat, v. 3730.* — 3 *De même* c'est a dire chascune compagnie de .c. hommes *m. lat. Cf. Priorat, v. 3738.* — 4 singulas carroballistas. — 5 ou cheval *m. lat.* — 6 *De même* que on appelle disaines, c'est a dire .XI. hommes, car li diseniers est onzimes; *il n'a pas davantage son équivalent dans Priorat; c'est donc une interpolation.* — 7 ad armandum vel dirigendum. — 8 et en chascun char avoit tant d'arbalestes et de gavelos comme il convenoit *m. lat. Cf. Priorat, v. 3759-3760.*

leur .x. autres engiens que on appelloit onagres, et estoient comme arbaleste a tour ; et y avoit encore autres instrumens a geter quarriaus et pierres pour deffendre les herberges des anemis, et portoit encore la legions aveuc li autres instrumens de trestrues qu'il appelloient scafes, c'est a dire nacheles, ou il avoit chaines de fer [1], et les joingnoient ensanble [2] et getoient dessus tables de fust pour passer les flueves qui ne pooient estre passé sanz pont, et ainsi passoient sans perir a cheval et a pié. Et portoient cros de fer et longues hantes et pis et fossoirs, peles, besagües, martiaus, auges, coffins [3] a porter terre, quant il convient a faire fossés, et avoient doloires, cugnies, haches et soyes a tranchier et a doler les fus dont li pel des palis estoient fait, et menoient ovriers de tous mestiers o tout lor instrumens, et faisoient nes faire tours de fust qu'il faisoient aler par roes [4]. Et pour vivre plus sagement [5], il aloient garni de toutes les choses qu'il pensoient que mestier lor eüssent a toutes manieres de batailles, si que en quelconques lieu qu'il fichassent lor herberges, il faisoient une cité toute armee. Et [6] ainsi doit estre par tous lieus la legions ; mais au temps d'ore ne suit on pas cest usage, car ansois que on a faite la pourveance pour assalir .1. chastel ou une cité sont li anemi conforté ou porveü encontre leur engiens, ou cil defors ont

---

1 item decem onagri, hoc est singuli per singulas cohortes, in carpentis bubus portanur armati, ut, si forte hostes ad adpugnandum venerint vallum, sagittis et saxis possint castra defendi. Scafas quoque de singulis trabibus excavatas cum longissimis funibus et interdum etiam ferreis catenis. — 2 sicut dicunt, monoxylis. — 3 habet ferreos harpagonas, quos lupos vocant, et falces ferreas confixas longissimis contis, item ad fossarum opera facienda bidentes, ligones, palas, rutra, alveos, cofinos. — 4 testudines, musculos, arietes, vineas, ut appellant, turres etiam ambulatorias. — 5 verum ne singula enumerando plura dicantur. — 6 *La phrase :* Et ainsi doit estre... cil de ça en arrieres *est une addition et n'a pas son équivalent dans le texte latin.*

deffaute en aucunes parties ou de vitailles ou d'autres choses ou li anemy ont secours par negligence de ce qu'il ne sont pas apparaillié ausi comme cil de ça en arrieres estoient.

Ce sont li chapitre dou tiers livre.

Li[1] premiers chapitres devise de quel maniere l'ost doit estre.

Li seconz comment on doit garder la santé de l'ost.

Li tiers comment on doit garder les viandes[2].

Li quars comment on doit garder que li chevalier ne se descordent.

Li quins quantes manieres de signes[3] li chevalier ont.

Li sizimes comment li host doit estre gardés, quant il s'esmuet et li anemi sont près.

Li septismes comment on doit passer les grigneurs flueves.

Li vuytismes comment on doit ordoner les herberges.

Li nuefvismes comment on connoistra s'il se fait bon combatre par apperte bataille ou par sorvenues ou par agais.

Li dizimes que on doit faire quant on a chevaliers qui n'ont pas apris a batillier[4].

Li .xi^{mes}. que on doit faire le jour meïsmes ou il convient batillier.

Li douzimes aprent a connoistre comment li chevalier se sentent qui combatre se doivent.

Li trezimes comment on doit eslire convenable lieu a batillier.

Li quatorzimes comment on doit ordoner l'ost qu'il ne soit vaincus.

1 ci *A*. — 2 providenda sint atque servanda pabula vel frumenta. — 3 sieges *A B*; signorum; signes *dans Priorat*. — 4 desuetum a pugna exercitum habeat vel tironem.

Li quinzimes combien d'espace il doit avoir en host entre les hommes chascun en droit soi et entre les ordenes[1].

Li sezismes comment on doit cheaus a cheval ordoner.

Li diseseptismes parole des secours qui sont mis derriere l'ost.

Li disevuytismes devise en quel lieu li premiers dux doit estre et li secons et li tiers.

Li disenuefismes comment on se doit deffendre de la force et dou barat de ses anemis.

Li .xx^{mes}. en quantes manieres on fait communement batailles et comment cil qui sont au dessous et de force et de nombre de gent puissent avoir victoire.

Li .xxi^{mes}. enseingne comment on doit doner as anemis voie de fuir pour ce qu'il soient plus tost vaincu en fuiant que en batillant[2].

Li .xxii^{mes}. comment on se doit partir de ses anemis, se on n'a mie conseil de combatre.

Li .xxiii^{mes}. parole(s) des chames et des chevaliers couvers.

Li vintequatrimes devise comment on doit contrester en ost as charrettes, a chars[3] et as olifans.

Li .xxv^{mes}. que on doit faire se li ost s'en fuit tous ou en partie.

Li vintesizimes enseigne riules generaus de batailles.

Ci comence li prologues dou tiers livre.

Si come on trueve en escript es anciens livres, cil d'Athenes et li Lacedemonien ont esté tenu devant les Macedoniens pour moult sages homes[4], mais cil

---

[1] inter singulos homines in longum vel inter singulos homines in latum. — [2] que en batillant *m. lat.* — [3] quadrigis falcatis. — [4] rerum potitos; *le traducteur avait sans doute lu* peritos.

d'Athenes ne s'estudierent pas tant seulement a sagement gouvernier et deffendre la chose dou commun [1], anchois entendirent avec [a] autres ars diverses. Mais li Lacedemonien entendirent sor toutes choses a savoir comment il porroient sagement batillier [2], et de lor aventures cueillirent a la parfin les experimens de batailles et les mirent premiers en escript et en baillerent art en tele maniere que chevalerie qui seulement ert sostenue par vertu et par boneürté fu mise par yaus a discepline, et en fisrent escoles et establirent tatiques [3], c'est a dire maistres des armes, et lor commanderent qu'il enseignassent a lor jovenciaus l'usage de la diversité de batillier. E certes moult doivent cist homme merveilleusement et souverainement estre loé qui vaurrent especialment cel' art appanre, sans laquele nulles autres ars ne pueent estre. De ceaus sivyrent li Romain les establisemens et retinrent par usage les commandemens de l'uevre batilleresse et les misrent en escript. Et comme il fussent esparpillié par divers aucteurs et par divers livres, tu, empereres vainquieres, me commandas que je les abbrejasse, pour ce que je ostaisse l'anuy de lire si grant multitude de paroles, et que je en meïsse le pourfit en peu de liu si loiaument comme il convanroit [4]. Certes ja soit ce que je me taise des autres fais, bien apert par example de Xantipe combien la discepline des Lacedemoniens a esté pourfitable en bataille, quant il tous seuls vint aidier a ceaus de Cartage contre les Rommains, car il non pas par vertu, mais par art, accreventa lor adversaires et vainqui et prist le roy Atille [5] et l'ost des Rommains qui souvant estoient venu a honnour, et par ceste victoire affina toute la bataille en .I. seul assaut.

---

1 verum apud Athenienses non solum rei bellicae; *le traducteur avait sans doute lu* publicae. — 2 praecipua fuit cura bellorum. — 3 tacticos; cotiques *A B.* — 4 vel plenitudo fidei deesset in parvis. — 5 Atilium Regulum (Regulum *traduit par* roi).

Et aussi Hanibal, quant il vaut assaillir Lombardie[1], quist et pourchasa tant qu'il ot des Lacedemoniens .I. maistre d'armes, et par les consaus et les ammonestemens de celui vainqui il et[2] occist tant de conseilles et tantes legions, ja soit ce qu'il fust au desous et de nombre et de force. Qui desire donques pais a avoir, il se doit apparaillier a bataille; qui convoite victoire si ensaingne diliganment ses chevaliers; qui veut venir a bonne fin, si se combate par art, non pas as aventures. Nuls n'oze aticier ne courechier celui dont il entent estre sormontés, s'il se combat en champ a lui.

I. — *Ici nous moustre et de quel maniere li ost doit estre et de quel fourme.*

Li premiers livres nous moustre comment on doit eslire [et] aüser les chevaliers. Li secons ensaigne l'establissement de la legion[3]. Cis tiers enseingne toutes les manieres des ars qui mestier ont en bataille par terre[4]. Car pour ce furent mises les choses avant que cestes, ou li sens de batillier et la somme des victoires gisent, en gardaissent [miex] l'ordre de discepline et fussent entendues plus legierement et plus aidassent. Ost est multitude de legions et d'aides et seurquetout tous les chevaliers pour faire batailles, et la maniere[5] comment ce doit estre fait on demande as maistres des armes; car quant on lit l'example de Xerxes et de Darius et de Mittridates et dou roy Porrus d'Ynde et de Hanibal et des Galoys[6] et de mains autres rois qui ar-

---

1 Italiam. — 2 vainqui il et *m. lat. Cf. Priorat, v. 4001.* — 3 institutionem disciplinamque edocuit militarem; l'establissemens de la legion et la descepline de chevalerie *B*. — 4 hic tertius classicum sonat. — 5 hujus modus *signifie ici* quantité, effectif. — 6 Xercis et Darii, Rexes et de Clarius *A B*; et dou roy Porrus d'Ynde et de Hanibal et des Galoys *m. lat. et Priorat.*

merent si trés grans pueples que on ne les porroit nombrer, et par lor grant multitude tournerent a la desconfiture parce qu'il n'estoient mie ordené et qu'il se fioient trop en la grant foison de gent qu'il avoient, et trop souvent a on veü avenir que li mains desconfissoit le plus, car chascuns estoit aigres et doutans pour acquerre victoire et pour paour de perdre la vie, et li autre se fioient en lor grant nombre ; si s'atendoient l'uns a l'autre et tant que li damages estoit trop grans, et en mainte bataille de Judas Machabeu et en celes dou duc Godefroy de Buyllon et en celle de Muriaus le porroit on par fait moustrer¹, dont il appert clerement que trop granz ost ont esté confondu plus par lor propre multitude que par la force de lor anemis. Car la plus grant multitude gist sor plusors mescheances, car ele est plus tardive en chemin pour la pesanteur, et quant il y a trop longue keue, souvant avient que lor anemi nes a peu de gent les assalent par derriere en seurvenant; après ce quant il viennent as liex aspres ou as flueves trespasser, par la demoree de lor charrois souvent sont decheü, et si convient querre par grant travail pastures la ou il a grant multitude de bestes et de chevaus. Et certes la deffaute de froment et d'autres coses², car de ce se doit on garder en tous os, lasse et destruit³ les os plus granz et plus tost. Car combien que la vitaille soit acquise par grant estude, tant comme elle est a pluseurs departie, de tant faut elle plus tost; l'yauve meïsmes aucune fois puet appaines souffire a trop grant multitude. Et s'il avenoit que li ost s'en fuïst ou⁴ tournassent le dos, quant plus y en aroit, tant plus en y convenroit cheoir ou morir, et li fuitif une fois espoenté jamais puis combatre ne s'ozeroient,

---

1 *Ce qui précède, depuis* et par lor grant multitude, *m. lat. et Priorat; c'est donc une interpolation.* — 2 et d'autres coses *m. lat. et Priorat.* — 3 *De même* et destruit. — 4 *De même* s'en fouist ou. *Cf. Priorat, v.* 4120.

mais li ancien, qui par experimens avoient apris quels remedes on devoit mettre encontre telles deffautes et contre teles grietés, ne vaurent tant avoir os habundans de grant multitude de nombre comme il les vaurent habundans de science d'armes, si que il s'acorderent que une seule legions aveuc les aydes, ce sont .x^m. hommes a pié et .ii^m. a cheval, pooient assez souffire es legieres batailles, et la menoient souvent en ost ou li prevost ou li meneur duc. Et quant il entendoient qu'il y avoit trop grant plenté d'anemis, lors y estoit envoiés li postas conseillieres o .xx^m. hommes a pié et .iiii^m. a cheval [1], et se tant y venist d'anemis que on ne les peüst nombrer ne esmer [2], lors y estoient anvoié pour le grant besoing dou duc et dou ost, par ce commandement qu'il [3] se preïssent garde que la chose commune ne receüst damage, et ne souffroient nulle fois qu'il demorast es herberges tant des aydes ne des compaingnons que li Romain n'eüssent seur yaus le pooir.

II. — *Ici nous moustre comment on doit garder la sancté de l'ost.*

Or dirai comment on doit garder la santé de l'ost. On doit prendre garde a .v. choses qui y sont, comme liex, tans, yauves, medecines et exercices, et ce est a dire usage. Liex : que li liex ne soit enfermes, ne plains de pestilences, comme prés de palus corrompues ou fumans, comme marès, et qu'il ne ressoit pas trop sès,

---

1 et quattuor equitum tamquam comes major mittebatur. — 2 quod si infinita multitudo ex gentibus ferocissimis rebellasset. — 3 consules ambo alterve. *Après ces mots vient ce membre de phrase, qui n'est pas traduit :* Denique cum in diversis regionibus, contra diversos hostes a populo Romano annis prope omnibus pugnaretur, ideo sufficiebant militum copiae, quia utilius judicabant non tam grandes exercitus habere quam plures, illa tamen ratione servata (ne umquam amplior).

comme chans sans espesseté d'arbres [1]. Tans : que li chevalier ne soient en esté sans pavillons et qu'il ne s'esmuent pas a errer trop tart, pour ce que maladie ne les seurpraigne par la chaleur du soulail ou par la lasseté du chemin, ains doivent mouvoir matin pour venir as lieus proposez, ains que li grans chaus soit, ne ne veillent de nuis en yver [2], ne ne sueffrent pas deffaute de buche ne de reubes ; car puis que chevaliers a mysaise de froit, il n'est convenables a santé ne a ost. Yaues : que il n'usent pas d'ordes yaues ne de palus, car buvraiges de malvaises yauves est sanlables a venin et engenre maladies as buveurs. Medecine : que il usent de sainnes viandes en lor maladies et qu'il aient bons mires, et a ce doivent mettre cure et diligence li prince et li tribon et li plus poissant [3], car quant il sont assailli de maladies d'une part et de l'anemis d'autre, mauvaisement lor est, ne on ne se puet de yaus aidier. Exercice : cil qui d'armes ont esté sage ont tous jours cuidié que plus soit pourfitables a la santé des chevaliers li hanteïs des armes que ne sont li mire. Pour ce vaurrent il que cil a pié sans entrelaissier s'i aüsassent par pluies, par nois en couvert et as autres jours a chans. Aussi vaurrent il que li chevalier s'i aüsassent non pas seulement es liex plains, mais aüsassent leur chevaus meïsmes [4] par liex ruistes, ou par ouvretures de fossés et par greveus sentiers assiduelment, si que riens ne lor peüst avenir en bataille qu'il n'eüssent avant bien tout conneü. Par ce puet on entendre combien on doit mettre grant cure a bien appanre l'usage des armes, car acoustumance de travail puet donner sauveté es herberges et victoire es batailles. Et se multitude de chevaliers demeure trop longuement el tans

---

1 locis, ne in pestilenti regione juxta morbosas paludes, ne aridis et sine opacitate arborum campis aut collibus. — 2 hieme iter per nives ac pruinas noctibus faciant. — 3 et ipsius comitis, qui majorem sustinet potestatem. — 4 seque et equos suos.

d'aoust[1] et d'esté en un meïsme lieu, maladie mortex lor en vient aucune fois de la conchieüre des yaues et des mauvaises odours et des malvaises allaines envenimees de l'air corrompu, ne si ne peut on mettre conseil, fors que par souvent muer les herberges des liex en autres. Et bien y parut devant Duras, quant pour l'enfermeté de l'air corrumpu convint Pompee remuer de la ou il estoit logiés et bresier les achaintes dou mur dont Julius Cesar avoit achainte s'ost la ou Scheva (?) fu mors li bon chevaliers. Moult ont fait de damage en grant ost et en mainte assanblée peresse et negligence de nettoier les cors des homes et des mortes bestes et des autres pourretures lor herberges; et de ce sont plus entechié li Fransois que nulles autres nacions, si comme il appiert de nostre temps et de nostre souvenance en Tunes et en Arragon, et en tous liex la ou il tiennent assambleez de gens d'armes ne sieges devant forteresses, et pour ce ne puent il demorer longuement en santé, car il voellent trop les cors aisier et si mettent trop peu de paine a rescevoir bon air, et de ce ne les poursivent pas li Grieu, li Tartaire ne li Sarrazin, car il mettent plus grant paine en couvrir lor damage et en garder lor santé qu'il ne font peu s'en faut en grever lor anemis[2].

III. — *Ici nous moustre et aprent comment on doit en ost garder les viandes.*

Or devons ici dire de le pasture et dou fourment[3], car faute de viande degaste l'ost plus souvent que bataille, et faim est plus crueuse que fers. Après ce es autres cas puet on en aucun autre temps secourre, mais pasture et vitaille n'ont au besoing ne delay ne

---

[1] autumnali. — [2] *La fin de ce chapitre, depuis : Et bien y parut, m. lat.* — [3] commeatu, pabulo frumentisque.

remede; tantost convient tout perdre se on ne s'en est avant garny¹. En tous os est li mieudres consaus et li plus grans² que viande lor souffisse et que lor anemis muyrent de faim. Or doit on donques avant que on commence la bataille sagement traitier de la plenté des viandes³ et des despens, que li fourmens et les autres vitailles⁴ que les provinces doivent soient hastivement requis, et les doit on amasser nes plus que souffisance ne requiert en liex convenables a ce faire et trés fors. Et se li treü defalent, on doit tout acheter a or, quoi qu'il doie couster, car on ne peut pas seürement avoir ne garder les richesses, se elles ne sont deffendues par armes. Et souvent avient que on a plus grant besoing au double et que li sieges de l'ost dure plus longuement c'on ne cuidoit et li adversaire ne sessent d'assaler les familleus quant il ont esperance de vaincre les par faim. Après ce, toutes les choses qui sont es provinces⁵ que li anemy qui assalent pueent prendre a yaus vivre, soit en bestailles⁶ ou en blés ou en vins ou en quelconques autre chose⁷, on doit non pas tant seulement par le crieur des bans⁸ amonestier ciaus qui tels choses ont, mais contraindre les par executeurs esleüs qu'il apportent et metent ains que li os soit venus yaus et lor choses es fors chastiaus bien garnis d'ommes a armes ou es cités bien seüres. Et doit on ausi tost avant et vistement rapparaillier lor murs et tous lors engiens, car se li anemy les sourprendoient une fois avant, il seroient tout tourblé de paour, n'il ne pueent avoir des autres citez ce que mestiers lor est, quant li chemin lor sont entreclos, mais la loyaus garde de deniers et la livroisons atempree suelt souffire pour plenté et pour

---

1 remedium non habent, nisi ante condantur. — 2 maximum telum. — 3 de copiis. — 4 pabula, frumentum ceteraeque annonariae species. — 5 qui sont es provinces *m. lat.* Cf. *Priorat*, v. 4349. — 6 bataille *A*. — 7 ou en quelconques autre chose *m. lat.* — 8 per edicta.

habondance [1], maismement se on s'en est garni dès le commencement, mais l'espargne est tardive quant on a tout despendu ou quant li avoirs deffaut [2]. Li ansien faisoient au grant besoing [3] les livroisons plus par le nombre des chevaliers que par lor dignités, mais quant li besoins estoit passés, tout lor estoit rendu dou commun.

On se doit prendre garde que on n'ait pas souffraite de buche ne de viande en yver, ne en esté d'yaue; en tous temps doit on estre garni de froument, de vin aigre, de vin et de seel, et li chevalier qui mains ont de valeur en bataille doivent deffendre les cités et les chastaus par armes, par saietes, par fondes, par arbalestes et par autres engiens [4], et se doit on moult prendre garde que les simples gens des provinces ne soient deçeü par la trecherie et par les parjures des anemis, car faintes pais et fauses marcheandises [5] ont plus nusi maintes fois a ceaus qui les crurent que n'ont armes. Et aussi comme li anemy ont mezaize de faim quant il se tiennent ensanble amoncelé, par autel raison sont il legierement vaincu par soudaines sourvenues quant il s'esparpeillent. Ceste chose est si communaus a toutes gens d'armes et meismement a ceaus qui ont oy les ystoires ancienes qu'il me samble que ce seroient paroles gaisteez de rementevoir tous les damages et les desconfiteures qui sont avenues par les mauvaises pourveances de ceaus qui devoient conduire grant multitude de gent et qui ont esté souspris de lor anemis, desgarni es chastiaus et es forteresses, dont il avint que quant Jherusalem fu assise de Tytus et de Vaspasien que par le grant destresce de faym occist une fame son enfant et le mist

---

1 et pour habondance. m. lat. Cf. Priorat v. 4375, où atamprance. — 2 ceterum sera parsimonia est tunc servare, cum deficit. — 3 in expeditionibus arduis. — 4 armis, sagittis, fustibalis, fundis etiam et saxis, onagris ballistisque. — 5 commerciorum pacisque simulatio.

sor .I. rostier, que elle le voloit mengier pour estanchier son fain, mais li sergant qui la vile gardoient en sentirent le flair, si li tollirent. Si poés bien savoir par ceste chose que trenchans espee est de fain[1].

IIII. — *Si parole li quars chapitres qui enseingne comment on doit garder que li chevalier ne se descordent.*

Ost concuellis de divers liex esmuet aucune fois tensons et[2] tumultes, et quant il n'ont talent de combatre, si faignent entre yaus courrous, pour ce qu'il ne soient pas mené a la bataille. De ceste chose sont plus coustumier cil qui ont vescu en lor sieges en oyseuses et en delices, car quant il sentent en ost l'aspreté dou travail qu'il n'ont pas apris et soufrir leur convient, il se courecent. Après ce se il fuirent l'uzage des armes, si en redoutent plus la bataille et lor faut plus cuers et hardemens[3]. A ceste maladie seut on mettre medecines en maintes manieres, car endementiers qu'il sont encore dessevré et sont encore en leurs sieges, li tribon et li vicaire et li prince de la chevalerie et li dus meïsmes par cui li olz est gouvernez[4] les doivent asprement contraindre a toute discipline d'armes, si qu'il n'en puissent entendre fors a devocion et a atemprance et au cours dou champ et au resgard des armes assiduelment, et ne voisent pas jouer en oiseuses, ne ne sessent de garder les nons et les enseingnes[5]. Il doivent estre

---

1 *Ce qui précède, depuis* ceste chose, *m. lat. C'est une addition.* — 2 *De même* tençons et. — 3 nam asperitate insoliti laboris offensi, quem in expeditione necesse est sustinere, praeterea metuentes proelium, qui armorum exercitia declinarant, ad ejusmodi praecipitantur audaciam. — 4 et li dus meïsmes par cui li olz est gouvernez *m. lat., A et Priorat.* — 5 nullis commeatibus vacent, ad nomen, ad signa observare non desinant.

detenu a traire saietes, a geter gavelos, a geter pierres a la fonde ou a la main et au port de l'armeüre par grant piece dou jour¹ et au pel ferir de la mache a samblance d'espee, ore de tranchant, ore d'estoc dusques a la sueur, et a courre et a saillir et a trespasser fossez. Et se la mer ou aucun flueves est près del siege, on les doit contraindre tous a l'usage de noer meesmement ou tans d'esté et a tranchier bos et a faire voies parmi buissons et par leux ruistes et par malvais pas², et faire doler le mairien, ouvrir fossés et aucun lieu pour prendre et garder eaus³ qu'il ne soient bouté de lor compaignons et que li escu ne s'entrehurtent⁴. Chevalier ainsi endoctriné⁵ en lor sieges, soient legionaire ou aydeeur ou autre⁶, combien qu'il soient venu de divers pays⁷, il desirent plus a batillier par envie de valeur qu'il ne font a estre oiseus.

Nuls ne crient de tumulte qui est seürs de son art et de ces forces, et doit li dus de l'ost moult ententiv[e]ment enquerre des tribons, des vicaires et des princes s'il a en toutes les legions, es aydes et entre les banieres⁸ nul chevalier testu ne descordant et liquel ce sont⁹, et lues il les doit, non pas pour l'envie des encuseurs, mais pour la verité des choses, par sage conseil dessevrer des herberges et envoier les a faire quelque chose qui lor samble bele ou près que desirrable¹⁰, comme a garnir ou a garder chastiaus ou citez, et le face si soutilment que quant il seront geté hors par lor folies, qu'il soit avis a yaus et a autres que on les ait esleüs a ce faire par lor bontez, car grant multitude ne s'esmuet pas

---

1 multo die usque ad sudorem sunt frequentissime detinendi. — 2 et par malvais pas *m. lat.* — 3 et garder eaus *m. lat.* — 4 ne a contubernalibus detrudantur, scutis invicem obviantibus. — 5 ita exercitati. — 6 sive equites. — 7 cum ad expeditionem ex diversis convenerint numeris. — 8 vexillationibus = corps de cavalerie. — 9 et liquel ce sont *m. lat. Cf. Priorat*, v. 4515. — 10 quod ipsis prope videatur optabile.

legierement a tumulte ne a mellee¹, mais elle est atichie de peu de gent qui ont esperance de pechier aveuc pluseurs sans estre puigni de lor meffais². Et se il convient que on i mete conseil ou de prinze ou de mort³, il est miex drois selonc la coustume des anciens que on se preingne a ciaus qui les folies firent que a cheus qui ne s'en entremistrent⁴, si que la paigne s'en viegne par peu de gent et la paours par tous. Toutes voies sont plus loable li juge ou li duc⁵ dont li os est obeïssans et atremprez par travail et par usage que ne sont cil a cui li chevalier obeïssent par paour de tourmens. Car de gent qui ne sont obeïssant a lor duc ne a lor chevetaines et qui ne sont aüsé et nourri en armes peut on peu faire de bon esploit au grant besoing, et encore au jour d'uy prise on peu ciaus qui sont norri es delices as bones viles, ne on ne les oze pas nombrer contre gens norris et aüsés d'armes⁶.

V. — *Ci parole li quins chapitres et ensaigne quantes manieres de signes ont li chevalier.*

Moult de choses convient en batilleurs aprendre⁷ et garder, ne on ne doit mie pardoner negligence ne perte la ou on estrive por le sauveté de son cors⁸, ne nulle riens ne pourfite tant a victoire comme bien obeïr as amonestemens de signes, mais comme es multitudes⁹ des batailles grant multitude de gent ne puisse pas estre gouvernee par une seule vois, et comme il conveingne

---

1 nunquam enim ad contumaciam pari consensu multitudo prorumpit. — 2 vitiorum scelerumque. — 3 quod si ferri medicinam necessitas extrema persuaserit. — 4 in auctores criminum vindicari. — 5 laudabiliores tamen duces sunt. — 6 *La phrase qui commence par* Car de gent *m. lat. et Priorat. C'est donc une addition.* — 7 *Quelques textes portent aussi* dicenda. — 8 nulla sit neglegentiae venia, ubi de salute certatur. — 9 tumultus; tumultes, *B.*

commander et faire pluseurs choses selonc le tans pour le besoing ou on est, li anclens usages de toutes gens controuva comment tous li os porroit tout cognoistre par signes et ensuir ce que cilz qui est seuls duc et chevetaignes¹ vehist que seroit bon a faire. Or sont donc .III. manieres de signes; c'est assavoir voieul, demi voieul et mus. Li signe voieul et li demi voieul sont conneü par les oreilles. Li mus est conneüs par les yex, et sont appellé voieul pour ce qu'il sont fait en dit et par vois d'omme, si comme on crie as veilles ou a la bataille : « Victoire! victoire! victoire! Diex o nous! Diex, oies nous! »² et toutes autres paroles que cis lor avra volu doner por ensaignes qui a le greigneur pooir en l'ost, et toutes voies doit l'en chascun jour changier ces paroles pour ce que li anemi ne connoissent par usage cest signe³ et que les espies qui conversent entre nos gens n'i soient pas sans paine. Li demi voieul sont cil signe qui sont fait par trompes, par buisines et par cornes. Trompe est longue et⁴ droite; buisine est courte et reflechist en li meïsme si comme partie de cercle⁵; cornes est fais de cornes de bugle ou de buef sauvage et est lachiez d'argent ou d'autre metal⁶ et y souffle on a l'alaine atempree par art, par coi cis qui le tient est ois, car aussi connoist li os par certains sons savoir mon s'il doit ester ou aler avant ou retourner ou ensivre les fuians longuement ou soi retraire dou caucier ou canter pour soi ressevoir et recueillir el champ⁷. Li signe mu sont li aigle et li dragon, les banieres, panon-

---

1 et chevetaignes *m. lat. Cf. Priorat, v. 4591*. — 2 in proelio pro signe dicitur, ut puta : « Victoria, palma, virtus, Deus nobiscum, triumphus imperatoris. » — 3 *d'après B; correspond parfaitement au texte latin.* — 4 longue *m. lat. Cf. Priorat, v. 4626*. — 5 bucina quae in semet aereo circulo flectitur. — 6 cornu quod ex uris agrestibus, argento nexum; ou d'autre metal *d'après B*. — 7 dou caucier ou canter pour soi ressevoir et recueillir el champ *m. lat. et Priorat*.

chel, confanon et tiels autres enseingnes [1]. Et en quelconques lieu li dus de l'ost commandera que cil signe soient porté, il convient que li chevalier aillent aveuc lor signe. Moult y a d'autres signes [2], en chevaus, en roubes et en armes, que li dus de la bataille commande a garder, pour cognoistre les siens des anemis ; aveuc ce fait il aucune fois signe de la main [3] ou par muer sa robe pour senefier ce qu'il vuet faire. A toutes ces choses se doivent li chevalier acoustumer a connoistre et ensivire en hosteus, en chemins et en toutes lor autres oevres [4], car il est pourfitable chose de continuelment aüser el tens de pais ce que on doit garder en la confusion de la bataille. Encore y a autre signe mu et conneü [5], car toutes les fois que la tourbe de l'host voit que la poudre se lieve en sanblance de nues qui demonstre la venue des anemis, aussi se les compaignies se departent l'une de l'autre, il s'entrefont par nuit signe de fu [6] et de flamme et par jour de fumée [7], et aucuns pendent tres es tours des chastiaus et des citez et selonc ce qu'il les drescent ou abaissent senefient ce que on fait.

VI. — *Ci ensaingne comment li os doit estre gardés quant il s'esmuet et li anemi sont près.*

Cil qui plus estudieusement aprisent l'art de chevalerie afferment que plus de peril suelent avenir en chemin que en bataille, car en la bataille il sont tout armé et voient lor anemis de près et vienent apparaillé tout appensé de batillier, mais el chemin est li chevaliers

---

1 et tiels autres enseingnes *est mis pour* tufae, pinnae (plumes, aigrettes). — 2 muta signa. — 3 manu vel flagello, more barbarico. — 4 in omni exercitatione castrensi. — 5 commune. — 6 de feu et m. *lat. Cf. Priorat, v.* 4694. — 7 fumo significant sociis quod aliter non potest nuntiari.

mains armés et mains appensés, et quant li anemi li keurent sus par soudain assaut, comme par agait ou par quelque autre barat[1], soudainement se tourble. Et pour ce doit mettre grant cure et grant diligence li dus de l'ost que tel assaut ne lor viegnent quant il cheminent, et se il lor avient qu'il le puissent bouter arriere sans peril et legierement. Premierement il doit avoir[2] en escript les chemins et toutes les regions ou on doit batillier, si qu'il resgart les entrevaus des liex non mie seulement par nombre de pas, mais les qualités et les fourmes[3] des voies, les adresces et les destours, les montaingnes et les flueves ait loiaument descris, et de ce furent jadis li plus sage duc si curieus qu'il n'avoient pas sans plus en escrit les chemins des provinces ou il batilloient, anchois les avoient en paintures par propres signes et figures, si qu'il eslisoient la voie que on devoit aler non pas sanz plus par le conseil de lor pensee, mais par le conseil des yex dou cors[4], et encore le doit il enquerre des plus sages homes dou païs et des plus honourez et qui sachent les liex et lor doit demander a chascun par soi. Ainsi doit acueillir la verité par pluseurs et doit prendre convenables hommes qui sachent l'ost mener et soient a ce esleü sous le peril des eslisans et les face tenir en garde en ajoustant promesse de paine ou de loier, car il seront plus pourfitable quant il verront qu'il ne porront fuir et verront tous près les loiers de lor loyauté et les tourmens de lor trecherie. Si se doit pourveir li dus de l'ost qu'il soient sages et bien aüsé et que l'erreur de .II. ou de .III. ne les face tous perir, car il avient aucune fois que li fol paisant promettent et cuident savoir pluseurs choses qu'il ne sevent pas ;

---

[1] ou par quelque autre barat *m. lat. Cf. Priorat, v. 4729.* — [2] plenissime debet habere. — [3] et les fourmes *m. lat.* — [4] *De même* dou cors.

mais ici est li pourfitables chiés de la cautele que on ne sache pas par quels voies [1] li ost doit aler, car trés grans seürtez est es os que ce que on vuet faire ne soit pas seü. Pour ce porterent li ansien le signe dou Minotaire en lor legions, qui estoit demi hons et demy toriaus [2]. Car aussi comme cis monstres estoit repos es plus obscures chambres et es plus secrés de la maison Dedalus [3], ausi doit estre repos li consaus du prince, et li chemins est plus seürs quant li anemi n'ont nulle soupechon que on doie cele part aler. Mais pour ce que les espies appersoivent ou par soupechonner ou par veoir et aucune fois y resont transfuitif et routeeur [4] present, si vous dirons comment on les doit empeschier.

Li dus, qui doit aler avec la compaignie de l'ost, doit envoier hommes trés loyaus et trés soutilz aveuc chevaus trés bien esprouvés, qui avironnent devant et derriere a destre et a sene[stre] les liex par ou on doit aler, si que li anemi ne lor appareillent nul agait. Plus seürement esploitent lor besoignes les espies de nuis que de jours, et auques est encusés ou trahis par soi meïsmes cil de cui li espierres est entrepris de ses anemis [5]. Or se doivent donques premiers li chevalier mettre au chemin et puis les gens a pié ; les charettes, li char, li sommier, li autres harnois et lor conduiseur soient el milieu, si que partie des pionniers et de ceaus a cheval viegnent après. Car as alans seurviennent aucune fois paour des anemis par devant, mais plus souvent par derriere, et par aussi bonne compaingnie d'ommes armés redoit on enclorre encoste tout le harnois, car li agaiteur assalent souvent de travers. Et de ce meismement se doit on prendre garde que cele partie

---

1 ad quae loca vel quibus itineribus. — 2 qui estoit demi hons et demy toriaus *m. l.; il a son équivalent dans Priorat; l'addition est donc de Jean de Meun.* — 3 secretissimo labyrintho. — 4 proditores. — 5 nam quodam modo ipse sui proditor invenitur cujus speculator fuerit ab adversariis conprehensus.

vers ou on cuide que li anemi doivent venir soit garnie de trés bons chevaliers et de pionniers legierement armés, d'archiers et d'arbalestiers¹. Et se li anemy venient de toutes pars, de toutes pars doit estre pres li secours, et pour ce que soudaine sourvenue ne lor nuise plus, on doit les chevaliers amonester si qu'il soient apparaillié de bon cuer et qu'il tiegnent les glaives es poins, car les choses espoventans au soudain besoing ne suellent pas espoenter quant elles sont avant pourveūes.

Li ancien se prendoient garde trés diliganment que par les païsans² aucune fois navrés et cremans et par les autres³ espoentés de cri ne fussent tourblé li chevalier combatant et qu'il ne s'espandissent plus loing ou qu'il ne se compressassent plus que mestiers ne fust, par coi il empressassent les leur et pourfitassent a lor anemis, et pour ce ordenerent il leur charroy et leur autre harnois⁴ sous certaingnes ensaignes a l'example des chevaliers, et eslisoient des païsans⁵ les plus convenables et les plus sages d'uzage et les fasoient chevetaignes chascun seur .cc. de ses compaignons⁶ ou des autres garsons et lor donoient banieres si qu'il seüssent as quels signes il deüssent cueillir lor harnois ; mais li batilleeur doivent estre dou charroy et du harnois .I. peu loignet, si qu'il ne soient blesié ne grevé par la presse⁷ ; et quant li os va en bataille, selonc la diverseté des liex se doit on diversement apparaillier a deffendre, car en largesce de chans valent miex a combatre cil a cheval que cil a pié, mais es liex sauvages et plains de montaingnes ou de palus sont plus a redouter les gens a pié. Et doit on moult eschiver que pour ce que li .I. n'aillent plus tost et li autre plus tart que li os ne soit par negligence

---

1 et d'arbalestiers m. lat. Cf. Priorat, v. 4905. — 2 calonibus signifie plutôt valets. — 3 sagmariis (bêtes de somme). — 4 inpedimenta s'applique à charroy et à harnois. — 5 Après calonibus, il y a quos galiarios vocant, qui n'a pas été traduit. — 6 sagmariis. — 7 ne constipati laedantur in proelio.

entrerompus ne desvoiés, car quant ainsi est, tantost s'i embatent li anemy [1]. Or doivent donques estre mis entre vaus li maistre dou champ, li vicaire et li tribon trés bien aüsé qui retardent les plus hastis et hastent les plus tardis, car cil qui trop sont alé avant, quant assaus lor sourvient, il ne desirent pas tant retourner comme fuïr, et li derrain desquels li autre se sont departi se desconfissent par le force de lor anemis et par leur propre desesperance. Et est assavoir que li adversaire mettent volentiers au plus secreement qu'il pueent agais es lieus qu'il entendent qui sont a ce convenable ou il donnent assaut par bataille, mais li sages dus se doit pourveoir que li lieu secré ne nuisent : il doit avant toutes choses encerchier et espier [2], et quant li agais est aperçeüs, s'il est pourfitablement avironnez, il soustient plus de peril qu'il n'aparilloit a faire ; et s'il convient appertement batillier en montaignes, li plus haut lieu doivent estre pourpris par hommes que on y ait envoiés avant, si que li anemy se truissent plus bas quant il venront et n'oseront aler encontre quant il verront lor anemis armés non pas sans plus devant lor front, mais sus lor testes. Et se les voies sont estroites, mais toutes voies seüres, miex les vient tranchier et rompre a martiaus et a cuignies et a doloires [3] eslargir a travail que soustenir peril en bon chemin et large [4]. Outre [5] ce nous devons avoir conneü la coustume de nos anemis, savoir mon s'il suelent assalir les las de nuit ou au point dou jour ou a eure de menger, et eschiver ce que nous quidons qu'il suelent faire. Et nous convient savoir s'il sont plus fort de gent a pié ou a cheval ou d'archiers et d'arbelestiers [6] et se il valent miex de nombre d'ommes ou de garnisons d'armes, et

---

1 continuo enim hostes interpellata pervadunt. — 2 encerchier et espier = explorare. — 3 cum securibus ac dolatoriis. — 4 et large m. lat. — 5 contre A. — 6 contis an sagittariis.

devons ordonner ce qui est a nos pourfis et damages a yaus et traitier savoir mon se li os se mette a voie par jour ou par nuit, et combien il a dusques as liex ou nous volons venir et que yaue¹ ne faille as cheminans en esté, ne grans palus² ne grans ruissiaus ne nous soient au devant, et que li os ne soit desceüs ne avironnez par empeschemens³, ains que il veingne la ou il veut aler. Et aussi comme ce est nostre preus de sagement eschiver ces choses, aussi se nostre adversaire nous en donnent occoison ou par lor folie ou par lor faintize, ce ne fait pas a refuser ne⁴ a lasser, ains devons curieusement enserchier les traiteurs et attraire les fuitis et eschiver et amonester⁵, si que nous puissons par yaus cognoistre que nostre anemy beent a faire ou ore ou dès ore en avant, si que, quant il isteront pour querre pastures et vitailles, que nous par chevaucheeurs apparailliés et par hommes a pié legierement armés les puissiens soudainement espoenter et par la soudaine paour descevoir et entreprendre, et se doit on garder especialment que on sache trés bien par quels gens li os est avoiez et menez par estranges pays et par estranges contrees, car moult de foles gens, ausi comme il est dit dessus, promettent assez de merveilles a faire ou qu'il ne sauroient faire ou qu'il feroient moult envis, si com il apert clerement par le roy Alixandre de Macedoine que les gens le roy Porrus d'Ynde promisrent amener par les desers d'Ynde et meïsmement en celle partie ou li arbre de la lune et dou soulail estoient, et comme il deüssent le roy sagement mener le plus aisé chemin, comme de trover yaues douces et pastures et tels besoignes comme il convient a ost, il les menerent par le contraire chemin, car il ne les menerent onques par yaue quele qu'ele

---

1 ja A. — 2 ne hieme difficiles aut inviae occurrant paludes. — 3 et impedito itinere circumveniatur exercitus. *Après* empeschemens, *B ajoute* de chemins. — 4 refuser ne *m. lat. et Priorat.* — 5 *De même* et eschiver et amonester.

fust, dont hons ne beste peüst boire sans peril; mais li roys s'en venga si trés cruelment qu'il les fist geter tous vis en .1. estanc ou il avoit poisson de tel nature qu'il se combatoient bien as gens et quant il les tenoient as dens, il estoient alé et fussent nes armé; la fist li roys Alixandres geter ciaus qui malvaisement et faussement l'avoient conduit et ainsi s'en venga [1].

VII. — *Si parole li septismes chapitres qui enseigne comment on doit trespasser les grignours flueves.*

Au trespas des flueves sourdent souvent grant encombrier as negligens, car se li flueves est trop courans ou trop larges, il seut souvent asorbir [2] ou noier le charroy et les enfans [3] et les pereceux batilleurs. Or doit on donques tempter le gués et puis ordener .II. rens, c'est a dire .II. routes en renc [4] de ciaus a cheval bien montés sor chevaus esleüs, les uns dessus, les autres dessous, et dessevrer les par espace convenable, si que li charrois et cil a pié puissent parmi yaus passer, car la route dessus froisse la force de l'yaue et celle dessous concueille et porte outre ciaus qui sont ravi et cheü el flun, et se li flueves est si parfons que on ne puisse au fons avenir a pié n'a cheval, s'il keurt par liex plains, on doit faire pluseurs fossés pour espandre l'yaue, et lors quant il sera devisés en pluseurs ruissiaus [5], on le passera legierement. Les flueves portans navie puet on passer par pex agus ferus dedens et par tables de fust mises dessus et par cuves lolés de mains a force d'ouvriers [6] et par très ajoustés. Li chevacheur legier font

---

1 *Tout ce qui précède, depuis* et entreprendre *exclusivement, n'a son équivalent ni dans le texte latin ni dans Priorat; c'est donc une addition.* — 2 asobir *ou* m. lat. *et* Priorat. — 3 pueros = valets. — 4 c'est a dire .II. routes en renc m. lat. — 5 en pluseurs ruissiaus m. lat. Cf. Priorat, v. 5170. — 6 tumultuario opere colligatis inanibus cupis.

faissiaus de cannes seches, de rosiaus et d'autres choses [1] et mettent dessus lor armes et lor autre harnois, si comme haubers [2], pour garder de moillier, et li cheval [3] nes qui passent en noant traient après yaus faissiaus et compaignons a pié [4], mais plus pourfitable chose a esté trouvee, c'est que li os port avec soi petites nasceles, si comme augetes [5], .1. petit plus larges, faites de sengles très crueuses, selonc la maniere de fust et clos de fer tous pres et cordés aveuc [6] de coi on face tantost .1. pont lié de clos [7] et de cordes, sor coi il puissent passer selonc le tans, si comme sus la seürté d'un arc de pierre. Mais li adversaire sont coustumier de faire assaus [8] et sorvenues as trespas des flueves, et pour cestui besoing doit on mettre en l'une et en l'autre rive gens a armes [et] aides, si que cil qui la rive depart [9] ne soient grevé de lor anemis, et si rest encor millour cautele de fichier pex desa et dela, si qu'il puissent soustenir sans peril force se on la lor fait, et se li pons n'est pas sans plus necessaires qu'a passer, se mestiers lor est dou passer [10], lors doit on faire fossés larges d'une part et d'autre [11] et terraus sor les fossés, et soient chevalier deffendeur dessus qui les tiegnent tant comme mestiers [12] sera. De ceste chose ouvra sagement Julius Cesar a passer Rubicon, .1. flueve qui depart Lombardie et France, car il fist ajouter de ses greignours chevaus de travers le flueve et ses gens passer par dessous. Li roys Cyrus [13] de Perse a .1.

---

1 et d'autres choses m. lat. Cf. Priorat, v. 5184. — 2 loricas et arma; lor haubers et lor autres armeûres B. — 3 ipsi equique. — 4 pertrahunt loris; certains textes latins portent socii, sociis, socios. — 5 monoxylos. — 6 pro genere ligni et subtilitate levissimas, carpentis secum portet exercitus, tabulatis pariter et clavis ferreis praeparatis. — 7 de clos et m. lat. Cf. Priorat, v. 5202. — 8 insidias; aguais B. — 9 ne alveo interveniente divisi. — 10 sed etiam ad recursum et commeatus. — 11 in utroque capite. — 12 locorum necessitas — 13 Tyrus A et B.

flueve qui couroit en Mede, quant il vaut aler sor les Assyriens¹ il trova .I. flueve qu'il fist tempter par .I. sien sergant a cheval qui y fu peris. Mais il se venga si cruelment qu'il fist faire .IIII^c. fossés pour abatre l'orguel dou flueve et ainsi atrempa s'ire².

VIII. — *Si parole li vuitismes chapitres qui enseigne comment on doit ordener les herberges.*

Puis que nous avons descrite l'ordenance dou chemin, nous devons après venir a l'ordenance des herberges ou on doit demorer, car on n'a pas tous jours ou tans de batillier cité cloze de murs a estre ou a manoir, et si rest folie et grant perilz que os se doie par tout asseoir sans nule garnison, car on appareille legierement agais as chevaliers quant il seent au manger ou quant il sont espandu pour faire livroison³; enseurquetout obscurté de la nuit, li besoins de dormir, li esparpilleis de chevaus donnent souvant as anemis occoison de sorvenir.

As herberges asseoir ne souffist pas eslire bon lieu, s'il n'est tels que nuls autres mendres liex ne puisse estre trovez, car se nous laissiens le plus pourfitable lieu et nostre anemi le pourprendoient, si nous porroit retourner a grant damage. Et enconvient prendre garde en estié que yaue corrumpue ne maligneuse⁴ ne soit trop près et que l'iaue douce et saintive⁵ ne soit trop loing et en yver qu'il n'i faille ne pasture ne buche et que li chans ou on doit demorer ne soit coustumiers de soronder de soudaines tempestes et qu'il ne soit en liex ruistes ne desvoiables et que on y ait issue legiere se li anemi sont entour et que des plus haus liex ne lor puissent li

---

1 Arsiens *A*. — 2 *Ce qui précède, à partir de* de ceste chose, *m. lat.* — 3 ad munera facienda. — 4 *Le texte latin ne porte que l'épithète* morbosa. — 5 *Le texte latin ne porte que l'épithète* salubris.

anemi lancier gavellos qui viengnent dusqu'a yaus, et quant on avra bien et sagement tout ce pourveü, lors doit on asseoir les herberges ou en fourme quarree ou reonde ou en triangle¹, selonc la fourme et la maniere dou lieu, ne la fourme ne taut riens a la bonté, mais toutes voies sont tenues a plus beles celes qui ont la tierce partie plus de loing que de large. Ainsi convient que la mesure soit prise de ceaus qui mesurent les chans pour clore l'ost en droite quantité, car li assaleur avironnent les herberges estroites et espandent les trop larges².

Li ancien determinerent que on puet garnir les herberges en .iii. manieres : premierement, pour passer une nuit pour encombrement dou chemin³, il lievent motes herbeuses de terre et en font .i. petit terrail et fichent dessus pex⁴ et tout par ordre. Les motes sont errachies a ferremens et tient la [terre] par ces rachines et a de haut demi pié et de large .i. pié et de lonc pié et demi ; et se la terre est si seche que on n'en puisse motes⁵ lever, on fait une fosse de .v. piés de large et de trois piés de haut, et fait on .i. terrail au bort par dedens devers l'ost, pour ce que li os se puisse seürement reposer ; et quant les herberges doivent sejorner en yver ou en esté et li anemi sont près, lors les convient fermer par plus grant cure et par greignieur travail, car chascune centurie par l'ordenance des maistres dou champ et des princes mettent⁶ lor escus et lor fardiaus entour les propres enseingnes et chaignent lor espees et prendent peles et fossours⁷ et font les fossés larges de .ix. piés ou de .xi. ou de .xiii. ou de .xvii. selonc ce que la force des anemis est plus

---

1 trigona vel oblonga. — 2 nam propugnatores angusta constipant et ultra quam convenit latiora diffundunt. — 3 itineris occupationem leviorem. — 4 valli, hoc est sudes vel tribuli lignei. — 5 ad similitudinem lateris caespes. — 6 *Après* principiis, *le texte latin porte* accipiunt pedaturas. — 7 et prendent peles et fossours *m. lat. Cf. Priorat, v. 5381.*

grande, et ont acoustumé li ancien a garder le nombre nomper, et puis il hourdent les fossés de hayes ou de pex et de rainssiaus d'arbres, que la terre ne chiee legierement es fossés et drescent le terrail et font dessus asamblance de mur et deffenses et barbacanes et mesurent li centurion ceste oevre de .x. piés et vont li tribon tout entour prendant garde que nuls n'i soit oiseus, ne pereceus de bien foir et de bien labourer [1], ne ne se partent d'ilueques li vaillant homme dusques a tant que tout est parfait ; et toutes voies, pour ce que on ne puisse sorvenir ne grever as labourans, tuit li chevalier et partie des gens a pié qui ne labourent pas pour le privilege de lor dignité sont devant les fossés tout armé et tout prest de deffendre les ouvriers de lor anemis [2]. Lor ensaignes sont premierement mises en lor liex dedens les herberges, car il n'est riens a cui li chevalier portent si grant honneur que a la majestiere (sic) des signes.

Au duc et a ces compaignons est apparaillés li pretoires et as tribons mettent lor tabernacles, et a chiaus servent li dizenier [3] qui sont establis a livroisons d'yaue, de buche et de vitaille, et lor baille on as legions, as aydes, as chevaliers et as gens selonc lor ordres les liex ou il tendent lor pavillons es herberges de chascune centurie .IIII. chevaucheur et .IIII. hommes a pié font le gait par nuit, et pour ce qu'il ne sambloit pas que tout peüssent toute nuit veillier au gait, deviserent il par mesure [4] les veilles en .IIII. parties, si que nulz ne villoit la nuit que par l'espace de .III. heures. Par le trompeur sont commandés toutes les veilles, et quant les .III. heures sont fenies, si sont rapellées par le corneeur, et toutes voies li tribon eslisent hommes preus et esprouvés qui avironnent le gait et renoncent

---

1 ne minus foderit aut erraverit alicujus ignavia. — 2 et ingruentes repellit inimicos. — 3 contubernales. — 4 ad clepsydram.

s'il en y a nul qui face a blasmer ne a reprendre [1]. Et est assavoir que cil a cheval doivent faire le gait dehors le palis par nuit; mais par jour, puis que les herberges sont drescies, li un gaitent par corveez par laisseté des hommes et des chevaus au matin; li autre après myedi, et appartient après les autres choses au bon duc [2] de l'ost a pourveoir soit en herberges ou en cité que les pastures des bestes et li charroys dou fourment et des autres espisses et li abuvroirs et la voiture de buche et des autres choses [3] qui mestiers ont en l'ost soient seürs des encursemens des anemis, ne si ne puet autrement avenir se on ne met convenables deffenses par les liex ou ces choses doivent passer [4], et soient nes cités ou chastiaus murés. Mais se on n'i trueve pas anciene garnison, on doit en liex convenables fermer chastiaux [5] et avironner de grans fossés par forces d'ommes et dedenz soient homme a cheval et a pié qui facent la voie seüre as alans et as venans, car li anemy n'osent pas legierement aprochier as liex ou il sentent que lor adversaires demeurent devant ne derriere.

IX. — *Si ensaigne li nuevismes chapitres comment on connoistra se il fait bon combatre par appertes batailles ou par sorvenues et par agays.*

Quiconques daignera lire ce livret abregié contenant l'art de chevalerie trait des aucteurs trés bien esprovés, il desirre premierement connoistre batillier [6], mais toute

---

1 et renuntient, si qua emerserit culpa, quos circumitores appellabant; nunc militiae factus est gradus et circitores vocantur. — 2 inter praecipua convenit ducem. — 3 des autres choses = pabulatio. — 4 nisi per loca idonea, qua nostrorum ambulat commeatus. — 5 *Après* castella firmantur, *le texte latin porte:* nam a castris diminutivo vocabulo sunt nuncupata castella. — 6 quam primum rationem proelii depugnandique cupit audire praecepta.

bataille commune est acomplie et ¹ fenie en l'espace de
.ii. heures ou de .iii., et lors la partie vaincue chiet dou
tout en desesperance. Pour ce doit on pensser et assaier
et faire toutes choses avant que on viegne au derrenier
a la desconfiture. Certes li bon dus ne se mettent pas
volentiers el commun peril de la bataille apperte, ansois
bataillent tous jours en repos et par agais ² pour garder
leur gens sainnes et entieres ³ et pour occirre et espoenter
tant comme il porront de lor anemis. Si descrirai les
choses que li ancien ont troveez moult pourfitables en
ceste partie. Li ars et li pourfis dou duc est en ce
meïsmes que il avec le conseil des plus sages hommes
de tout son ost traite et contrepoise, c'est a dire qu'il
resgart par bon jugement les forces de son ost et de ses
anemis ⁴ sans flaterie et sans traïson ⁵ qui trop y puet
nuire, et doit noter savoir mon se il ou lor anemy ont
plus grant nombre de batilleurs et li quel sont miex
armé et miex garni, et li quel sont plus aüsé d'armes et
plus fort au besoing, et doit enquerre laquele partie a
milleurs hommes a chevaus et milleurs hommes a pié
et esquels est la grigneur force de l'ost et liquel vont
avant ⁶ et liquel ont plus haubers et melleurs chevaus.
Puis doit savoir se li liex ou on se doit combatre est
plus pourfitables a nous que a nos anemis, car se nous
fions plus en ceaus a cheval que en ciaus a pié ⁷, nous
devons desirer les chans et se nous avons plus grant
fience en nos gens a pié, nous devons eslire liex estrois et
empeeschiez ou de fossés ou de palus ou d'arbres ou de
montaignes, et doit savoir qui a habundance de viandes

1 acomplie et m. lat. Cf. Priorat, v. 5517. — 2 ex occulto
semper adtemptant. — 3 ut integris suis. — 4 adhibitis ex universo exercitu scientibus belli et sapientibus viris de suis et hostium copiis saepius tractet. — 5 adulatione summota. — 6 scien-
dumque in peditibus vel maxime consistere robur exercitus et
inter ipsos equites quis contatis, qui sagittariis antecedat. — 7
que en ciaus a pié m. lat. et Priorat.

et qui en a deffaute, car, si comme on dist, la faim se combat par dedens et vaint pluseurs fois sans fer. Et convient moult prendre garde savoir mon se ce est bon de prolongier la bataille ou de combatre tost, car li adversaires a aucune fois esperance que li os soit tost fenis, mais si la bataille est alongie, li adversaires est lors amaigriés et afoiblis [1] par souffraite ou par desirier de ses gens et par ce puet estre rapelés a revenir en son païs, ou quant il voit qu'il ne set nulle grant chose qui li vaille, si est par desperance contrains a aler la. Et lors pluseur las et [2] debrisié par travail et par anuy laissent l'ost; li uns se rent, li autres s'en tournent, car es contraires choses a mains de loialté et [3] de foy et cis se commense a desnuer qui estoit venus plantureus. Et encore appartient il assavoir quels est li adversaires et quel sont li compaignon, savoir mon s'il sont fol ou sage, hardi ou couart et se il sevent l'art de chevalerie ou il se combatent par usage [4], et liquel de lor gent sont fort et liquel sont foivle et de quel foy nos aydes sont et de quel force et quels cuers nos gens ont et quel li leur et laquele partie il sanble miex qui doie avoir victoire, car par tels connoissances croist ou chiet la vertus. As desesperés croist hardemens par l'amonestement dou duc quant il sanble qu'il n'ait paour de riens, et ausi croist hardemens a ceaus qui tu as a gouverner se tu fais forment quelque chose pourfitable ou par agais ou par quelque autre occoison, ou se contrarietés ou mescheances commensent [5] a avenir a tes anemis, ou se tu pues nes sormonter les plus foibles ou [6] les plus malades d'yaus ou les mains armez. Et te dois prendre garde que tu ne moinnes nulle fois en commune bataille ton ost

---

1 et afoiblis *m. lat. Cf. Priorat, v.* 5612. — 2 las et *m. lat. Cf. Priorat, v.* 5622. — 3 de loialté et *m. lat. et dans Priorat.* — 4 ex usu an temere. — 5 adversae res coeperint. — 6 les plus foibles ou *m. lat. Cf. Priorat, v.* 5684.

doutant ne paoureus, et dois savoir se tu as chevaliers jones ou anciens et s'il a gaires de temps passé qu'il furent en ost ou se il a passé moult lonc temps qu'il furent en pais, car pour noviaus chevaliers ne pour aprentis doivent estre tenu [1] cil qui lonc tans ont laissié le combatre ; mais comme les legions, les aydes et li chevalier soient venu de divers liex, li bons dus les doit dessevrer et baillier chascun par soi as tribons sages et esleüs qui les doivent enseignier et aüser en toutes menieres, et puis concueillir les ensamble et faire les hanter a combatre ausi comme en commune bataille et assaier a pluseurs fois combien il pueent avoir d'art et combien de force et comment il s'acordent et il obeïssent volentiers a trompes et a busines [2] et as demonstremens des signes et as siens commandemens meïsmes. Et se il falent en aucunes choses, on les y doit ensaignier et aüser dusques a tant qu'il soient bien parfait ; et certes se il sont bien plainement apris el cours del champ, en traire saietes, en geter gavelos, en la maniere d'ordener les batailles, lors les puet on et doit, non pas par fol hardement, mais par bone occoison, mener a la bataille, et toutes voies lor doit on avant moustrer l'usage des menours batailles. Or doit donques li bons [3] dus, vaillans, amesurés et sages, jugier et prendre garde des choses de son ost et de l'ost a son adversaire ausi comme s'il devoit jugier par conseil des sages homes d'aucune cause entre diverses parties [4], et se il se trueve au dessus en moult de choses, il se doit aler combatre sans delay, si tost comme il le porra faire convenablement ; et s'il entent que ses adversaires soit plus puissans, il doit eschiver commune bataille et aperte [5], car plus peu de gens par

---

1 nam pro tironibus accipiendi sunt. — 2 ad tubarum monita. — 3 bons *m. lat. Cf. Priorat, v. 5721.* — 4 tamquam de civili causa inter partes judicaturus, adhibito consilio de suis et adversarii copiis judicet. — 5 et aperte *m. lat. et dans Priorat.*

nombre et plus bas de force sous bons chevetaines reporte mainte victoire par sorvenues et par agais. Donc on doit moult loer sage duc conduiseur de batailles, quant il est creüs de ceaus qui sont a lui a conduire. Et bien le moustra Julius Cesar a la grande bataille de Pharsale[1], qui .VIII. jours attendi Antoine qui estoit a Brandis, qui estoit princes de sa chevalerie, qu'il ne se vaut combatre sans lui, et pour ce qu'il ne venoit pas si tost comme il vausist, il se mist en mer par nuit en .I. petit vaissel et s'abandona au peril de mer tous seuls que d'un marinier pour le grant desirier qu'il avoit de lui avoir. Par ce poés savoir que bone chose est d'un bon chevetaigne en .I. grant bataille et moult ayue a avoir victoire[2].

X. — *Si enseigne li dizimes chapitres que on doit faire quant on a chevaliers qui ne sont pas acoustumé de batillier.*

Toutes ars et toutes oevres amendent par l'usage de chascun jour et par souvent hanter, et se c'est verités es petites choses, ce fait donques miex a garder es choses trés grans. Mais de ce ne se doit nuls douter que li ars des batailles ne vaille miex que toutes autres choses, car par ceste est franchise retenue et dignités acreüe[3] et provinces deffendues et les empires gardees. Cest' art ensivirent jadis li Lacedemonien et laisserent toutes autres doctrines. A ceste se tinrent après li Romain, et ceste seule art cuident encore au jour d'ui li Barbarin et li estrange[4] que on doie garder, et i ont lor fiance plus qu'en toutes autres ars et est plus profitable

---

1. Thessale *AB*. — 2 *Ce qui précède, depuis* dont on doit moult, *n'a pas son équivalent dans le texte latin.* — 3 *De même* acreüe. — 4 *De même* et li estrange.

et plus necessaire as batilleurs ¹, par coi il retienent la vie et aconsivent victoire. Li dus a cui les noblesces de si grant poissance sont donez, a cui foy et a cui vertu, les aventures des batailles ou ² des possessions et la deffensions des citez, li sauvemens des chevaliers et la gloire de la chose commune est commandee ³, ne doit pas seulement estre curieus generalment de tout l'ost ensanble, mais nes de chascune disainne ⁴ par soi, car se riens lor mesavient en la bataille, c'est sa coupe et li communs damages. Se li dus maine chevaliers noviaus et aprentis ⁵ ou s'il maine ost qui lonc temps ait desacoustumé les armes, il doit enquerre et encherchier ⁶ diliganment de chascune legion, de chascune des aides et de chascun des confanonniers ⁷ lor forces, lor corages et lor coustumes et sache nes par propre non se ce puet estre fait et qui est quens ou tribons ou dizeniers ⁸ et combien chascuns puet en bataille et de quele auctorité il sont et de quels teches ⁹, et doit venjance prendre par loy de tous les meffais de la chevalerie et ne pardoinst a nul maufaiteur et appersoive en divers liex et en diverses occoisons les experimens de tous. Et quant il avra pensé de ces choses, si comme il convient, quant li anemi sont espandu folement et quident estre plus seür pour aller rober ¹⁰, lors y doit anvoier chevaucheurs esprouvez et poonniers avec les jones chevaliers ¹¹, pour ce que quant il verront les

---

1 cetera aut in hac arte consistere omnia aut per hanc adsequi se posse confidunt; haec dimicaturis est necessaria. — 2 les aventures des batailles ou *n'a pas son équivalent dans le texte latin. Cf. Priorat, v. 5802. Celui-ci porte :* virtuti possessorum fortunae, tutela urbium, *etc.* — 3 creditur. — 4 contubernalibus. — 5 Simplement tironem *dans le texte latin.* — 6 exploret *seul répond à* il doit enquerre et encerchier. — 7 vexillationum (corps de cavalerie). — 8 quis tribunus, quis domesticus, quis contubernalis. — 9 auctoritatem severitatemque maximum sumat [dux]. — 10 cum dispersi ad praedandum securi oberrant hostes. — 11 tironibus aut inferioribus mittat.

anemis espandus et esbahis¹ par quelque occoison que sagesce enquerre as uns et as autres hardemens. Et doit ordener ses agais, si que nuls n'en sache riens, as trespas des flueves, as trebucheïs des montaignes, as destrois des bois, as grietés des palus et des voies, et si atemprer son erre² que il tous apparailliés assaille ses anemis mengans ou dormans ou esbanoians, desarmez comme seürs, desaournés, estrillans lor chevaus³, et sanz soupechon, si que par tels assaus puissent li sien fiance cueillir. Car cil qui onques es lons temps passés ne virent⁴ hommes navreir ne ocire, quant il le voient premierement, il tramblent horriblement et sont si confundu de paour qu'il commensent plus a penser de fuïr que de combatre, et, se li anemy keurent dehors, assaillant⁵ ceaus qui sont lassé par longue voie, et seurpraignent soudainement⁶ les derreniers tous desperés⁷ ceaus qui se sont parti loing de leur gens et demeurent ou pour viandes ou pour proies prendre. Li bons dus doit avoir o lui de ces chevaucheours esleüs, trés bien montés en toutes chevauchies, et doit estre ausi comme el milieu des siens pour refrener les encontreurs de ses anemis ou pour secourre as siens, se besoins en estoit⁸. Car il fait bon assaier les choses avant, que, quant il en meschiet, mains nuisent, et quant il en chiet bien, moult pourfitent, et appartient bien encore a sage duc a semer causes de descordes entre ses anemis, car nulle nacions, tant soit petite, ne puet estre desconfite par ses anemis, se elle meismes ne se gaste par ses propres descordans, car haÿne de citoiens entre yaus est ignele

---

1 et esbahis *m. lat. Cf. Priorat, v. 5866.* — 2 iter suum; ovre. — 3 destratis equis. — 4 viderunt; vinrent *A.* — 5 assaillent *serait préférable.* — 6 subito occupet cum dilectis. — 7 ultimos vel certe insperatus superveniat; *quelques textes portent* insperatos *ou* inparatos. — 8 *La phrase qui commence par* li bons dus *n'a pas son équivalent dans le texte latin; elle l'a dans Priorat, v. 5910-5914; c'est donc une addition de Jean de Meun.*

a encliner soi a estre destruit de lor anemis¹, et ne s'appense pas bien dou pourfit de sa deffension. Mais ceste chose fait bien a dire avant en ceste oevre, et ce est que nuls ne doit par desesperance quidier que les choses ne puissent encore bien estre faites qui ont estié faites autre fois, et aucuns porroient dire : « Moult a ja passé lonc temps que nuls n'enclost nulle ost de fossés, ne de terraus, ne de palus² pour demorer asseür; » mais a ce puet on respondre que ce ceste cautele eüst estié faite, li agais et³ les sorvenues que li anemi font de jour et de nuis ne peüsent riens nuire.

Li Persien, qui ensievent⁴ les Rommains, avironnent les herberges de fossés, et pour ce qu'il sont en liex près que tous poudreus, portent il avec yaus sas tous vuis qu'il emplent de la terre poudreuze qu'il ont deffoÿe, et de cel moncel font leur terrail. Tout li estrange⁵ arroient leur charroys en reont entour yaus a samblance de herberges, et sont par nuit ainsi asseür des agais de lor anemis. Et redoutons nous que nous ne puissiens apprendre ce que li autre ont apris de nous? Ces choses estoient jadis gardees par usage et par livres, mais lonc temps ont estié entrelaissees, si que nuls ne les a acquises, car il estoient si longuement en pais que besoins de batillier lor estoit loins; mais pour ce qu'il nous sanble que ce ne puist estre que la discepline puisse jamais estre recouvree, dont li usages est entrecheüs, ce moustrerons nous par example.

Au tans des anciens fu souvent en oubli mise l'art de chevalerie, mais elle fu puis recuellie des livres et après confermee par l'auctorité des dus. Scipions li Offriquans prinst les os des Espaignos⁶, qui souvent avoient

---

1 nam civile odium ad inimicorum perniciem praeceps est. — 2 vallo; palis *B*. — 3 li agais et *m. lat. Cf. Priorat, v. 5969.* — 4 imitantes. — 5 barbari. — 6 hispanienses exercitus *signifie les armées romaines qui combattaient en Espagne.*

esté vaincu sous les autres empereurs, et les ensaigna si en gardant la rieulle de discepline en toutes manieres d'uevres, et si diliganment les ausa en faire fossés, que il disoit que li fossier devroient estre touillié en la boe qui ne se voudroient baignier el sanc de lor anemis. Après avec ciaus prinst il la cité des Numantins et les art si tous que onques nus n'en eschapa. Aussi Meteauls[1] en Aufrique, sous Aubin l'empereur, resceut l'ost que il avoit vaincu et les amenda si par les anciens enseingnemens de chevalerie que puis vainquirent il ciaus qui autre fois les avoient vaincus[2]. Li Cymbre, ce sont li François[3], desconfirent en Gaule les legions que Scipions et Manlius avoient menés, mais Guiaires[4] resceut ciaus qui en remesrent et les enseingna si en la science et en l'art de batillier que puis ocirent il en bataille commune si grant multitude non pas seulement des Cymbres, mais nes des Tyois et des Ombres[5], que on ne les peüst nombrer. Mais plus legiere chose est d'ensaignier les nouviaus en vertu que rappeler les espoentés.

XI. — *Ci ensaigne li XI*ᵐᵉ *chapitre que on doit faire le jour qu'il convient batillier.*

Puis que nous avons mis avant les plus legieres ars de batillier, raisons est selonc la doctrine de chevalerie que nous viegnons au jour de la commune bataille doutee et mortel as nacions et as pueples; car en l'avenement[6] de la bataille apperte gist la plentés de la

---

1 Metellus. — 2 subjugatum accepit exercitum ; qui avoit eté vaincue *est plus exact que* que il avoit vaincu. — 3 Tymbre *AB*; ce sont li François *n'a pas son équivalent dans le texte latin. Cf. Priorat, v.* 6065. — 4 Gaius Marius. — 5 Teutonum et Ambronum. — 6 eventu.

victoire, et pour ce en celui temps doivent estre li duc de tant plus curieus¹ comme il ont esperance que plus grans gloire aviengne par les bons batilleurs et grignour peril par les malvais, et en celui brief tens seur toutes choses vaut usages de sagesce et de doctrine et conseil de batillier. Li ancien siecle avoient teles coustumes qu'il faisoient tous jours les chevaliers mengier .I. petit avant qu'il les menassent en la bataille, pour ce qu'il fussent plus isnel² et plus hardi par la viande³ et qu'il ne fussent pas lassé par mesaise⁴, se bataille durast longuement. Après ce, quant li anemi sont present, de quelconques lieu on isse pour batillier, soit de herberges ou de cités⁵, on se doit prendre garde que li os ne soit grevez ne⁶ afebloiés par ses anemis ensanble apparailliés endementes qu'il s'en ist par parties, c'est a dire li uns après l'autre⁷, parmi les estroites portes. Et pour ce doit on pourveoir que tout li chevalier issent hors des portes a une fois⁸ et ordenent lor batailles avant que li anemy y viegnent, et se li anemi sont ja venu tout apparaillié avant que li os soit issus hors de la cité, lors doit on retarder l'issue ou faire sanblant que on ne veille pas issir, si que quant li adversaire avenront a assaillir et cuideront que cil n'osent pas issir, lors, puis que li anemy seront pourpensé et⁹ tourneront lor corages ou pour aler en proie ou pour retourner, et il se seront desrengié et averont lor ordres tourblés et departis¹⁰, adonques li meilleur¹¹ et li plus esleü de l'ost doivent issir hors et tantost assaillir¹² cheaus tous esbahis qui de cel assaut ne se

---

1 solliciti; crueus *A*. — 2 plus isnel et m. *lat. et Priorat*. — 3 sumpta esca. — 4 inedia. — 5 sive ex castris sive ex civitate producas ad proelium. — 6 grevez ne m. *lat*. — 7 *De même* c'est a dire li uns après l'autre. — 8 *De même* a une fois. — 9 *De même* seront pourpensé et. — 10 *De même* et averont les ordres tourblés et departis. — 11 *De même* li meilleur. — 12 conferti adgrediantur.

prendoient garde¹. Et doit garder li sages dus² qu'il ne
contraingne a issir en aperte bataille nul chevalier lassé
pour longue voie ne qui ait lassé son cheval a corre³,
car cis qui se doit combatre pert moult de ces forces
par le travail dou chemin, et cis qui vient las et tes-
gans a la bataille⁴, que puet il faire? Pour ce se
garderent moult li ansien et li dus des Rommains el
tans qui passez est; voire nes en nostre tens meïsmes,
pour ce qu'il ne s'en sont pas gardé par lor folie⁵,
mais je n'en veil ore plus dire, en ont perdu maint
ost, car ce n'est pas condicions pareille de combatre
hommes las contre les reposés, ne d'ommes chargiés
de sueur contre celui qui est frès et haligres⁶, et de
celui qui a coru contre celui qui ne s'est meüs.

XII. — *Ici aprent li XII chapitres a connoistre comment li chevalier se sentent qui combatre se doivent.*

Le jour que li chevalier se doivent combatre convient diliganment enquerre comment il se sentent⁷ et
qu'il lor est avis, car la fiance de l'homme, li hardemens ou la paours est souvent aparceüe par le voust,
par les paroles, par l'aler et par le mouvoir⁸, ne n'i te
fie ja pour ce se li noviaus chevaliers ou li aprentis⁹
desirre la bataille, car bataille si plaist a ceaus qui
onques ne l'assaierent. Et sachiez qu'il se convient
retarder de combatre¹⁰ se tu sens que li batilleur es-

---

1 observatur autem ne longo. — 2 li sages dus *m. lat.* —
3 neve lassos post cursum equos. — 4 qui ad aciem marcidus.
— 5 didicerunt; *certains textes portent aussi* dediderunt, perdi-
derunt *ou, comme correction,* perdere didicerunt. — 6 frès et
haligres = alacri. — 7 comment il se sentent et qu'il lor est avis
= quid sentiant. — 8 nam fiducia vel formido ex vultu, verbis,
incessu, motibus cernitur. — 9 li noviaus chevaliers ou aprentis
= tiro. — 10 de combatre *m. lat.*

prouvé redoutent a batillier. Toutes voies par les amonestemens dou bon duc¹ croist vertus et courages a l'ost, meesmement se il ont par bone raison esperance d'avoir victoire² de bataille qui est a avenir. Et lors doivent entre yaus dire et traitier les mavaistiés et les peresces et les errours³ de lor anemis et ramembrer se il ont autre fois estié vaincu de nous et doivent par nous nes estre dites paroles par coi li cuer de nos chevaliers doivent estre esmeü a la haÿne et au desdaing de nos adversaires. Près que tout homme ont naturelment ens en lor cuers ceste maniere que il tramblent tout quant il venent a la bataille contre lor anemis, mais sans doute cis sont li plus foible et li mains ferme qui les cuers ont confundus et espoentés dou resgart de lor anemis⁴; mais ceste paours lor est assouagie par tel remede, c'est assavoir se tu ordenes souvent ton ost es millours liex et es plus seürs⁵, avant que tu combates, si qu'il se puissent acoustumer d'iluec a veoir et a conoistre⁶ lor anemis et facent aucune fois aucun hardement par quelque occoison et cachent et occient lor anemis et reconoissent les meurs et les armes et les chevaus de lor adversaires, car on redoute mains les choses coneües et acoustumees et aüsees⁷.

XIII. — *Li XIIIᵉ, coment on doit eslire convenable lieu a batillier.*

Li bons dus doit savoir que li liex ou on se doit combatre tient grant partie de la victoire. Or te travaille

---

1 monitis tamen et adhortatione ducis. — 2 se facile ad victoriam perventuros. — 3 ignavia vel error ostendendus est. — 4 sine dubio autem infirmiores sunt quorum mentes ipse confundit aspectus. — 5 exercitum tuum locis tutioribus ordines. — 6 videre... consuescant. — 7 nam quae ex usu sunt non timentur.

donques a ce que tu, qui vues ordoner bataille, aies premierement l'aÿde et l'avantage dou lieu ou tu te combatras, et dois savoir que de tant comme li liex est plus haus, de tant est il plus pourfitables, car li gavelot en descendent plus forment sus ciaus dessous et la partie plus haute boute arriere par plus grant radeur ceaus qui s'efforcent de monter encontre. Quiconques s'efforce de monter contre terre il a .II. adversaires, son annemy et le lieu. Mais tant y a de difference que se tu as esperance d'avoir victoire par tes gens a pié contre les chevaucheurs de tes anemis, tu dois eslire les liex aspres, ruistes, broconneus et desvoiés et montaingneus[1], et se tu cuides miex avoir victoire par tes chevaucheurs contre les poonniers de tes anemis, tu te dois mettre es liex .I. petit plus haus, mais qu'il soient plain et apert, sans bois et sans marois.

XIV. — *Le XIIIIe, comment on doit ordoner ost qu'il ne soit vaincus.*

Hons qui a ost a ordoner doit resgarder .III. choses : le solail, la poudre et le vent. Car quant li solaus est au devant des yex, il taut la veüe ; li vens contraires reflecist et abaisse les gavelos et les saietes[2] des tiens et aide as dars de tes anemis ; la poudre, quant elle vient au devant, emplist les yex et les clot ; ces choses suelent eschiver nes li fol en l'eure que les batailles sont ordenees. Dont cil d'Aufrique et cil d'Orient metent grant estude en grever lor anemis de poudre et de soulail et de noise pour esbahir les, et bien le moustrerent en Tunes, au temps le roy Loÿs, et a la bataille de Bouvines[3] en orent grant domage li Flamenc[4]. Et

---

1 loca aspera, inaequalia, montuosa] debes eligere. — 2 les gavelos et les saietes = tela. — 3 Bouvinent A. — 4 *La phrase :* Dont cil d'Aufrique... li Flamenc *est une interpolation.*

se doit prendre garde li bons dus ou tans qui est a venir, c'est que quant li jours .i. petit après sera haus, que li solail ne nuise as siens quant il sera tournez et que tems ¹ contraire ne naisse quant on se combatra, si comme il seult aucune fois avenir. Or soient donques ainsi ordonneez les batailles que ces choses nous soient par derriere as hatereaus et soient as visaiges a nos anemis, se ce puet estre fait. Compaignie ainsi establie est apelés os ordenez ², et en doit garder li frons vers les anemis, et se ele est ordonnee sagement, elle vaut moult en aperte bataille, et se elle est ordenee folement, combien qu'il y ait trés bons batilleurs, il sont vaincu par le mauvaise ordenance. Itels est la maniere et ³ la loy de cest ost ordoner que li chevalier aüzé et ancien sont mis en la bataille premiere, et cist estoient avant appellé prince. El secont ordene sont mis cis qui sont armé de cuiries et li archier et trés bon chevalier a gavelos et a lances, et ceaus apelloit on avant hantés. Tout li armé avoient chascun entre yaus endroit l'espace de .iii. piés, c'est en .m. pas .m. et .vi^c. et .lxvi. hommes a pié, ordenés au lonc, si que la bataille ne fust trop clere et qu'il peüssent avoir espace de manoier lor armes; et vaurrent qu'il eüssent entre chascun ordene par derrier en large l'espace de .vi. piés, pour ce que li batilleur peüssent aler avant et soi retraire et appresser et eslongier⁴, car en saillant et en courant gette on miex les gavelot que a tenir soi tout coi en son ordre et en son lieu ⁵. En ces .ii. ordenes estoient mis vaillant homme, meür d'aage et seür d'usage ⁶, garnis d'armeüres pesans, et cist sont acune fois a ce contraint qu'il se tiegnent en lor liex sans esmouvoir yaus ausi comme se ce fust .i. murs, si qu'il

---

1 ventus; tels *A*. — 2 acies dicitur exercitus instructus. — 3 la maniere et *m. lat. Cf. Priorat, v.* 6495. — 4 ut haberent pugnantes spatium accedendi atque recedendi. — 5 que a tenir soi tout coi en son ordre et en son lieu *m. lat. et Priorat.* — 6 usu; aage *A*.

n'encauchent ne ne reculent, pour ce qu'il ne tourblent
les ordenes et qu'il puissent ressevoir lor adversaires
venans et combatre a yaus en estant ou cachier les arrieres [1]. Li tiers ordenes est de plus isneles armures,
comme des archiers et des arbalestriers et de lanceurs de
dars, et ceaus appelloit on avant les legiers armés [2]. Li
quars ordenes est aussi establis de ciaus qui portent
escus et de bons archiers et de ceaus nes qui portent
les plommees [3]. Et devés savoir que les .II. premiers
ordenes demouroient en estant et la tierce ordene et la
quarte s'en issoient tous premierement pour comman-
sier l'assaut [4] as gavelos et as saietes, et quant cist
[ne] puent cachier lor anemis, il s'en tournent arriere a
la primere et a la seconde bataille [5] et sont receü entre
yaus et se mettent en lor liex, et lors la premiere ordene
et la seconde, quant il viennent as espees et as glaives [6],
soustient tout le fais de la bataille. En la quinte ordene
estoient aucune fois cil qui ont les grans arbalestes a
tour et arbalastier traiant a la main et cil que on appelloit fondibleurs et fondeeurs. Fondibleur sont cil qui
par fusiaus gettent les pierres. Cis fussiaus [7] a .IIII. piés
de lonc et a une fonde de cuir loyé par mi, et quant il
est a .II. mains empains et balanciés [8], il gette pierres a
maniere d'autres engiens [9]. Fondeeur sont cil qui ont

---

1 et stando pugnandoque repellere vel fugare. — 2 tertius ordo
disponitur de armaturis velocissimis, de sagittariis juvenibus, de
bonis jaculatoribus, quos antea ferentarios nominabant. — 3 scu-
tatis expeditissimis, de sagittariis junioribus, de his qui ala-
criter verutis vel mattiobarbulis, quas plumbatas nominant,
dimicant, qui dicebantur levis armatura. — 4 ad provocandum.
— 5 qui si hostes in fugam vertere potuerint, ipsi cum equitibus
persecuntur; sin vero ab hostibus pulsi fuerint, redeunt ad primam
ac secundam aciem. *Après* cachier lor anemis *B ajoute :* il queu-
rent après ceus a cheval et s'il avient que lor anemis les puissent
chacier, *qui a son équivalent dans le texte latin.* — 6 ad pila, ut
dicitur. — 7 fustibalus fustis est longus. — 8 empains et balanciés
= inpulsus. — 9 prope ad instar onagri dirigit saxa.

fondes faites de lin ou de soie, et sont celes tenues pour les millours, qui gettent pierres en tournoiant le bras entour la teste, et cil de ceste compaignie, qui nuls escus n'avoient, se combatoient par geter pierres a la main et par gavelos[1]. La sizime ordene estoit derrier toutes les autres, et en ceste estoient li trés fort batilleur garnis d'escus et de toutes autres manieres d'armes, et cist soloient seoir emprès les derraines batailles[2] pour ce que, se mestiers en fust, qu'il alaissent tout enterin et tout reposé assalir lor anemis plus aigrement, et en ciaus estoient toute esperance de recouvrer se quelque mescheance fust avenue as premiers ordenes.

XV. — *Ci parole li XV⁰ chapitres qui devise combien d'espace il doit avoir en ost entre les hommes chascun en droit soi.*

Puis que nous avons dit comment on doit batailles establir, or dirons la mesure et l'espace de lor ordenes. En .м. pas de champ une bataille comprent .м. et .vi^c. et .lxvi. hommes a pié, pour ce que chascuns batilliers a .iii. piés devant soi. Et se tu vues .vi. batailles ordonner en .м. pas de champ, il y convient avoir .ix^c. et nonante .vi. hommes a pié[3], et se tu vues espandre cest nombre en .iii. ordres, tu y comprandras .ii^m. pas, mais il convient miex faire pluseurs batailles en espandre[4] ses chevaliers. Nous avons dit qu'il doit avoir

---

1 missilibus in hoc ordine dimicabant, quos accensos tamquam juniores et postea additos nominabant. — 2 omni genere armorum munitis bellatoribus tenebatur : quos antiqui triarios appellabant. His ut requieti et integri acrius invaderent hostes, post ultimas acies sedere consueverant. — 3 novem milia nongenti nonaginta sex pedites sunt necessarii. — 4 en espandre = sed melius est plures acies facere quam militem spargere.

entre chascune bataille .vi. piés de large, et li batilleur meïsmes, quant il sont en estant, contiennent chascuns .i. pié, et par ce se tu ordenes .vi. batailles, li ost contenra .xlii. piés en large et mil pas en lonc, et .x^m. homes. Et seulonc ceste raison par la riule de ceste mesure porra estre ordenés li os de .xx^m. ou de .xxx^m. hommes a pié. Ne lors n'est pas li dus deceüs quant il set combien d'ommes a armes li liex puet comprendre, et se li liex est plus estrois et la multitude plus grans [1], toutes voies [con]vient il miex qu'il se combatent serré que trop espandu, car quant bataille est trop clere et [2] trop attenvole, legierement puet estre trespercie par ses adversaires [3], ne n'i puet on puis mettre nul remede. Mais quels nombres doit il avoir en le destre corne et quels en la senestre et quels el milieu? Ces choses i sont gardees ou selonc lor dignités ou par lor coustumes ou elles sont muees selonc les diverses manieres [4] de lor anemis.

XVI. — *Ci parole li XVI chapitres qui devise la maniere de ceaus a cheval ordener selonc l'anciene coustume.*

Puis que li os a pié est ordonés et parfais [5], li chevacheur sont mis es cornes, si que cil qui ont haubers et pesant armeüre [6] sont joint a gens a pié et li legier armé sont plus loing que li archier et cil qui n'ont nuls haubers et sont bien a large [7]. Car li plus fort chevacheur doivent deffendre les costés de gens a pié, et li

---

1 *Après* vel multitudo sufficiat, *il y a* etiam in deno vel amplius acies ordinari. — 2 trop clere et *m. lat. Cf.* Priorat, *v.* 6730. — 3 ab adversariis facta impressione perrumpitur. — 4 qualitate. — 5 ordonés et parfais = constructa. — 6 contati (les piquiers). — 7 sagittarii autem vel qui loricas non habent longius evagentur.

plus ignel et li mains armé doivent assaillir et tourbler les cornes de nos anemis. Li bons dus doit savoir contre quels monceaus¹ de ses anemis quels chevaliers il doit mettre, car je ne sai par quele raison reposte, ce ce n'est par la volenté de Dieu, li un se combatent miex que les autres, et li plus fort qui ont eü victoire sont sovant vaincu par les plus foibles. Et se nous avons plus foibles chevaucheurs que nostre anemy ², nous en la maniere des anciens devons joindre les plus isniaus de nos poonniers et les miex aüzés, qui aient bons escus legiers ³. Et quant ce sera fait, ja soit ce que li chevalier de nos anemis soient trés fort, et toutes voies ne porront il pas estre parail a ceste compaignie. Icestui seul remede trouverent tuit li duc ancien, qui metoient entre chascuns .II. chevacheurs .I. poonnier jone, bien courant, legierement armé ⁴, et cist poonnier avoient escus legiers et glaives et gavelos.

XVII. — *Ci devise li XVIIe chapitres des secours qui sont mis par derriere l'ost.*

Mais trés bones raisons est, et qui moult vaut a victoire, que li dus ait des meilleurs de ses pooniers et de ses chevaliers neis oyseus tous apparailliés ⁵, les uns entour la corne de son ost, les autres entour le mylieu, pour ce que par la ou li anemy assallent plus forment ne soit la bataille rompue, et que cil y akeurent soudainement, ausi comme en volant, et raemplissent les liex, et par l'ajoustement de lor vertu froissent le

---

1 scire dux debet contra quos drungos, hoc est globos. — 2 que nostre anemy *m. lat.* — 3 *Après* miscendi sunt, *il y a* quos velites nominabant, *qui n'a pas été traduit.* — 4 legierement armé *m. lat.* — 5 equitibus cum vicariis, comitibus tribunisque vacantibus habeat dux post aciem praeparatos.

hardement de lor anemis. Ensi le firent premierement li Lacedemonien, et cil de Cartage les ensieurent après et puis garderent ce meïsme li Romain. Ne nulle ordenance n'est mellour de ceste, car bataille drecie doit et puet tant seulement ce faire qu'elle boute arriere ou espoente¹ ses anemis. Et se tu veus [faire] cel secours que l'en apele le coing², tu dois avoir au derriere de ton ost seurhabondans bateilleurs de coi tu feras cel coing³, ou se tu veus faire celui secours que l'en apele serre ou sie⁴, tu le feras aussi de seurhabondans, car se tu ostoies de ton ost tez chevaliers ordenés de leur lieus pour mettre en autres, tu troubleroies tout et desnueroies trop perilleusement⁵ les uns pour secourre les autres; et se tu n'as plenté de chevaliers seurhabondans bateilleurs, miex vaut que tu faces ta bataille plus courte, mais que tu metes plusors en aydes par derrieres, car tu dois avoir entour le mylieu dou champ de tes poonniers tous armés, batilleurs trés esleüs, de cui tu faces ton coing et rompes tantost l'ost de tes anemis; et dois avoir gardes contre l'ost de tes anemis⁶, de tes chevaucheurs as glaives et a haubers qui ayent avec yaus des poonniers legierement armés par cui il convient que tu avironnes les eles de tes anemis.

XVIII. — *Li XVIII*ᵉ *chapitres est en quel lieu li premiers dus doit estre et en quel li secons et li tiers.*

Li dus qui greigneur pooir a en l'ost seult estre en la destre partie entre les chevaucheurs et les gens a pié,

---

1 fundat. — 2 si cuneus sit agendus aut forfex. — 3 cuneum vel forficem. — 4 se *AB* — 5 universa turbabis. Si globus hostium separatus aut alam tuam aut partem aliquam urguere coeperit, nisi superfluos habeas, quos contra globum possis obponere, sive pedites sive equites de acie tuleris, dum alia vis defendere, alia periculosius denudabis. — 6 circa cornua.

car cis est li liex ou toute l'ost est gouvernez et de cui on prent le cours droit et dellivre. Et pour ce est il issi entre les uns et les autres qu'il puisse par conseil de radeur¹ et par auctorité amonester les chevaliers et les poonniers a la bataille. Cil doit par ses cevauceeurs seurnombrés, c'est a dire seurhabondans², et par bons pooingniers avec, averonner la senestre corne de ses adversaires qui est contre lui et contraindre les tous jours par derriere. Li secons dus est en mi la bataille des poonniers, qui la soustient et afferme. Cist doit avoir avec soi les plus fors et les miex armez de ces pooigniers seurhabondans dont il face une tourbe aussi comme .I. coing³, dont rompe l'ost de ces adversaires, et se li adversaire ont ausi fait coing, qu'il reface .I. autre maniere de coing que on appelle forfis, par coi il puisse aler contre cel coing. En la senestre partie de l'ost doit estre li tiers dus, preux et batillierēus, car la senestre partie soustient la destre corne des anemis et est la plus griés a deffendre, car elle est aussi comme voie as anemis⁴. Cist doit avoir entour soi .L. bons chevaliers sorhabundans⁵ et poonniers trop isniaus dont il estende et eslargisce sa senestre corne qu'ele ne soit avironnee de ces anemis. Mais li cris de l'ost, qu'il appellent barit, ne doit pas estre levez devant que les batailles soient jointes ensamble, car il n'apartient fors as fols et as pereceus et as couars⁶ braire de loins, et si sont plus espoenté li anemi quant l'oribleté dou cri vient aveuc les cops des glaives et des javelos⁷. Et tous jours te dois estudier a ce que tu ordenes avant

---

1 consilio regere. — 2 c'est a dire seurhabondans *m. lat. Cf. Priorat, v.* 6935. — 3 ex quibus aut ipse cuneum faciat. — 4 quia sinistra pars difficilior est et velut manca in acie consistit. — 5 hic circa se bonos equites supernumerarios. — 6 imperitorum enim vel ignavorum. — 7 des glaives et des javelos = telorum.

ton ost que tes adversaires le sien¹, car tu pues lor ordener a ta volenté ce que te sanble pourfitable a faire endementes qu'il n'i a qui te nuise; enprès ce tu² en acrois hardement a tes gens et en apetices la fiance et la seürté³ de tes aversaires. Car il samble que cil soient plus fort qui premierement s'apareillent a assalir, et li adversaire s'en commencent nes a espoenter quant il voient ost ordener contr'eulz, et de ce vient trés grans profis, quant tu qui bien es ordenez et près sorprens ainsi ton anemi pooureus et tremblant, et si es⁴ grant partie de la victoire de trobler son anemi avant que l'en s'en combate fors seulement en sorvenues, en aguès⁴, en soudains encontres, par acunes acoisons, de coi li dus bien aüsés se puet tous jours moult bien garder.

XIX. — *Li XIXe comment on se puet deffendre de la force et dou barat a ses anemis.*

Quant li adversaire sont las de cheminer ou quant il sont devisé par trespassemens de flueves ou quant il sont soppris de palus et de marois⁵, ou quant il travaillent a monter tertres et montaingnes⁶, ou quant il cuident estre asseür as chans larges⁷ et dorment en lor manoirs, lors les fait il bon assaillir; car endementes qu'il entendent en lor autres besoignes, il sont avant ocis qu'il puissent estre apparaillié de yaus deffendre⁸. Mais se li adversaire sont sage et que on ne lor puet

---

1 que tes adversaires le sien *m. lat. Cf. Priorat, v.* 7015. — 2 enprès ce tu *m. lat.* — 3 *De même* et la seürté. *Cf. Priorat, v.* 7027. — 4 *De même* en aguès. *Cf. Priorat, v.* 7051. — 5 de palus ou de marois = paludibus. — 6 in jugis montium laborantibus. — 7 in campis sparsis atque securis. — 8 præparare se possit.

faire nul aguet, lors se convient igaument combatre a yaus, si comme il sont present, sachant et voiant. Et toutes voies ne vaut pas moins as sages l'art de batillier en ceste presente bataille¹ es agais, et convient moult prendre garde que tes gens soient avironnés de la multitude de tes anemis² par la senestre corne³, si comme il avient souvent, nes par la destre, mais ce seult a tart venir. Et se ce t'avenoit, .i. remede i a; car tu dois savoir lors et replier et arondir la corne de la bataille⁴, si que li tien en eus retournant deffendent les dos de tes compaignons, mais en l'angle par derriere⁵ doivent estre mis trés fors batilleur, car par la seult on faire la plus grant empainte. Derechief encontre le coing ou le berçuel⁶ des anemis puet l'en aler par certainnes manieres : coings ou berçuex⁷ est apelés une multitude de poonniers qui est ajoustee a l'ost et est premierement plus estroite et puis va en alarguissant et ront les ordres des adversaires, car iluec viennent javelot de pluseurs en .i.⁸, et ceste maniere apelent li chevalier teste de porc, et contre ceste maniere de bataille en font il une autre que il apelent forfis, et la metent il trés bons chevaliers qui s'espartent⁹ .i. pou et rechoivent cel berçuel et l'encloent d'une part et d'autre, et quant ce est fait, cis berceus ne puet rompre la bataille. Enprès serre¹⁰ ou sie rest apelee une autre maniere de bataille que on fait de plus preus batilleurs, et est mise devant le front des anemis pour restablir la bataille, se elle est avant tourblee. Monchiaus¹¹ ou tropeaus rest une maniere de tourbe qui se depart de

---

1 aperto conflictu. — 2 a multitudine hostium aut a vagantibus globis, quos dicunt drungos. — 3 ab ala cornuque sinistro. — 4 alam cornumque. — 5 in angulo ipsius extremitatis. — 6 le coing ou le berçuel = cuneum. — 7 coings ou berçuex = cuneus. — 8 in unum locum. — 9 nam ex lectissimis militibus in V litteram ordo conponitur. — 10 serra (scie). — 11 globus (peloton).

sa bataille et par une sorvenue court sus as anemis [1], et contre cestui revient [2] uns autres tropeaus plus pueplés et plus fors. Et te dois garder que tu ne remues tes ordenes el tans que tu dois batillier et que tu n'ostes les uns de lor liex pour mettre as autres. Car confusions et temoutes en naisteroient tantost, et plus legierement s'i embateroient lor anemy, quant il verroient ciaus desconrés et desordenés.

XX. — *Ci parole li XX*[e] *chapitres en quantes manieres on doit faire bataille et comment cil qui au desous sont puissent avoir victoire.*

Sept manieres [3] sont de batailles, dont l'une est quant les enseingnes s'entrehurtent d'une part et d'autre, a ost quarré et a front lonc, si comme on seult faire prés que tous jours et comme on fait encore; mais cil qui sont sage des armes ne tiennent pas ceste coustume a trés bonne, pour ce que li ost i est estendu en trop longue espace, ne on ne trueve pas tous jours champ ouel pour combatre, ansois y a souvent fossés [4] et valees ou aucunes courveüres, et par tel mal pas [5] est souvent la bataille rompue. Outre, se tes adversaires a plus grant multitude de gens que tu n'as, il porra achaindre la bataille au costé destre ou a senestre, dont moult grans perils est, se tu n'as hommes seurhabondans qui keurent au devant et soustienent la force des anemis. En ceste maniere se doit combatre tant seulement cil qui a plus de batilleurs et de plus fors pour avironner son anemi en l'une et en l'autre corne et enclore ausi comme el saint de son ost.

---

1 globus autem dicitur qui a sua acie separatus vago superventu. — 2 remet *A B* — 3 genera vel modi. — 4 hiatus aliqui in medio. — 5 in eo loco.

La seconde maniere est bestorte et meillour au pluseurs. Et se tu ordenes par cest convenable lieu de bateilleurs bien preus¹, se tu estoies neis tourblés par la multitude et par la force de tes anemis, toutes voies em porroies tu avoir victoire, et tel en est la maniere. Quant les batailles ordeneez viennent por assambler, lors tu desseveras ta senestre bataille ² plus loing de la destre de ton anemy, si que gavelos ne saietes ne puissent avenir, et joindras ta destre bataille ³ a la senestre de tes anemis et la commenceras tu premierement a batillier, si que tu assailles au bons chavauceeurs et au bons poonniers bien esprouvés la senestre ele a coi tu es joins, et va entour ⁴ en boutant et en courant tant que tu veingnes as dos de tes anemis; et se tu pues une fois d'iluec cachier tes anemis par l'avenement des tiens, certainement tu aras victoire, et l'autre partie de ton ost que tu aras seurtraite de ton anemy demorra seüre ⁵. Et se tes adversaires t'a ce fait premiers, tu assambleras lors a ta senestre corne tes hommes a cheval et a pié, que je t'avoie apelés seurnombrés ou seurhabondans ⁶, qui devoient estre mis emprès la bataille, et ainsi porras contrester a ton anemy par grans forces et ne seras pas arriere boutés par son art.

La tierce maniere de combatre est sanlable a la seconde, mais en tele est ele pire que tu ne commences a combatre par ta senestre corne encontre la destre de ton anemy, car li cors est ausi comme esclenchiés et plus foibles ⁷, et par plus grant grevance assalent lor anemis cil qui se combatent a la senestre partie, et de ce te dirai plus appertement. Se tu as aucune fois ta senes-

---

1 paucos strenuos. — 2 alam. — 3 alam. — 4 adgrediaris atque circumeas. — 5 *Après* secura durabit, *il y a* : ad similitudinem autem A litterae vel libellae fabrilis acies in hoc dimicandi genere conponuntur. — 6 ou seurhabondans *m. lat. et Priorat.* — 7 quasi mancus impetus est eorum.

tre bataille moult meilleur, lor y ajoing de tes plus fors hommes a cheval et a pié, et a l'assanbler ajoing premierement la tiene senestre a la destre de ton anemy, et te hastes tant comme tu porras de bouter arriere et de avironner ton anemy [1]. Et l'autre partie de ton ost, ou tu seis que tu as les pieurs batilleurs, dessevre moult et esloingne de la senestre de tes anemis, si qu'ele ne soit pas esquellie de glaives et que li gavelos ne puissent venir a lui, et si te dois garder que ta bataille ne soit rompue de travers par le berçuel de tes anemis. Et par ceste maniere se combat on en .I. seul cas pourfitablement, c'est se tes aversaires a la corne destre plus foible, et tu saches que tu aies la senestre plus fort.

La quarte maniere est tele : quant tu averas ordené tes batailles par l'espace de .IIII^c. ou de .v^c. pas, avant que tu parveingnes a ton aversaire, il convient, avant qu'il s'en puisse appercevoir, que tu esmueves soudainement ambedeus tes eles, si que tu constraingnes soudainement d'une partie et d'autre tes anemis a fuïr, et lors averas plus ignelement victoire. Mais ja soit ce c'on vainque tost par ceste maniere de bataille quant on a bons batilleurs bien aüsez et fors, toutevoies est elle perilleuse, car cil qui ainsi se combat est contrains a desnuer sa bataille [2] et a deviser en .II. parties son ost, et se tes anemis n'est vaincus a la premiere empainte, il a achoison d'avoir [3] les cornons departis et le milieu desgarni de la bataille.

La quinte maniere est sanlable a la quarte, mais tant y a plus qu'ele met la legiere armeüre et les archiers devant la premiere bataille pour deffendre que li anemi ne le puissent rompre, car ele assaut enssi par la destre corne la senestre de son anemi et par la senestre la

---

1 adversarii dextram partem pellere et circumire. — 2 mediam aciem. — 3 invadat : *au lieu d'avoir, il y avait sans doute envaïr dans le ms. qui a servi à notre copiste : ce qui modifie complètement le sens.*

destre, et se cachier les puet, tantost vaint; et se ce n'avient, au mains la bataille dou milieu n'est pas en peril, car la legiere armeüre et les archiers devant la premiere bataille ¹ la deffendent.

La sizime maniere est trés bone et près que sanlable a la seconde, et de celle usent cil qui se desespoirent dou nombre et de la force de lor gens, mais c'il les ont bien ordenés, ja soit ce qu'il soient plus peu, toutevoies ont il souvent ² victoire; car quant la bataille ordenee aproche as anemis, tu dois lors joindre ta corne destre a la senestre de tes anemis et commencier a batillier par chevaliers trés bien esprouvé(e)s et par trés igniaus poons, mais l'autre partie de ton ost eslonge moult de la bataille de tes anemis et l'estent toute droite a la sanblance d'une hanste, et quant tu avras commencié a treschier de costé et au dos la senestre partie de ton aversaire ³, sans doute ele s'en fuira, ne li aversaires n'i puet secoure ⁴ par le milieu de son ost ne par sa destre corne, car la bataille est estendue ausi comme une ligne longue droite ⁵ et se depart trés loing des anemis, et par ceste maniere se combat on souvent es chemins.

La septisme maniere es tele qu'ele aide as autres batailles par l'avantage dou siege del lieu ⁶. En ⁷ ceste maniere, ja soit ce que tu aies plus peu de gens et mains fors, porras tu soustenir ton anemy, c'est, se tu as ⁸ d'une part ou montaingne ou mer ou flueve ou lac ou cité ou palus ou quelque lieu ruiste par ou tes anemis ne puisse venir, que tu ordenes ta bataille longue et droite ⁹, mais en celle partie qui n'a point de garni-

---

1 devant la premiere bataille *m. lat. Cf. Priorat, v. 7415.* — 2 semper. — 3 *Certains textes portent* verdis. — 4 laborantibus subvenire. — 5 tota se porrigit ad similitudinem I litterae. — 6 loci beneficio adjuvat dimicantem. — 7 Et *A.* — 8 habes; vas *A.* — 9 reliquum exercitum tuum directa acie ordines.

son met tous jours ceaus a cheval et les legieres armes[1]; lors si te combatras seürement a ta volenté contre ton anemi, car la nature dou lieu te garnist d'une part et d'autre près ke double force que de chevaucheeurs. Et ce refait moult a garder, car nulle chose est mellor de ceste; c'est que de quelque partie que tu voelles premierement batillier [2], que tu y mettes tous jours des miex vaillans de tes bateilleurs, car victoire seult bien estre faite a poi de gent, mais qu'il soient par bien sage duc ordené en tels lieus comme pourfis et raisons le requiert.

XXI. — *Li XXIe devise que on doit aucune fois doner voie de fuïr as anemis, pour ce qu'il seront plus legierement vaincu en fuiant que en combatant.*

Pluseur qui ne connoissent pas l'art de chevalerie quident plus tost venir a victoire [3] s'il pueent avironner lor adversaires ou par lieus estrois ou par multitude d'ommes a armes, si qu'il ne puissent trover issue pour fuïr. Mais hardement croist as enclos par la desesperance, et quant esperance faut dou tout, paours prent ses armes, et volentiers veut morir avec autrui en soi venjant qui certains est qu' morir le convient. Et pour ce fu loee la sentence Scipion qui dist : « N'estoupons pas a nos anemis la voie par ou il s'en puissent fuïr. » Car quant li courage [4] de tous se sont acordé a tourner les dos et il voient le lieu ouvert par ou il

---

1 ferentarios. — 2 sive dextro cornu solo pugnare volueris, ibi fortissimos ponas, sive de sinistro, ibi strenuissimos conloces, sive in medio facere cuneos volueris, per quos acies hostium rumpas, in cuneo exercitatissimos ordines bellatores. — 3 pleniorem victoriam. — 4 mentes, *qui, dans le cas présent, ne peut pas être traduit par* courage.

s'en puent fuïr, maint i sont tronsonné a guize de bestes ¹, ne cil qui les encauchent ne sont pas en peril, car li vaincu ont trestourneez les armes dont il se pooient deffendre, et par ceste meniere, com plus est grans la multitude, plus y en a d'ocis et plus legierement, ne la ne doit on ja faire force de nombre, quant les corages sont une fois espoentés, [ne] ne desirent pas tant a eschiver les coups de lor anemis comme il les redoutent a veoir es visaiges; mais cil qui sont enclos, combien qu'il soient peu de gent et foible ², au mains sont il pareil a lor anemis, car desesperance lor fait assavoir qu'il ne puent autrement eschaper que par yaus deffendre ³, car esperance de nulle sauveté est la seule sauveté as vaincus ⁴.

XXII. — *Le XXIIe, coment on doit partir de ses anemis se on n'a pas conseil de combatre.*

Puis que toutes choses sont dites ci devant que raisons de chevalerie doit garder par experiment et par art, une chose remaint encore a enseignier, c'est comment on se doit departir de ses anemis quant on n'a mie conseil de combatre ⁵. Car cil qui sont sage en la discipline de bataille ⁶ tesmoignent qu'il n'a point aillours de plus grant peril, car cil qui se part de la bataille ansois que on assamble apetice la fiance de ses hommes et acroist le hardement de ses anemis. Mais pour ce qu'il convient ceste chose souvent avenir, il affiert a

---

1 inulti (*lu* multi) more pecudum trucidantur. — 2 infirmi viribus. — 3 quia desperantes sciunt aliud sibi licere non posse. — 4 car esperance de nulle sauveté est la seule sauveté as vaincus *m. lat. (c'est le vers de Virgile :* Una salus victis nullam sperare salutem). *Cf. Priorat*, v. *7599-7602.* — 5 quant on n'a mie conseil de combatre *m. lat. Cf. Priorat*, v. *7603-7604.* — 6 disciplinae bellicae et exemplorum periti.

dire comment ce puet clerement estre fait et seürement. Il convient premierement que ti[1] homme ne sachent pas que tu t'en partes pour ce que tu n'oses assambler, mes croient qu'il soient rapelé par aucun art pour assaillir lor anemis en plus convenable lieu pour avoir plus tost victoire, ou quant lor aversaire les ensievront que on lor face embuscheïs et aguès en lieus secrés[2]. Car tost sont apparaillié de fuïr cil qui sentent lor duc cheoir en desesperance, et si dois tu moult eschiver que ti anemy ne puissent appercevoir ton desperement, qu'il ne te keurent sus tantost. Pour ce misrent pluseur les chevaucheurs devant les hommes a pié et les faisoient courre sa et la pour ce que li anemi ne puissent veoir les poonniers departir. Lors fourtraioient et rapelloient arriere toutes lor batailles celeement par parties l'une emprès l'autre, en commençant des premiers, et li autre demoroient en lor ordenes dusques a tant qu'il les avoient tous hostés et que li daerrain se joingnoient a ceaus qui daerainement s'en estoient parti. Et aucuns qui avant avoient espiés les chemins s'en partoient par nuit a tout lor ost, si que lor anemi ne s'en peüssent comprendre quant il seüssent a l'ajourner qu'il se fussent ensi parti avant[3]. Emprès ce il envoioient avant les legieres armes as tertres, pour ce que li ost i fust soudainement receüs a seür; et se li anemi les vausissent ensivir, il estoient aresté par legiere armeüre et par chevaucheurs qui avant avoient le lieu pourpris. Car nulle chose n'est plus perilleuse a ceus qui folement cachent que embatre soi en aguès ou es lieus que lor aversaire ont avant pourpris[4]. Lors est li tans ou on y puet convena-

---

1 tui. — 2 secretiores conlocentur insidiae. — 3 die orta cum intellexissent, non possent conprehendere praecedentes. — 4 nihil enim periculosius existimant quam si inconsulte insequentibus ab his qui in subsessa fuerint vel qui ante se paraverint, obviétur.

blement aparaillier aguès, car li anemi sont plus hardi encontre les fuïans et sont en mendre cure de garder yaus¹, mais sans faille il seult tous jours avoir en plus grant seürté plus grant peril, car on seult faire souvent sorvenues et assaus² a ceaus qui ne sont pas apparaillié ou qui menjuent ou dorment³ ou sont si las de cheminer ou qui paissent lor chevaus ou n'ont pas souspesson que on les puisse de riens grever⁴, et tels perilz devons moult eschiver et penser comment nous porrons par teles occoisons destruire nos anemis; car a cels qui sont ensi seurpris ne vertus ne multitude de pueple⁵ ne lor puet aider. Et cil qui est vaincus en commune bataille, ja soit ce que art i puisse moult valoir, toutes voies puet il a son courous acuser fortune; mais cis qui est soppris par aguès et par embussemens ne se puet escuser de blasme, car ce puet il eschiver et tout savoir par convenables espies avant. Quant on se depart, tels baras seult estre fais : par le droit chemin poi de chevaucheurs cachent, et bone compaingnie et fors⁶ est envoïe par autres lieus par coi il viennent a la compaignie des anemis, et li chevaucheur qui les cachent les envaïssent legierement et les assaient et delaient et puis s'en partent⁷. Lors cuident li fuitis estre asseür et que tuit li aguet soient trespassé⁸ et se deslient par lor negligence sans cure de peril. Adonc y seurvient la fors compaignie qui estoit anvoïe avant par le chemin repost et les seurprent si qu'il ne s'en donnent garde. Et pleuseur, quant il se departent de lor anemis et il convient aler par bois ou par aucuns liex estrois, il envoient avant pour le pas

---

1 de garder yaus *m. lat. et Priorat.* — 2 *De même* et assaus. — 3 *De même* ou dorment. — 4 ac nihil tale suspicantibus. — 5 de pueple *m. lat. Cf. Priorat, v. 7444.* — 6 valida manus occulte. — 7 ubi ad agmen inimicorum pervenerint equites, temptant leviter atque discedunt. — 8 ille credit quicquid insidiarum fuerat praeterisse.

pourprendre et pour savoir que on ne lor ait fait aguès ne embuschemens¹, et après ce il estoupent les voies d'arbres trenchiés² pour tolir a lor aversaires pooir d'iaus ensivir. Et certes l'une partie et l'autre a tous jours en chemin près que commune occoison d'apparaillier aguès, car cil qui vait avant puet laissier après soi ses aguès et ses embuscheïs³ ou en convenables valees ou en montaignes boceuses, et porra retourner illuec pour aider a ces hommes quant ses anemis est cheüs dedens, et cil qui cache puet par diverses⁴ sentes envoier au devant de loins gens fors⁵ et isneles pour arrester a aucun trespas l'anemi qui s'en fuit, et le puet ausi dessevoir et enclorre devant et derriere ; ou quant li aversaire dorment de nuis, cil qui s'en est fuïs avant puet retourner par barat⁶ et cil qui cache puet aussi par barat seurvenir. Et quant il convient trespasser flueves, cil qui se sont avancié⁷ et mis au devant pour assaillir ceaus qui sont passé premier, endementres que li autre sont encore a l'autre rive, cil qui cachent se pueent haster et assaillir⁸ et tourbler ciaus qui passer ne pueent⁹.

XXIII. — *Ci enseigne li XXIIIe chapitres la maniere des chamex et des chevaliers couvers.*

Aucunes nacions el tans des anciens menerent chamex en ost, si comme Urcilien en Aufrique, et pluseur autres¹⁰ les mennent encore. Iceste maniere de bestes

---

1 si per silvas ituri sunt, praemittunt qui angusta vel abrupta occupent loca, ne ibidem patiantur insidias. — 2 arboribus... quas concaedes vocant. — 3 et ses embuscheïs *m. lat. et Priorat.* — 4 aversis. — 5 expeditos. — 6 par barat *m. lat. et Priorat.* — 7 se sont avancié et mis au devant = praecedit. — 8 et assaillir *m. lat. Cf. Priorat, v. 7875.* — 9 nondum potuerunt. — 10 vel ceteri Mazices.

vaut moult en terre pontueuse¹ et puet moult souffrir de soif, et s'ele trueve les chemins couvers de poudre par le vent, toutes voies les set elle bien et droitement tenir et bien li an remembre quant autre fois les a alés². Li chevalier armé³, pour les garnemens qu'il ont, ne sont pas legierement navré, mais il sont legier a prendre pour l'empeschement dou fais des armes. Si puent mettre, quant il sont asseür, lor armeüres sor les chamex, et lors il se doivent tenir ou milieu de l'ost, non pas aû chief, ne a la fin⁴.

XXIV. — *Ici enseingne li XXIIIIe chapitres comment on doit contrester en ost as olifans, ne as charettes et as chars.*

Li rois Antyocus et Mitriades si menerent en bataille chars armés⁵, qui aussi comme il en firent premerement grant paour o lor anemis, aussi en furent il après moult gabé, car charettes ne char⁶ ne truevent pas tous jours plain champ, et par empeeschement legier puent estre retenu, et quant .I. de lor chevaus est ocis ou navrés, il les convient demorer. Mais li chevalier roumain en firent maint perir par cest art, car quant il venoient a la bataille, li Roumain semoient soudainement par tout le chan tribles, c'est a dire chardons, cauketreppes⁷, par

---

1 harenis. — 2 vento vias absque errore dirigere memoratur. Ceterum praeter novitatem, si ab insolitis videatur, inefficax bello est. — 3 catafracti equites. — 4 *Après* sed propter inpedimentum et pondus armorum capi faciles, *le texte latin porte :* et laqueis frequenter obnoxii, contra dispersos pedites quam contra equites in certamine meliores, tamen aut ante legiones positi aut cum legionariis mixti, quando comminus, hoc est manu ad manum, pugnatur, acies hostium saepe rumpunt. — 5 quadrigas falcatas. — 6 currus falcatus. — 7 c'est a dire chardons, cauketreppes *m. lat. et Priorat; c'est donc une addition de copiste.*

coi les charettes courans cheoient et estoient destruites, et est tribles uns instrumens fais de .IIII. piés ou de. IIII. broches¹ teles que en quelconques meniere que on les gette, il est en estant sus les .III.² et li quars remaint dreciés pour nuire as trespassans.

Li olifant espoentent et³ tourblent es⁴ batailles les hommes et les chevaus par la grandeur de lor cors, par la hydour de leur brait, par la nouvelleté de leur fourme. Li roys Pyrrus les amena premierement en Lucane contre l'ost des Roumains, et puis Hanibal en Aufrique, et li roys Antyocus en Orient et Jugurtha⁵ en Numide⁶; si ont esté diverses manieres pourpensees de contrester a tels bestes. Car [.I.] centurion meisme en caupa a s'espee la main a .I. de ces olifans⁷, c'est a dire le nés, que on apelle le bouel⁸. Et joignoient .II. chevaus armés⁹, a une charette, et li homme qui dedens estoient¹⁰ dressoient encontre les olifans lons piés¹¹, et estoient si garni de fer que li archier qui les bestes portoient ne les pooient blecier, et eschivoient la adeur des bestes par le isneleté des chevaus. Li autre envoierent contre les olifans chevaliers armés¹² qui avoient en lor bras et en lor hyaumes ou en lor espaules grans aguillons de fer pour ce que li olifans ne peüst prendre ne retenir¹³ les bateilleurs venans contre lui. Li ancien ordenerent especialment que jovencel legierement armé, haligre de cors, alassent contre les olifans, et il sirent sus trés bons chevaus, et dresçoient

---

1 ou de .IIII. broches *m. lat.* — 2 tribus radiis. — 3 espoentent *m. lat. Cf. Priorat, v. 7943.* — 4 les A. — 5 Virgutta. — 6 in Numidia copiosos habuerunt. — 7 *B ajoute avec raison* en Lucane. — 8 manum, quam promuscidem vocant. — 9 catafracti qui (bardés de fer). — 10 insidentes clibanarii (cuirassiers). — 11 sarisas, hoc est longissimos contos. — 12 catafractos. — 13 ne retenir *m. lat. et Priorat.*

gavelos a l'encontre¹. Et quant li cheval couroient dejouste les bestes, il les ocioient as plus larges lances et as plus grans gavelos, et les navroient ou ocioient², et avec ce fondeeur a diverses manieres de fondes³ lor getoient pierres reondes et destruizoient et tourmentoient les Indiens qui les olifans menoient et les tours qui desus yaus estoient, et c'est la chose qui miex y puet valoir. Aveques ce quant les bestes venoient ausi comme pour rompre l'ost, li chevalier leur faisoient voie tant qu'elles fussent entrees el milieu de l'ost; lors les avironnoient de toutes pars d'ommes armés et prendoient sans blecier les bestes et leur maistres avec⁴; et faisoient grans arbalestes⁵ pour geter plus loing et plus forment⁶ et les metoient seur .II. charettes a .II. chevaus ou a .II. muls, et quant les bestes s'aprochoient d'iaus, li arbelestier les ocioient par les dars et par les javelos, mais il vaut miex toutevoies venir encontre yaus par glaives a larges fers⁷ pour faire plus grant plaies el cors. Nous avons raconté contre les olifans pluseurs examples et pluseurs manieres d'engiens pour savoir comment on doit a si grans bestes contrester au besoing.

Ci enseing[n]e le XXVe chapitres que on fera se li ost s'en fuit tous ou en partie.

Or est a savoir que se partie de l'ost vaint et partie s'en fuit, on ne doit pas pour ce desesperer, car la fermeté et

---

1 praecipue tamen velites antiqui adversum elefantos ordinaverunt. Velites autem erant juvenes levi armatura et corpore alacri, qui ex equis optime missibilia dirigebant. — 2 *Après beluas occidebant, il y a* : Sed crescente audacia postea collecti plures milites pariter pila, hoc est missibilia, in elefantos congerebant eosque vulneribus elidebant, *qui n'est pas traduit*. — 3 cum fustibalis et fundis. — 4 convenit ordinari. — 5 carroballistas. — 6 vehementius spicula. — 7 latius... et firmius praefigitur ferrum.

l'estableté dou bon duc puet bien mettre en soi et en ses gens esperance de victoire [1], et en maintes batailles est avenu que cil qui estoient au desous venoient puis au desus quant il ne se desperoient pas [2], car en toutes senlables condicions croit on tous jours que cil soit li plus fors qui ne s'esbaudit pas, ne ne se desconforte quant il li meschiet [3]. Or doit donques li bons dus, puis que li anemi s'en sont parti [4], queillir le champ, c'est a dire prendre les despoulles [5] et premiers resbaudir soi et ses gens [6] par cris et par buisines. Car par ceste meniere [7] espoentera il ses anemis et doublera fiance et hardemens [8] a ces gens aussi comme il fust vainquieres de toutes pars. Se par aucun cas avient li meschiés seur tout l'ost [9], fortune toutevoies a maintes fois mis remede; si i convient lors mettre conseil et [10] querre medecine tel. Lors doit donques li sages dus soi maintenir [11] en commune bataille par tel cautele que s'il li meschiet selonc la diversité des batailles ou des humaines condicions qu'il dellivre les vaincus sans grant damage, car s'il ont tertres près d'yaus ou garnison derriere lor dos et partie de lor gent s'en fuit ou se trait arriere, se li plus fort homme et li plus vaillant se mettent o lui a deffense contre lor anemis [12], il sauveront yaus et les leur, car bataille confuse et desconfite [13] a mainte fois rapareillies ses forces quant elle veoit ses anemis esparpilliés et folement [14] encauchier et les ocist. As esjoissans ne seult nulle fois avenir nul plus grant

---

1 cum in ejusmodi necessitate ducis constantia totam sibi possit vindicare victoriam. — 2 et pro superioribus sunt habiti qui minime desperarunt. — 3 fortior creditur quem adversa non frangunt. — 4 Après parti B ajoute avec raison premiers. — 5 de caesis hostibus spolia. — 6 soi et ses gens m. lat. et Priorat. — 7 hac fiducia. — 8 et hardemens m. lat. Cf. Priorat, v. 8074. — 9 omnis in acie fundatur exercitus, perniciosa clades. — 10 mettre conseil et m. lat. — 11 configere. — 12 si ceteris abscedentibus fortissimi quique restiterint. — 13 confuse et desconfite = fusa. — 14 passim.

peril que quant ¹ la fierté qu'il ont moustree se tourne en paour, mais comment que la chose aviegne, on doit requeillir ciaus qui sont remanant et radrecier a la bataille par convenables amonestemens et regarnir d'armes, et lors doit on querre et eslire noviaus bateilleurs et novelles aydes et faire, se on puet, une chose qui moult pourfite, c'est assavoir querre novelles acoisons ² de courre sus a ses anemis soudainement par aguès repos ³, et ainsi est hardemens recouvers. Et bien est lors et lieus et tans de ce faire ⁴, car pour bonneürtés sont li cuer des homes plus haut et plus orguellieus et mains se guetent de peril. Et quelconque resgarde cest derrain cas, il se doit penser que entre les aventures des batailles, li commencement sont près que tous jours contre ceaus qui ont au daerrain la victoire ⁵.

Ci parole li XXVIᵉ chapitres qui enseigne rieulles generaus de batillier.

Par tele condicion et par tele maniere doivent toutes batailles estre menees a fin ⁶. Tu dois tous jours faire ce qui est pourfitable a toi et nuisant a ton anemi et penser que ce qui li aide te nuise tous jours. Nous ne devons faire nulle fois ne moustrer sanblant de faire chose qui plaise a l'anemi ⁶, ains devons ce faire seulement que nous cuidons que nous doie pourfiter. Tu commences estre contre toi se tu fais pour toi ce qu'il fait pour soi, et ainsi s'il fait pour soi ce que tu fais pour toi, il fera contre soi meismes.

En bataille qui plus veillera as champestres et a

---

1 cum ex subito. — 2 novelles *m. lat.* Loiaul achoison, *dans Priorat, v. 8150.* — 3 per occultas insidias impetus faciendus. — 4 nec oportunitas defit. — 5 quibus victoria debebatur. — 6 in omnibus proeliis expeditionis condicio talis est. — 6 *Ms.* ton a.

ce que on doit faire et plus traveillera as chevaliers
aüser et faire hanter les armes ¹, il soustendra mains de
peril.

Tu ne dois nulle fois mener chevalier en bataille que
tu ne le connoisses avant par experiment ou par mesaise
ou par sorvenue ou par paour.

Miex vient il vaincre son anemi par fain ² que par
bataille, en coi fortune seult plus avoir de pooir que
vertus.

Li mellour de tous les consaus sont cil qui sont avant
fait que li aversaires les sache.

L'achoison seult plus aidier en bataille que vertus.

Grans seürtés est et grant fiance ³ d'atraire et de ressevoir ses anemis s'il viennent en loyauté, car plus grievent et froissent ⁴ l'aversaire li fuitif que li ocis.

Miex vient enprès la bataille garder pluseurs aides
que ses chevaliers espandre plus largement.

A paines puet estre vaincus qui vraiment puet jugier
de ces forces [et des forces] de son anemi ⁵.

Plus ayde vertus que multitude.

Plus ayde liex que vertus ne que force ⁶.

Nature engendre poi d'ommes fors; sages en fait pluseurs par bonne doctrine.

Ost pourfite par travail et devient pereceus ⁷ par
oiseuze.

Ne maine jamais chevalier en commune bataille, se
tu ne vois avant qu'il ait esperance de victoire.

Soudaine choses espoentent les anemis; les choses
aüseez tiennent pour vils.

---

1 in bello qui plus in agrariis vigilaverit, plus in exercendo
milite laboraverit; *les mss.* ont qui plus vaudra as lais ch. — 2 par
fain; *c'est une répétition de* mesaise (inopia). *Cf. Priorat, v. 8215.*
— 3 grans seürtés est et grant fiance = magna fiducia. — 4 grievent et froissent = frangunt — 5 de suis et de adversarii copiis;
deses forces et des forces de son anemi B. — 6 *Dans les mss.,*
plus ayde, *etc. est mal placé.* — 7 consenescit.

Qui folement o gens espandues chace ces anemis, il voeut donner a ces anemis la victoire qu'il meïsmes a receüe.

Qui ne s'est avant garnis de froment et de ce qui mestier a en ost, il est vaincus sanz fer.

Cil qui vaut miex par multitude et par force se doit combatre a front quarré ; c'est la premiere maniere.

Qui non pareil et foible [1] se sent assaille ou boute [2] de sa destre corne la senestre de son anemi, et c'est la seconde maniere.

Qui sent qu'il ait sa senestre elle trés fort, envaïsse la destre de son anemi ; c'est la tierce maniere.

Qui sent qu'il ait chevaliers trés aüsés en l'une et en l'autre corne, il doit ygaument commencer bataille ; c'est la quarte maniere.

Qui a trés bones gens a pié, envaïsse l'une et l'autre corne de son annemy et y mete les legieres armeüres, les fondeeurs, les archiers et les arbalestiers devant la bataille [3] ; c'est la quinte maniere.

Cil qui ne se fie ne el nombre ne en la force de ces chevaliers, s'il se combat, il doit de sa destre ele bouter la senestre de son anemy et estendre ses autres gens au lonc a la semblance d'une haste ; et c'est la sizime maniere.

Cil qui se sent mains garni de nombre et de force de gens [4] doit avoir en l'un des costés de son ost ou montaigne ou cité ou mer ou flueve ou aucun autre secours.

Cil qui plus se fie en ses gens a cheval [5] doit querre liex plus convenables a chevaucheurs et doit la besoingne plus mener par ceaus a cheval.

---

1 non pareil et foible = inparem — 2 assaille ou boute = pellat. — 3 et y mete les legieres armeüres, les fondeeurs, les archiers et les arbalestiers devant la bataille = ferentariis ante aciem constitutis. — 4 infirmioresque habere se novit, septimo modo ex uno latere. — 5 qui confidit equitatu ; cil qui plus ne se fie A.

Cil qui plus se fie en ses gens a pié¹ doit querre lieu que lor soit convenables² et faire la chose plus par yaus que par ceaus a cheval³.

Quant li espierres des anemis se va tapissant par les herberges, on doit commander que tuit aillent a lor paveillons par jour ; lors sera tantost conneüs et pris⁴.

Quant tu saras que tes consaus sera descouvers a tes anemis, il te convient lors cangier ton pourpos⁵ et autrement ordener.

Tu dois traitier avec pluseurs ce qu'il doit estre fait, mais de ce que tu feras conseille t'en a trés poi de gent ou a trés loyaus, ou miex est neis que nus ne le sache que tu meïsmes⁶.

Paours et paine chastient les chevaliers es ostiex ; esperance et loiers les font meillors en ost.

Li bon duc ne se combatent pas a bataille commune, fors par aucune bone occasion ou pour grant besoing.

Grans sens est de constraindre son anemi plus par fain que par fer.

En quelle maniere tu dois combatre ne sachent ti anemy, pour ce qu'il ne s'efforcent a contrester par aucuns remedes.

De chevalerie sont plusor commandement, mais comme li pourfis en soit en l'uzage de hanter, en la maniere des armes et en la noblesce des chevaus, je n'en voel riens plus queillir des livres, car la presente doctrine puet bien souffire.

Or sont donques devisees, empereres vainquieres, les choses prouvees par experimens en divers tans que li trés noble aucteur ont mis en memoire, pour ce que (se) a la science de traire des ars, de coi li Persien se mer-

---

1 qui confidit pedestribus copiis; cil qui plus ne se fie *A*. — 2 aptiora loca peditibus; lieus plus convenables a gent de pié *B*. 3 que par ceaus a cheval *m. lat. Cf.* Priorat, *v. 8332.* — 4 et statim deprehenditur explorator. — 5 mutationem mutare te convenit. — 6 fidelissimis vel potius ipse tecum.

viellierent en la maniere que tu en as¹, et a la science et
a la biauté de chevauchier, dont la nation² des Hunains
et des Alains te vaudrent ressanbler s'il peüssent, et a la
isneleté et a la legiereté de courre³, dont nuns Sarrazins ne nus Yndiens n'en est pareus a toi, et au hanteïs
de l'armeüre que tu as, et dont a toi li maistre dou
champ s'esjoïssent avoir pris example⁴, fust jointe la
rieule de bateillier, mais li ars meïsmes et la science⁵ de
victoire querre, en coy tu as moustré par vertu et par
l'ordenance ensanble de la chose commune office d'empereur et de chevalier.

Ci commence li prologues dou quart livre.

La vie champestre et desaournee des homes el commencement del siecle fu premerement dessevree de la
communité des bestes mues par la composicion des
cités, et du commun pourfit des cités resseut son non la
chose commune; et pour ce les trés poissans nascions
et li prince sacré ne quiderent qu'il fust nulle plus grant
gloire que de fonder novelles cités ou de mettre lor
nons as cités que li autre avoient ja fondees en acroissant les, et en ceste euvre la debonairetés de lor hautesce lor sanbloit trés grans vertus⁶, car par les autres
ou peu de cités ou par aucune augurie seule⁷ ont esté
fondees; mais par ta pitié ont esté fondees et parfaites
cités sans nombre et par si grant travail qu'il ne sanble
mie qu'elles soient tant faites par main d'ommes comme
par devine volenté. Tu sormontes tous les empereurs

---

1 in serenitate tua. — 2 nature *A*. — 3 a la isneleté et a la legiereté de courre = ad currendi velocitatem. — 4 pro parte exempla.
— 5 li ars meïsmes et la science = artificium. — 6 in quo opere
clementia serenitatis tuae obtinet palmam. — 7 ab illis enim
paucae vel singulae.

par ta boneürté, par atemprance, par chaisté, par example, par pitié de pardonner, par amour d'estudies. Nous resgardons et tenons les biens de ton regne et de ton cuer qui sont tel que li eages trespassés desira ces biens a avant avoir et li eages avenir desirra qu'il soient pardurablement estendu par acroissement. Et par ces choses est tant venu de bien et d'onneur [1] par tout le monde, de coi nous nous esjoïssons, comme pensee d'omme puet requerre ou la grace de Dieu doner. Mais bien enseigne Rome [2] combien la cousteuse fasçon [3] des murs a tenu de pourfit par les ordenances de vostre debonnaireté, quant elle garda le salu et la vie des citoiens par la deffense de la tour dou Capitoile pour ce qu'ele tenist plus glorieusement après l'empire de tout le monde. A l'acomplissement donques de l'oevre que je ai receüe par le commandement de vostre majesté, je dirai par ordene [4] les raisons traites de divers aucteurs par coi les cités [5] puent estre deffendues ou celes de nos anemis destruites, n'il ne me pesera pas de mon travail, car ce seront choses qui profiteront a tous.

Ci commencent li chapitre dou quart livre.

Comment les citez doivent estre garnies par nature ou par oevre.

Pour coi on ne doit pas faire les murs drois, mais angleus.

Coment moncel de terre soient joint as murs.

Des couvertures des portes que feus ne lor nuise.

De faire fossés.

---

1 de bien et d'onneur = tantum — 2 Roma documentum est; bien enseigneroit *AB*; *mais voyez le texte de Priorat, v. 8580.* — 3 elaborata constructio. — 4 ordener *AB*. — 5 nostrae civitates; les citez que nous tenons *B*.

Que les saietes des anemis ne puissent blecier les hommes as murs.

En quel maniere on doit pourveoir que fain ne puisse grever as assegiés.

Quel maniere des choses on doit aparaillier pour deffendre les murs.

Que on doit faire se nerf ou cordes [1] faillent.

Que on doit faire que li assiegé ne sueffrent mesaize d'yaue.

Se sel faut.

Que on fera se on vient as murs au premier assaut.

Le nombre [2] des engiens de coi on assaut les murs.

Dou mouton, de la faus et dou limesçon [3].

Des vignes, des puis [4] et dou terrail.

Des muscles [5].

Des tours mouvables.

Comment la tour mouvable puist estre arse.

Coment hautesce soit ajoustee as murs.

Coment on fuet sous terre si que li engien ne puent nuire.

Des escieles, de la sambuque et de exostre et dou toullenon.

Des arbalestes, des trebuchès et des autres engiens [6] par coi li murs est deffendus.

Coment coutellas, lou, coulombes ou piler pesant [7] valent encontre les moutons.

Les connins par coi on effondre les murs ou perce la cité.

Que cil dedens doivent faire se li anemi entrent par force en la cité.

---

1 ou cordes m. *lat. Cf. Priorat, v. 8421.* — 2 enumeratio. — 3 testudine (tortue). — 4 vineis (mantelets); pluteis (parapets); *le traducteur avait sans doute lu* puteis. — 5 musculis (galeries d'approche). — 6 de ballistis, onagris, scorpionibus, arcuballistis, fustibalis, fundis. — 7 culcitae, laquei, lupi, columnae.

Coment on se doit garder que li anemi ne pourpreignent le mur par larrecin.

Quant on fait aguès a ceaus dedens.

Que cil dehors doivent faire que cil dedens ne lor nuisent par aguès.

Par quel maniere d'engiens la cité soit deffendue.

Comment la mesure soit queillie a faire les eschieles et les engiens.

Les commandemens de bataille faire par navie.

Les nons des juges qui gouverneront les nés.

Pour coi et dont les nés sont apelés liburnes.

Quele entente on doit mettre a faire les liburnes.

Quant et comment on doit cauper la matere.

En quel moys on doit taillier les trés.

De la maniere des liburnes.

Les nons et le nombre des vens.

En quel moys on naige plus seürement.

De garder les signes des tempestes.

Quels choses on doit avant connoistre.

Des flos de la mer [1].

De la connoissance des lieus et des gouverneurs des nés.

Des dars et des engiens des navies.

Comment on doit mettre aguès en bataille faite par navie.

Que on doit faire quant on se combat par aperte bataille en yaue et en nez [2].

I. — *Li premiers chapitres parole comment les cités doivent estre garnies par nature ou par oevre.*

Scités (*sic*) et chastel sont garni par nature ou par

---

1 de aestuariis, hoc est de rheumate. — 2 bellum navale committitur.

art ou par ces .ii. manieres ensanble, mais ceste daerraine maniere de garnison est la plus fors ; par nature, si comme par lieu haut, ou tel que on n'i puet pas legierement entrer, ou qui est avironnez de mer ou de palus ou de flueves ; par art, comme de fossés ou de murs fais par main d'omme [1]. En yceli lieu qui est fors par le benefice du liu naturel, est quis li consaus de celui qui esleut tel lieu, mais el lieu plain est quis li sens dou fondeeur. Nous veons trés anciennes cités si assises es plains chans que ja soit ce que aydes des lieus lor fausist, toutes voies estoient elles si fortes par art et par oevre que eles eschapoient d'estre vaincues.

II. — *Li II chapitre devise pour coi on ne doit pas faire les murs des cités drois, mais angleus.*

Li ancien ne vaurent pas l'enchainte dou mur faire droite, pour ce qu'il ne fust abandonnés as coups des engiens [2], ains closrent les cités en getant lor fondemens par courbes bestortes [3], et fisrent tours plus espesses es angles, pour ce que se aucuns vausist drescier eschieles ou engiens as murs par tele ordenance faite [4] qu'il fust empressez ou ausi comme enclos [5] non pas tant seulement de front, mais de costé et près que par derriere.

III. — *Li IIIe comment monciaus de terre soit mis as murs.*

A ce que murs ne puisse estre quassés, on le doit ainsi faire. On fait par dedens .ii. parois, l'une loing de l'autre par l'espace de .xx. piés ; emprès ce, la terre

---

1 manu fossis ac muro. — 2 arietum. — 3 anfractibus. — 4 fait *AB*. — 5 in sinu circumclusus.

qui est traite des fossés est mise entre .II. et est bien chauchie et batue forment [1], et soit la premiere paroit plus basse par avenant et la seconde soit mendre assés, si que on puisse dou plain de la [cité] [2] monter as barbacannes du mur, ausi comme on feroit par degrés en tornoiant [3]. Car murs qui par terre est affermez ne puet estre rompus par nul engien [4], et se les pierres en sont destruites par aucun cas, si se tient contre les assaillans la terre [5] cauchie entre les .II. parois en liu de mur.

IV. — *Li IIIIe chapitre [enseigne] a couvrir les portes, que feus ne leur nuise de nulle part.*

Après ce on prent garde que les portes ne soient arses par feu mis desous, pour coi on les doit couvrir de cuirs ou de fer, mais miex i vaut ce que li ancien trouverent, c'est que devant la porte soit ajouté une barbacanne, une deffense [6], et a l'entree ait une porte couleïce qui pende a aniaus de fer et a cordes, si que se li anemi y entrent que on la laisse cheoir et qu'il soient clos et estaint. Et soit toutevoies seur la porte li murs ordenez en tel maniere qu'il y ait pertruis par coi on puisse geter yaue d'en haut qui estaigne le feu, se on le met desous.

V. — *Li quins chapitres, pour coi on doit faire fossés entour les cités et entour les chastiaus.*

On doit faire devant les cités fossés larges et parfons, si qu'il ne puissent legierement yaue perdre [7] ne estre

---

1 inter illos mittitur vectibusque densatur. — 2 de plano civitatis. — 3 quasi clivo molli usque ad propugnacula possit ascendi. — 4 ullis arietibus. — 5 moles. — 6 une deffense *m. lat. et Priorat*. — 7 coaequari.

empli par les asseegeurs, et quant il commenceront a seuronder des yaues, qu'il ne sueffrent pas que li aversaire puissent par desous terre [1] la conniniere continuer, car en .II. maniere en est empeschie l'uevre de sous terre, c'est par la parfondesce des fossés et par la crestine des yaues.

VI. — *La* (sic) *VIe chapitre devise comment les saietes des anemis ne puissent nuire ne blecier a ciaus dedens.*

On redoute que multitude d'archiers, en espoventant les deffendeeurs des barbacannes, n'i mettent eschielles et pourpregnent le mur ; mais encontre ce doivent pluseur avoir es cités cuiries et escus. Emprès ce doubles deffenses sont tendues encontre, comme sac et haires et autres choses flecisables [2], qui ressoivent les coups des saietes, car gavelos ne passe pas legierement chose qui fuit et flote. Et ont encore trouvé autre remede, car il faisoient cloyes de fust [3] et les emploient de pierres, et par tel art estoient mis[es] entre .II. deffenses que se li anemis i montast [4] et dont touchast a aucune partie des cloyes, qu'il trebuchoit les pierres sus sa teste.

VII. — *Li VIIe devise comment feus ne puisse nuire as assegiés de nule riens.*

Moult de manieres sont de assaillir et de deffendre que nous mettrons après en lieus convenables. Mais or est assavoir que .II. manieres sont d'asseoir, c'est a dire

---

1 par desous terre *m. lat. Cf.* Priorat, v. *8754.* — 2 et autres choses flecisables *m. lat. Cf.* Priorat, v. *8781.* — 3 crates facerent, quas metallas vocaverunt. — 4 per scalas ascendisset.

d'assegier¹. L'une est quant li aversaires, par ses aydes² ordonez en lieus convenables, deffent que li enclos ne puissent avoir yaue ou quant il a esperance qu'il se rendent par fain³, quant il leur a tollu pooir d'issir et d'entrer, car par cest conseil il oiseus et seürs lasse⁴ son annemi. Et, en ces cas, cil qui ont les viandes et les norreteures, quant il sont hurté neis d'aucune legiere souspesson, il les doivent par trop grant entente cueillir et mettre⁵ dedens les murs, pour ce que vitaille lor habonde et que lor aversaire soient contraint a departir dou siege⁶ par mesaise. Et doivent faire lart, c'est a dire char salee, non pas tant seulement de porc, mais de toutes manieres de bestes qui ne puent estre gardeez⁷, si que le fourment souffise par l'aide de la char. Oysiaus compaignables⁸ sont norri es cités sans despens et sont pourfitable pour les malades. De pastures a cheval se doit on aussi garnir, et les choses que ne porront estre aporteez ens soient arses, et doit on assambler vin et vin egre⁹ et toutes autres manieres de blez et poumes et tous autres fruis¹⁰, ne ne doit on riens laissier dehors¹¹ que puisse pourfiter as anemis. Et bien amoneste raisons que on gaaigne et labeure les jardins des maisons et les autres places dedens les murs¹², car il y a pourfit et delit. Mais poi vaut avoir amassés (et) moult de biens, s'il ne sont dès le commencement attempreement despendu par bons maistres et raisonnables et par mesure¹³. Onques ne furent mort de fain ne perillié¹⁴ qui en habondance de grans biens

---

1 d'asseoir, c'est a dire d'assegier = obsidendi. — 2 praesidiis. — 3 quando omnes prohibuerit commeatus. — 4 fatigat. — 5 cueillir et mettre = collocare. — 6 dou siege m. lat. — 7 inclusum servari. — 8 aves cohortales (de basse cour). — 9 acetum; vigne AB; vin aigre dans Priorat, v. 8865. — 10 ceterarumque frugum vel pomorum. — 11 dehors m. lat. — 12 hortorum cura in viridariis domorum vel areis. — 13 dimensione salubri per idoneos erogatio temperetur. — 14 periclitati sunt fame.

les commencerent a garder¹ par mesure. Et souvent ont estié mis hors des portes homme et fames qui n'avoient pas aage ne force de batillier², pour ce que li autre qui les murs deffendoient ne fussent a point de mesaise.

VIII. — *Ci parole li VIII*ᵉ *chapitre quels choses on doit appareillier pour deffendre les murs de la cité.*

On doit apparaillier ciment³, souffre, poys clere, oyle ardant que on appelle feu grijois⁴, pour ardoir les engiens as anemis; et pour armeüres faire doit on garder fer et assier et charbon⁵ et doit on garder ausi fust⁶ pour faire hanstes et saietes et autres instrumens⁷. Et sont cueillies⁸ des flueves pierres reondes pour ce que sont plus pesans et mellours a geter, dont les tours et li mur sont raempli, les petites pour geter a la main et as fondes et as menus engiens⁹, les grosses pour geter as trebuchès et as perrieres¹⁰ et les trés grans de poys et de fourme roulable sont mises es barbacannes et es deffenses¹¹, non pas seulement pour acraventer les anemis desous¹², mais neis pour froissier leur engiens. Et sont aussi forgies roes trés grans de fust vert ou de trés fors arbres; li ancien en faisoient chevrons et les planoient pour miex rooulier¹³, qui en

---

1 frugalitatem inter copias servare. — 2 inbellis quoque aetas ac sexus propter necessitatem victus portis frequenter exclusa est. — 3 bitumen. — 4 oleum, quod incendiarium vocant. — 5 carbones servantur in conditis. — 6 ligna necessaria. — 7 et autres instrumens *m. lat.* — 8 diligentissime colliguntur. — 9 ad fundas sive fustibalos vel manibus. — 10 majora per onagros diriguntur. — 11 barbacannes et es deffenses = propugnaculis. — 12 ut demissa per praeceps non solum hostes obruant subeuntes. — 13 intercisi ex validissimis arboribus cylindri, quas taleas vocant, ut sint volubiles, laevigantur.

escourloujant en bas suelent espoventer par lor soudains bruis ¹ les anemis et lor chevaus. Et convient avoir trez et tables et clos ² de diverse grandour tous près, car par autres engiens seut on contrester as engiens des anemis, meïsmement quant ³ on doit ajouster hautesce as murs ou as barbacannes, que les tours mouvables des anemis n'asperissent par desus et pregnent la cité.

IX. — *Ici enseingne li IXᵉ chapitre que on doit faire se nerf ou cordes faillent.*

Il convient cueillir par grant estude grant foison de ners et de cordes ⁴, car les arbalestes ⁵ ne li autre engien, s'il ne sont tendu par ners ou par cordes ⁶, il ne pourfitent riens. Et toutevoies dist on que soies de keues et de crins a chevaus sont pourfitables as arbalestes ⁷, et sans doute chavel de femme n'ont pas mains de vertus en yceste manere d'engiens. Et ce fu bien esprouvé a Rome au besoing, car quant li Capitoilles fu assegiés et li engien furent rompu et les cordes usees par lonc travail, et comme nerf et cordes lor fussent failli ⁸, les dames offrirent lor crins ⁹ a lor maris batillans, de coi il rapareillierent lor engiens et bouterent arriere le roide assaut de lor anemis. Car les chastes femes vaudrent miex a tous lor chiés enlaidis ¹⁰ vivre franches avec lor maris que en lor enterine biauté servir a lor anemis. Et est pourfitable chose de cueillir cornes et cuirs crus a rapparaillier les cuiries et les garnemens et les autres engiens.

1 subito impetu. — 2 clavos ferreos. — 3 subitis operibus. — 4 de ners et de cordes = nervorum. — 5 onagri vel ballistae. — 6 funibus nervinis (cordes à boyau). — 7 ballistas. — 8 corruptis ugi ac longa fatigatione tormentis, cum nervorum copia defecisset. — 9 abscisos crines. — 10 deformato ad tempus.

X. — *Ci enseingne le Xe chapitre que on doit faire que li assegié ne suefrent mesaise d'yaue.*

Grans pourfis est a cité quant il y a dedens fontaignes ou yaues¹, et se nature ne les i donne, on y doit faire puys de quelque hautesce dont il puissent traire l'yaue a cordes. Mais aucune fois sont li lieu sec et garni de roches et de montaignes, seur que li chastel assis trueven[t] hors des bas murs vaignes de fontaignes² et les deffendent des tours et des barbacannes par quarriaus et par saietes³, si que on y puet seürement aler et abevrer; et se la fontaingne⁴ est loing outre le trait d'un arc et soit el pendant de la cité, il convient faire .i. petit chastelet, que on appelle bourc, entre la cité et la fontaigne et mettre illuec archiers et arbalestiers pour deffendre l'yaue des anemis. Et avec ce en tous communs hosteus et en moult de privez lieus doit on faire⁵ cisternes pour recevoir les yaues de pluyes qui chient⁶ des maisons, car a paines puet on vaincre les assegiés par soif qui pueent avoir yaue tant seulement a boivre et sont aüsé d'avoir ent peu⁷.

XI. — *Le XIe chapitre [enseigne] que on fera se sel faut.*

Se la citez est près de mer et sel i faut, on puet prendre l'yaue de la mer et espandre en auges⁸ et en vaissiaus crueus et ouvers⁹ et mettre au soulail, et ele

---

1 cum perennes fontes murus includit. — 2 extra murum inferiores reperiunt fontium venas. — 3 par quarriaus et par saietes = destinatis telis. — 4 vena. — 5 diligentissime substruendae. — 6 effluunt; tient *A*. — 7 qui quamvis exigua aqua ad potum tamen tantum in obsidione sunt usi. — 8 agues *A*. — liquor ex mari sumptus per alveos aliaque patula vasa.

s'endurcist par la chaleur et se convertist en seel. Et se li anemy deffendent a avoir l'yaue, car ce puet bien avenir, on cueille ¹ aucune fois le menu sablon que la mers gette quant elle est esmeüe par vent [et le lave on en yaue douce] et la seche on au soleil et elle se convertist toutevoies en sel.

XII. — *Li XIIe chapitre [enseigne] que on fera se on vient au premier assaut au mur.*

Quant on appareille fort assaut as chastiaux ou a cités, il sont en peril d'une part et d'autre, mais comment qu'il aille de lor plours, plus i perdent de sanc li assaillant que li assailli ². Et cil qui convoitent assaillir les murs en abandonnant lor gent font as enclos double paour ³, c'est par cri de buisines et d'ommes entremellés en celle esperance qu'il se rendent; et lors, pour ce que cil qui ne sont pas acoustumé de tel chose ⁴ sont plus froissié par paour, se cil dedens s'esbahissent ⁵ pour ce qu'il n'ont pas conneü les experimens des batailles, li anemi ajoustent eschieles as murs et entrent en la cité; mais se par seürs hommes et chevalereus est boutés arrieres li premiers assaus, tantost croist hardement as enclos et se combatent sanz paour, par force et par art.

XIII. — *Ci devise li XIIIe chapitre les engiens a coi on assaut les murs de la cité ou dou chastel.*

On ajouste as murs lymaçons, moutons, faus, vignes,

---

1 colligunt et dulci aqua eluunt. — 2 majore obpugnantium sanguine exercentur luctuosa certamina. — 3 terrifico apparatu expositis copiis in spem deditionis formidinem geminant. — 4 de tel chose *omis A.* — 5 primo impetu stupentibus.

puis, terraux, muscles¹, tours, et de chascun dirons comment il sont fait et comment on en assaut et comment on s'en deffent.

XIV. — *Ci parole li XIIII⁰ chapitre qui enseingne comment on doit ouvrer dou mouton et de la faux et dou limaçon.*

Li limaçons est fais de bonne matere, de fortes tables² et est vestus de cuirs et de haires et d'autres choses moistes³ que li feus ne l'arde⁴, et a .I. tref dedens soi qui est afichiés a .I. fer courbe, et est apelé cis fers⁵ faus, pour ce qu'il est courbes a traire les pierres dou mur, ou li chief de ce fust est vestus de fer, et lors il est apelés moutons, ou pour ce qu'il a trés dur front a despecier les murs ou pour ce qu'il recule pour miex ferir, aussi comme fait li moutons, et est apelés limaçons ou limace⁶, a la samblance d'un vray limas. Car aussi comme li limas retrait une heure⁷ ses cornes, autre heure les reboute avant, aussi cis engiens retrait aucune fois cel tref, aucune fois le rempoint dehors pour plus forment ferir.

XV. — *Li XV⁰ chapitre qui devise la maniere des vignes, des puis et dou terrail.*

Vigne est uns engiens ou uns instrumens⁸ fais et lyés de legier fust, et a .VIII. piés de lé et .VII. piés de

---

1 plutei, musculi; terraus m. *lat. Cf. Priorat, v. 9129.* — 2 de materia ac tabulatis testudo contexitur. — 3 ciliciis centonibusque. — 4 moistes *omis A.* — 5 cis fers *est une addition de copiste.* — 6 limaçons ou limace = testudo. — 7 ses cornes = caput. — 8 vineas dixerunt veteres quas nunc militari barbarioque usu causias vocant.

haut et .xvi. piés de lonc. La couverteüre en est garnie¹
de tables et de cloyes; li costé sont hourdé de verges²,
que gavelos ne pierres ne les puissent percier, et par
dehors sont couvert de cuirs crus tous frois³. Icestes
vignes, quant il y en a pluseurs, on les joint ensanble
en ordene, et se tapissent hommes desous tout seür et
trespercent les fondemens des murs pour tresbuchier les.
Puis⁴ sont apelé uns instrumens fais a la samblance
d'un hyaume ou d'un vaissel parfont⁵, et sont tyssus de
verges et couvers de heres et de cuirs, et y a .iii. roeles,
dont l'une est el milieu et les .ii. as chiés, et les puet on
mener et apuyer vers cele part que on voet⁶, et li
assegeour qui desous se tapissent les traient près des
murs, et lors il, couvert⁷ par la garnison de ses engiens, tourblent par saietes et par fondes et par gavelos
et cachent des barbacannes tous les deffendeurs de la
cité, et pour ce qu'il y puissent plus legierement monter
par eschieles. Terrail est uns tertres haut, levés dehors
contre les murs, et est fais de terre et de fust pour geter
gavelos ou autres choses⁸.

XVI. — *Li XVI*ᵉ *chapitre devise la maniere des muscles.*

Muscles sont apelé mendre instrument de coi li ba-
teilleour couvert⁹ aportent pierres et terre sus, non pas
seulement pour emplir les fossés de la cité, mais pour
faire les durs et fermes¹⁰, si que les tours alans puissent

---

1 duplici munitione contexitur. — 2 vimine. — 3 extrinsecus
autem, ne inmisso concremetur incendio, crudis ac recentibus
coriis vel centonibus operitur. — 4 plutei. — 5 ad similitudinem
absidis contexuntur. — 6 in quacumque parte volueris admo-
ventur more carpenti. — 7 protecti; convient A. — 8 agger autem
ex terra lignisque extollitur contra murum, de quo tela jactantur.
— 9 protecti bellatores sudatum auferunt civitatis. — 10 sed
etiam solidant.

sanz empeschement estre jointes as murs, et sont apelés muscles par la samblance des muscles de mer, car aussi comme la muscle ayde¹ a la balaine, ja soit ce qu'elle soit mendre, ainssi cist menor engien ajousté as grans tours lor appareillent la voie et garnissent les chemins.

XVII. — *Li XVIIe chapitre devise la maniere des tours mouvables.*

Tours sont appelés une maniere d'engiens fais en sanblance de hautes maisons, et sont de trez et de tables conjoins, et pour ce que si grant oevre ne puisse estre arsse par l'embrasement des anemis, on les garnist trés ententivement de cuirs crus ou de materas; et les fait on larges selonc lor hautesce, car il ont aucune fois .xx.² piés de large en esquarrie, aucune fois .xl. ou .l. Et doivent estre cil engien si droit et si haut³ qu'il peussent seurmonter par lor hautesce non pas tant seulement les murs, mais neis les tours de pierre, et sont pluseurs roes mises au desous par art maniable, pour ce que par lor escolorgement soit esmeüe grandeur si large et si pesant⁴. Et certes la cités est en present peril, se ceste tour est ajoustee au mur, car ele ressoit pluseurs eschieles et en diverses manieres s'efforce d'entrer, car ele a par desous le mouton que par son empaindre destruist les murs, et en milieu a .i. ponc (*sic*) fait de .ii. trés liés⁵ de verges, et le getent soudainement hors par entre la tour et le mur, et par cel ponc issent hors de cele tour li bateilleur et trespassent en la cité et pourprendent les murs. Et es plus hautes parties de cele

---

1 auxilium adminiculumque jugiter exhibent. — 2 tricenos. — 3 si droit et si haut = proceritas. — 4 et si pesant *m. lat. Cf.* **Priorat**, v. 9321. — 5 saeptum.

our sont archier et arbalestier, et autre gent [1] qui par
glaives [2] et gavelos et par pierres accreventent d'en
haut les deffendeeurs de la cité ; et quant on puet a ce
venir, tantost est la citez prise, car de coi se puent cil
idier dedens qui se fioient en lor murs haus, quant il
esgardent soudainement [3] seur yaus plus haus encore
es murs de lor anemis?

XVIII. — *Li XVIIIe chapitre enseingne comment la tour alant soit arsse.*

Encontre cest peril si apert vient on en maintes
manieres : premierement s'il i a deffendeurs qui aient
fiance ne vertu en chevalerie, il s'en ist a .I. enpainte
. tropel d'omes armés qui boutent arriere par force
les anemis et de cel grant engien desrompent les cuirs
et les fus [4] et l'ardent; et se cil dedens n'osent issir, il
raient a l'engien [5] as gregneurs arbalestes maillès et
flariques enflambe[e]s dont il rompent les cuirs et les
utres couvertures de l'engien tant que la flambe soit
boutee dedens. Maillès [6] sont aussi comme saietes en
gros quarriaus [7], et la ou il s'aherdent, pour tant qu'il
tiegnent ardant, il ardent quanqu'il ataingnent. Flarique
st faite a la guise d'une hanste et est fichie par devant
n .I. fort fer [8] et est envolepee entre le fer et le fust [9]
de soufre, de pois roisine, de ciment [10] et d'estoupes et
d'oile ardant que on apele feu grijois [11], et quant elle
st envoie par la forte empainte [12], ele ront la garniture

---

1 et autre gent *m. lat. Cf. Priorat, v. 9355.* — 2 contis. —
soudainement *m. lat. Cf. Priorat, v. 9365.* — 4 de lignis. —
a l'engien *m. lat. Cf. Priorat, v. 9391.* — 6 malleoli. — 7 en
ros quarriaus *m. lat. Cf. Priorat, v. 9401.* — 8 praefigitur ferro.
— 9 tubum etiam et hastile. — 10 bitumine. — 11 oleo quod in
endiarium vocant. — 12 quae ballistae impetu destinata.

de la tour et se fiche ardant el fust et souvent art l'engien. Quant li anemi dorment, cil dedens avalent hommes a cordes qui portent feu en lanternes dont cil ardent les engiens, et puis les traient arriere seur les murs.

XIX. — *Li XIXe chapitre moustre comment hautesce soit ajoustee as murs de la ville.*

Emprès ce cil dedens en cele partie dou mur a coi li engiens s'efforce d'aprochier masonnent .I. autre tour de ciment, de pierres, de tieulles [1] et d'entableïs et la font plus haute, pour ce que la tour par sa hautesce ne puisse attaindre ne eschacier les deffendeeurs des murs [2], ne li engiens ne se puit aidier, et est de nulle value quant il est plus bas ; mais encontre ce suelent ajouster li assegeeur itel barat : premierement il font une tour qui sanble a estre plus basse que les barbacannes ou que les creniax [3] de la cité, et puis font secreement [4] une autre petite tournelle par dedens, et quant la grosse tour est ajointe as murs, il lievent tantost a cordes et a roes [5] la petite tournelle ; adonc en saillent hors hommes armé, qui par ce qu'ele est trop haute prendent tantost la cité.

XX. — *Li XXe chapitre parole comment on seult soustraire que li engien ne puissent nuire.*

Aucune fois metent cil dedens encontre l'engien qui vient trés bien lons et bien ferrés deffenses tels qu'il ne

---

1 lapidibus vel luto sive lateribus. — 2 ne defensores moenium desuper urbi ventura possit obprimere. — 3 les barbacannes ou les creniax = propugnaculis. — 4 secreto aliam de tabulatis ; secreement de tables B. — 5 trochleisque.

puet aprochier dou mur, mais quant la cités de Rodes¹
fu assaillie et assegie des anemis et il orent appareillié
par oevre de mains² une tour mouvable plus haute
que le mur et que la tour de la cité n'estoient, cil dedens i(l) trouverent tel remede³ : il firent par nuit sous le
fondement du mur le connin et crouserent par dedens
la terre, si que li anemi n'en sorent riens, dusques au
lieu ou la tour mouvable devoit estre amenee l'andemain et en getierent hors la terre, et quant li engiens fu
empains⁴ par ses roes et fu venus au lieu qui estoit
crousés desous la terre, ele ne pot soustenir si grant
fais, ains fui et s'abaissa si que li engiens ne pot dès lors
en avant ne estre joins au mur ne soi mouvoir d'iluec.
Et ainsi fu la cités delivree et li engiens demourés.

XXI. — *Li XXIᵉ devise la maniere des eschieles, de la sambuque et dou tollenon.*

Puis que les tours sont ajoustees as murs, li fondeeur
cachent et eslongent⁵ des murs les hommes par pierres,
li archier par saietes, li lanceeur par gavelos, li arbalestier par quarriaus de loing⁶, et quant il ont ce fait, il
drescent les eschieles et prendent la cité ; mais cil qui
montent par les eschieles sont souvent en grant peril,
si comme il appiert par l'example de Capanee, qui premierement trouva l'assaut des eschieles, qui de si grant
force y fu ocis par ceaus de Thebes que on dist qu'il
avoit estié foudroiés, c'est a dire tués de foudre⁷. Et
pour ce entrent⁸ li assegeur el mur des anemis par

---

1 Rhodiorum civitas. Prodes *AB*. — 2 par oevre de mains *m. lat. Cf.* Priorat, *v.* 9501. — 3 mechanici ingenio inventum est tale remedium. — 4 inpulsa. — 5 cachent et eslongnent = sub-movent. — 6 manuballistarii vel arcuballistarii sagittis, jacula-tores plumbatis ac missibilibus. — 7 ut extinctus fulmine dice-retur. — 8 penetrant; entrerent *AB*.

sambuque, par exostre et par tollenon. Sambuque est apelés .i. instrumens fais a samblance de harpe, car aussi comme il a cordes en la harpe, aussi sont cordes mises en .i. tref qui est mis [près] de la tour, qui lasche le pont d'en haut ¹ pour descendre au mur, et tantost issent bateilleur hors de la tour et passent par dessus cel pont et envaïssent les murs de la cité. Exostre est apelez li pons dont je vous ai parlé ci desus, qui de la tour est soudainement getez au mur. Tollenon est .i. autres engiens itels : il a .i. tref lonc, qui bien est fichiés en terre, et el sommet d'icelui est enlaciés .i. autres trés de travers, et est la moitié plus lons, et si est illuec par tel balance que quant on abaisse l'un chief l'autre se hauce. Or fait on donques .i. engien de cloies et de tables ausi comme une huce ² et met on dedens .i. peu d'omes armés et l'atache on a l'un des chiés de cel tref, et lors abaisse on l'autre chief par cordes, si que li engiens se lieve a toute la huce, ci que cil qui repost estoient en la huce sont ensi mis sor le mur ³.

XXII. — *Li XXIIᵉ chapitre, qui devise la maniere des arbalestes* ⁴, *des trebuchès et des autres engiens par coi on deffent les murs.*

Encontre ce se deffendent li assegié par arbalestes, par trebuchès et par escorpions, par mangonniaux, par fustilabes, par ars et par fondes. Arbalestes sont tendues par cordes nervues, et de tant comme ele a les bras plus lons, c'est a dire de tant comme ele est plus grant,

---

1 funes sunt qui pontem de superiore parte trochleis laxant. — 2 ausi comme une huce *m. lat. Cf. Priorat, v.* 9615. — 3 tunc per funes adtracto depressoque alio capite elevati inponuntur in murum. — 4 arbalestes *est une erreur pour* ballistae.

de tant gete ele plus loing les quarriaus [1]; et se ceste est atempree [2] et adrescie par hommes qui bien en soient aüsé et qui ont avant bien conneü sa mesure et son pooir [3], elle tresperce tout quanqu'ele fiert. Trebuchès est .I. engiens que on soloit apeler onagre, et gete pierres [4], et selonc ce qu'il est plus grans et plus fors, de tant les gette il greigneurs [5], et les tournoie en maniere de fonde, ne on ne trueve nule maniere d'engiens qui fiere plus forment de ces .II. Escorpions estoient apelés les petites arbalestes maniables [6], et sont ensi dites pour ce que eles ocient aussi comme en poingnant par quarrellès [7] petis et soutis. Des fustilables et des arbalestes et des fondes deviser et descrire [8] ce me sanbleroit paingne perdue, car il sont assés conneü par present uzage. Mais toutevoies les plus grans pierres que li trebuchès gete ne blescent pas tant seulement les chevaus et les hommes, ains froissent neis les engiens as anemis.

XXIII. — *Li XXIIIe capitre devise comment coutellas, lou, coulombes, piliers pesans [9] valent contre le moutoun* (sic).

Contre le mouton et les faus sont pluseur remedes. Il lient et estraignent de cordes coutes et materas [10] et les metent droit a l'encontre dou lieu ou li moutons doit ferir, pour ce que li coups dou mouton perde sa force par la mole matere et ne destruie pas le mur. [Li autre prennent a laz les moutons et par force d'ommes

[1] spicula. — [2] si juxta artem mechanicam temperetur. — [3] qui mensuram ejus ante collegerint. — [4] onager autem dirigit lapides. — [5] pro nervorum crassitudine et magnitudine saxorum pondera jaculatur, nam quanto amplior fuerit, tanto majora saxa... — [6] quas nunc manuballistas vocant. — [7] spiculis. — [8] deviser et descrire = describere. — [9] pesans *omis A*. — [10] aliquanti centones et culcitas funibus chalant; toutes *AB*.

les traient de travers le mur ¹] et les enversent avec les limaçons. Pluseur ont .i. fer endenté ² que il apelent lou et le lyent a cordes et puis en prendent le mouton et le tournent ou tiennent souspendu, si qu'il en pert l'empainte dou ferir. Aucune fois getent des murs roidement piliers et coulombes de marbre et froissent les moutons, et se la force est si grans que li murs soit perciés par les moutons et qu'il soit cheüs, car cis cas avient souvent, lors i remaint une tele esperance de salut que cil dedens despiecent les maisons et facent .i. autre mur par dedens, et se li anemi osent entrer entre les .ii. parois que il les ocient.

XXIV. — *Li XXIIIIe devise la maniere des connins par coi on effondre les murs et perce les fondemens des cités.*

Une autre maniere d'assaut y a que on fait par desous terre, qui moult ³ est secree, et est apelee connin, a la samblance des connins ⁴ qui fueent les cavernes sous terre et se reponent dedens. Aussi donques comme li Bessien quierent les vaines des metaus d'or et d'argent sous terre, aussi par multitude d'ommes et par grant travail cruese on et fuet la terre et quiert on voies par desous pour destruire la cité. Et cis baras vaut en .ii. maneres, car ou il trespercent par desous dusques en la cité et s'en issent de nuis par le connin et defferment les portes et metent lor gens dedens, ains que cil de la cité s'en apperçoivent, et les ocient ainssi de ceans en lor maisons, ou quant il sont venu dusques as fon-

---

1 *Ce qui est entre [ ] est emprunté à B, et traduit cette phrase du texte latin :* Alii laqueis captos arietes per multitudinem hominum de muro in obliquum trahunt et cum ipsis testudinibus evertunt. — 2 plures in modum forficis dentatum. — 3 moult *m. lat.* — 4 leporibus.

demens des murs, il fueent desous grant partie de la terre, si comme li murs se co[m]porte, et l'apuient et soustiennent des plus sès chevrons qu'il puent trouver, et ceste maniere d'apuier apelent il a Paris estagier, et le gardent ensi de trebuchier¹. Lors i ajoustent seremens et autres choses qui legierement ardent, et puis metent le feu dedens, mais il apparaillent avant lor bateilleurs, et quant li entableïs et li piler de fust sont ars, li murs chiet soudainement, et lors est deffermee et ouverte l'entree de la ville par la routure dou mur².

XXV. — *Li XXVe [devise] que cil dedens doivent faire se li anemi entrent par force en lor mur.*

Il apert par tant d'examples que on ne les porroit nombrer ne savroit³ que li anemi qui estoient entré es cités estoient ocis par ceaus dedens, et sans doute enssi lor en avient se cil dedenz ont pourpris les murs et les tours retenues et les plus haus lieus, car lors toutes manieres des gens, hommes et femmes et enfant⁴, les acraventent des fenestres et des maisons⁵ par pierres et par autres manieres de dars en alant par desous⁶; mais pour ce que li assegeour ne soustienent cest peril, il suelent ouvrir les portes de la cité, si que se il laissent l'assaut que il aient pooir de fouir, car necessités est une maniere de vertu et desperance⁷ aide en cel cas

---

1 adpositis siccioribus lignis ruinamque muri tumultuario opere suspendunt. — Et ceste maniere d'apuier apelent il a Paris estagier *n'a naturellement pas son équivalent dans le texte latin; il l'a dans Priorat, v. 9795.* — 2 muro subito corruente inruptioni aditus reseratur. — 3 innumerabilibus declaratur exemplis. — 4 omnis aetas ac sexus. — 5 tectis. — 6 inrumpentes. — 7 necessitas enim quaedam virtutis est desperatio. In hoc casu unum oppidanis auxilium est. *Le contre-sens commis par le traducteur résulte du changement de* est en *et avant* desperatio.

a ciaus dedens : c'est que se lor anemy entrent en la ville ou par jour ou par nuit, qu'il tiegnent les murs et les tours et montent es plus haus lieus et qu'il acraventent de toutes pars par rues et par places lor anemis embatus.

XXVI. — *Li XXVIe chapitre [enseigne] comment on se doit garnir que li anemi ne pourpregnent le mur.*

Li assegeeur se pourpensent forment¹ de barat et par fainte de desesperance se partent dou siege et s'en vont loing², mais puis que cil dedens qui dou barat ne se prendent garde, (et) se reposent emprès la paour et cuident estre asseür et ont laissié a veillier et a garder lor murs, il retournent quant il voient lor point en repos, par nuit et par tenebres, et drescent eschieles³ et montent seur les murs. Et pour ce convient il miex prendre garde quant li anemi s'en sont departi, et doit on faire es murs et es tours petis casiaus aussi comme loges a pastours⁴ qui deffendent en yver des pluyes et dou froit et en estié dou soleil guetes veillans dedens ; et suelent par usaige nourrir dedens les tours trés aigres et trés sages⁵ chiens, qui la venue des anemis sentent par odour et encusent par abai. Aussi les oes, qui ne sont pas mains sages⁶, demonstrent par lor cris les sorvenues des anemis⁷, car quant li François⁸ entrerent en la tour dou Capitoille de Rome⁹, il eüssent effacié le non des Rommains, se Manlius, qui par le cri

---

1 frequenter. — 2 desperatione longius abeunt. — 3 sed ubi post metum murorum vigiliis derelictis requieverit incauta securitas, tenebrarum ac noctis occasione captata cum scalis clanculo veniunt. — 4 petis casiaus aussi comme loges a pastours = tuguriola. — 5 sagacissimos. — 6 non minore sollertia. — 7 nocturnos superventus ; *les sourvenues de nuis B.* — 8 Galli. — 9 *de Rome est une addition.*

des oes s'esveilla, ne lor eüst contresté. Ha! merveilleuse diligence et grant¹ fortune, que les hommes qui tout le monde devoient mettre en servitude garda uns oisiaus!

XXVII. — *Li XXVII* [enseigne] *comment on doit faire aguès a ceaus dedens.*

On doit non pas seulement as sieges, mais en toutes manieres de batailles² diliganment enquerre et connoistre la coustume de ses anemis, car autrement ne puet on convenablement trouver comment on lor puisse appareillier aguès, se on ne seit a queles heures il se departent de l'entention de lor travail et a quels heures il se guetent mains. Il avient aucunes fois as vespres³ et maintes fois de nuis, aucune fois el tans de mangier, que li chevalier d'une part et d'autre se reposent pour leur cors aaisier et s'esparpeillent pour eaus esbanoier, et quant il ont en la cité commencié a ce faire, li anemi se partent dou siege malicieusement et par barat⁴, pour ce qu'il puissent enssi avoir meillour loisir de nuire a lor aversaires par la negligence de lor anemis meïsmes⁵. Et quant cist adversaire averont en ceste negligence tant demouré, sans paine et sans travail, qu'il seront encore devenu plus negligent que devant, lors reviennent soudainement li anemi et drecent engiens en apuiant eschieles as murs et prendent la cité. Et pour ce suelent mettre cil dedens pierres et roches⁶ et autres engiens seur les murs, et quant il leur con-

---

1 *De même* grant. — 2 in universo genere bellorum supra omnia. — 3 interdum medio die, interdum ad vesperas. — 4 malicieusement et par barat = astu. — 5 ut adversariorum neglegentiae licentiam tribuant. — 6 quae [neglegentia] ipsa inpunitate cum creverit. — 6 et roches *m. lat. et dans* Priorat.

vendra [courre] contre les aguès qu'il aient toutes prestes a main les choses qu'il deveront tournoier et lancier seur les testes de lor anemis.

XXVIII. — *Le XXVIIIe chapitre devise que cil dehors doivent faire que cil dedens ne lor nuisent par agueis n'en autre maniere.*

Tout en itel peril d'aguès sont li assegeeur par lor negligence comme sont li assegié ¹, car quant il attendent ou a mengier ou a dormir ou a oiseuse ou quant il sont espandu par aucune necessité, lors saillent hors soudainement cil dedens et les ocient tous despourveüs et ardent tous lor engiens ² et despiecent toutes les oevres qu'il truevent forgies a lor destruction. Et pour ce li assegeeur font une fosse plus loing de la vile que une arbaleste ne puet traire ³, et la hourdent et garnissent ⁴ non pas seulement de palis et de piex, mais neis de tourneles, pour ce qu'il puissent contrester a ceaus dedens s'il voloient issir, et ceste oevre est apelee loricle ou loreille⁵ ; et quant sieges est descris on trueve en hystoires citez avironneez de fosses qui sont ainsi apele[e]z ⁶.

XXIX. — *Li XXIXe chapitre devise par quels manieres d'engiens la cités soit deffendue contre lor anemis.*

Quant gavelos ou plommeez ou lances ou roes ⁷ ou

---

1 comme sont li assegié *m. lat. Cf. Priorat, v. 9995*. — 2 arietes, machinas ipsosque aggeres ignibus concremant — 3 ultra ictum teli fossam. — 4 hourdent et garnissent = instruunt. — 5 loriculam. — 6 invenitur in historiis loricula urbem esse circumdatam. — 7 veruta ; *parmi les variantes de l'édition de Lang, on trouve* vel rota, *ce qui donne lieu de croire que le ms. utilisé par Jean de Meun portait* vel rota *et ce qui explique la traduction* ou roes.

dars viennent de haut, il cheent plus forment et plus
roidement seur ceaus desous ; aussi les saietes getees
par ars [et les pierres] [1] geteez par mains ou par fondes
ou par autres engiens [2], de tant comme eles issent de
plus haut lieu, de tant fierent elles plus em parfont,
mais les arbalestes et les trebuchès, s'il sont trés diliganment atempré par hommes sages et aüsez [3], il rompent [4] toutes choses, ne nule vertu de nulle armeüre
ne puet encontre lor coups deffendre les bateilleurs,
car il suelent froissier et despecier en guise de foudre
tout quanqu'il fierent [5].

XXX. — *Le XXXe devise comment la mesure soit
cueillie a faire les eschieles et les engiens pour assaillir.*

Eschieles et engiens valent moult a prendre les murs,
se on les fait de tel grandeur qu'il seurmontent la hautesce de la cité, mais la mesure de la hautesce en est
en .II. manieres [6]. Car on lie ou fil ou ligneul [7] graile
et sans neus au chief d'une saiete, et quant la saiete
droitement traite vient a la hautesce dou mur, lors
par la mesure dou fil voit on combien li mur sont
haut, ou quant li solaux [8] gete l'ombre des tours et des
murs seur terre, on mesure lor espace de cel ombre [9], si
que li av[er]saire ne le sevent pas, et quant on a ce fait,
on trueve lors sans doute la hautesce des murs [10] de la
cité, comme on le sache par conte et par mesure de
chascune determinee hautesce [11] combien d'ombre elle
gette en loing.

1 plus forment et plus roidement = vehementius. — 2 sive fus-
ibalis. — 3 sages et aüsez = peritis. — 4 praecedunt. — 5 firent
AB. — 6 colligitur duplici modo; en .II. manieres cueillie *B*. —
7 ou fil ou ligneul = linum. — 8 sol obliquus. — 9 *Le ms.
porte à tort* nombre; ombre *B*. — *Après* umbrae illius spatium
mensuratur, *le texte latin porte* et umbra ipsius similiter mensuratur. — 10 des murs *omis A*. — 11 nemo dubitat ex umbra decem-
pedae inveniri altitudinem civitatis, cum sciatur quanto altitudo.

Or ai je devisé pour le commun pourfit les choses, si comme je cuit que li aucteur des ars bateillereuses ont mis en lor livres, pour assaillir ou pour deffendre les cités, et les coses avec qui par noviaus besoins ont esté trouvees et mises en usages¹, et encore amoneste je de rechief que on se gart avise[e]ment que mesaises de boivre ne de menger ne puisse sourdre, car a ceste mescheance ne puet on secourre par nul art, et pour ce enconvient il de tant plus assanbler des biens² dedens les murs comme on set combien li assegeeur porroient de tans a tenir les enclos.

XXXI. — *Li XXXIᵉ chapitre devise les commandemens des batailles faire par navie.*

Emperes vainquieres, je ai mis en escrit par le commandement de ta majesté les raisons des batailles faire par terre. Or me remaint encore a dire, si comme je cuit, cele partie de bataille que on fait par navie. Mais des ars de ceste bataille sont peu de choses a dire, car grant temps est ja passez que la mer est apaisie, et fait on ore batailles par terre contre les estranges³ nascions. Mais toutes voies les pueples des Rommains pour l'onneur et pour le pourfit de lor hautesce n'apareilloient pas navie pour besoing de temoute d'aucun especial tans⁴, ains l'avoient tous jours toute preste que besoins ne lor soursist aucune fois, car nuns n'ose assaillir ne faire tort au royaume ne au pueple qui est dellivres et prest de soi contrester et de soi venger. A Meschines⁵ donques et a Ravenne estoient chascunes legions avec lor navies, pour ce qu'il ne s'esloinassent

---

1 vel quae recentium necessitatum usus invenit. — 2 plura. — 3 barbaris. — 4 propter necessitatem tumultus alicujus classem parabat ex tempore. — 5 Misenum.

trop de la garde de la cité de Rome et pour ce que, se besoins fust, que sans demeure et sans soi tordre venissent a navie par toutes les parties dou monde, car la navie de Meschines avoit assés près de lui France [1], Espaigne, Moriaine, Aufrique, Egypte, Sardaingne et Sesile. Li navie de Ravanne avoit emprès lui Macedoine, Grece, la Mouree, Ponte [2], Orient, Crete, Cypre; toutes celes parties soloit elle droitement nagier, car es oevres bateillereuses seult plus valoir isneletés que vertus.

XXXII. — *Li XXXII*[e] *devise les nons des juges qui gouvernent les navies par la mer.*

As nés qui sont en Champaigne estoit maistres li prevos de la navie de Meschines [3], et celes qui estoient en la mer de Gennes [4] appartenoient au prevost de la navie de Ravanne, et avoit chascuns de ceaus .x. tribons sous lui, dont chascuns ert establis a sa compaingnie, et chascune nef avoit son maistre mariner [5], qui seur les autres offices [6], comme gouverneeurs, nageeurs, et neis as chevaliers aüser, metoient chascun jour cure et diligence grant.

XXXIII. — *Li XXXIII*[e] *pour coi et dont les nés sont apelés liburnes.*

Les provinces [7] furent en aucun tans moult puissans en mer, et pour ce furent faites diverses manieres de nés, mais comme Augustes se combatist en la bataille

1 Galliam — 2 Epiros, Macedoniam, Achaiam, Propontidem, Pontum. — 3 Misenatium. — 4 Ionio mari. — 5 nauarchos, id est quasi navicularios. — 6 qui exceptis nautarum officiis. — 7 diversae provinciae.

de Atice ¹ et Anthoines eüst esté vaincus et meismement par l'ayde des Liburniens, il parut bien lors par l'experiment de si grant bataille que les nés des Liburnes estoient plus convenables que nulles des autres, et par la samblance donques et par la retenance dou non fisrent li prince rommain lor navies a la fourme d'iceles. Liburne est une partie de la terre [de] Dalmacie et gist sous la cité Dyasderine ², et par l'example de cele region sont forgies les nés bateillereuses et sont apelees liburnes.

XXXIV. — *Li XXXIIII⁰ devise quele entente on doit mettre a faire les liburnes.*

Mais comme il convient en faire maisons prendre soi garde quel sablon et quels pierres on y doit querre, de tant doit on plus diliganment querre toutes les choses dont on fait les navies, comme il est plus grans perils se la nef est malvaise que se la maisons estoit. Donques de cyprès ou de pin sauvage ou dommesche et meismement d'arable ³ est faite la bone [li]burne, et la vient miex cloer de claux d'arain que de claus de fer, et ja soit ce qu'ill i samble a avoir plus grant despens, toutevoies est il chose provee que on y gaaigne plus, pour ce que elle dure plus, car l'enrouoilleüre degaste ⁴ les cleus de fer par le tens ⁵ et par l'umeur, mais li clau d'arrain gardent lor propre soubstance, nes es flos meismes.

1 actiaco proelio. — 2 ladertinae civitati. — 3 abiete. — 4 celeriter robigo consumit. — 5 tepore ; *quelques textes portent* tempore.

XXXV. — *Li XXXVe devise quant et comment on doit cauper la matere pour faire les liburnes.*

On se doit prendre garde que li arbre meïsmement dont les nés doivent estre faites soient caupé puis que la lune sera quinzime dusques a tant qu'elle soit .xxiie., car la matiere trenchie en ces .vii.[1] jours sans plus se garde de pourrir, mais cele qui est tranchie es autres jours, li ver le menjuent par dedens, neïs en celui meïsme an, et est tournee en poudre, et ce nous a bien enseingnié li ars meïsmes et li usaiges de tous charpentiers [2] chascun jour, et ce meïsmes connoissons nous par le resgart de nostre relegion que nous celebrons pardurablement par ces .vii. jours [3] sans plus, si come il pleut as anciens.

XXXVI. — *Li XXXVIe devise en quel maniere on doit taillier les trez pour faire les liburnes.*

Li tref seront taillié pourfitablement emprès le solstice d'esté, c'est en jungnet et en aoust et par l'equinocce d'autompne dusques as kalendes de janvier, car en ces moys seke et si se degaste [4] l'umour des choses [5], et pour ce sont li fust plus sès et plus fort. Et de ce meïsme se convient il garder [6] que on ne taille ne ne soiece pas les très si tost que li arbre sont abatu, et quant on les avra ou soiés ou tailliés, qu'il ne soient pas tantost mis en oevre [7], car li arbre encore neïs fort et enterrin, et puis neïs que on les aura soiés et devisés

---

1 octo. — 2 architectorum. — 3 his tantum diebus. — 4 et si se degaste *m. lat. Cf. Priorat, v. 10077*. — 5 des choses *m. lat.* — 6 cavendum ne continuo. — 7 statim ut sectae fuerint mittantur in navem; mis en oe *B.*

par tables, requierent il encore terme et respit a plus grant secheresse¹, car quant il sont mis vert en oevre et il ont sué et mis hors² lor humour naturel, il se retrahient et font crevaces plus larges, ne il n'est riens plus perilleus a nageeurs que d'avoir esbaees les tables de lor nés.

XXXVII. — *Li XXXVII*ᵉ *devise la maniere des liburnes.*

Si com il appartient a lor grandeur, les petites³ liburnes ont chascune une seule ordene d'aviron, celes qui sont .I. petit plus grant en ont .II., et celes qui sont de convenable mesure ont .III. ordenes de nageeurs ou .IIII. ou aucune fois .V. Mais de ce ne doit nus merveillier, car en la bataille actiene⁴, si comme on raconte⁵, coururent navies moult plus grans et qui neis avoient .VI. ordenes de nageeurs ou plus. Scafes, c'est a dire vaisselès o unes petites nés espierreces⁶, sont acompaignies as grans liburgnes qui ont près de .XX. nageeurs⁷ en chascune partie, et cestes apelent li Breton pyrates de mer⁸. De ceaus woida bien la mer Pompee, dont il ot grant honour a Romme et grant loenge⁹. Par ceste seult on faire seurvenues et aguès¹⁰ et aucune fois entreprendre les trespas des nés as aversaires et par estude de resgarder et connoistre¹¹ lor venue et savoir

---

1 solidae arbores et jam divisae per tabulas duplices ad majorem siccitatem mereantur indutias. — 2 ont sué et mis hors = exudaverint. — 3 minimae. — 4 actiaco proelio; anciene *A*, acticiane *B*. — 5 si comme on raconte m. lat. Cf. *Priorat*, v. 10417. — 6 c'est a dire vaisselès o unes petites nés espierreces m. lat. — 7 remiges. — 8 picatos; *quelques textes portent* pictas, picatas, picatos. — 9 de ceaus woida... et grant loenge *n'a son équivalent ni dans le texte latin, ni dans Priorat; c'est une interpolation.* — 10 commeatus. — 11 de resgarder et connoistre = speculandi.

qu'il beent a faire. Et toutes voies pour ce que les nés espieresses ne puissent estre tost entreprises[1], les voiles et les cordes en sont taintes d'une couleur de Venice qui est sanlable au floc de la mer. La cire neis dont il suelent cirer les nés taignent il en celle couleur, et li marinier et li chevalier aussi ont vestu robes de Venice, pour ce qu'il se puissent plus legierement, non pas seulement par nuit, mais neis par jour, respondre et tapir[2] quant il iront espier.

XXXVIII. — *Li XXXVIIIe devise les nons et les nombres des vens.*

Quiconques conduist ost a armes par navie, il doit avant connoistre les signes des estourbillons, car par tempestes et par flos ont esté souvant peries les nés plus griefment que par la force des anemis. Et en ceste partie doit estre ajoustee toute la sagece de philosophie[3], car la nature des vens et des tempestes est cueillie de la raison dou ciel. Et si comme sage pourveance deffent dou peril des tempestes marines ceus qui curieus en furent avant et qui bien s'en pourvirent, aussi negligence et deffaute de pourveance metent a mort chiaus qui negligent en furent et qui cure n'en orent[4]. Donques doit li ars des mariners premerement savoir et resgarder[5] le nombre et les nons des vens.

Li ancien cuidierent selonc l'ordenance dou siege des .IIII. cardinaus dou monde, c'est assavoir orient, occident, setemptrium et miedi[6], que de nulle partie dou ciel ne souflast nus vens fors seulement li .IIII. vent

---

1 candore prodantur. — 2 respondre et tapir = lateant. — 3 naturalis philosophiae. — 4 et pro acerbitate pelagi, sicut providos cautela tutatur, ita neglegentes extinguit incuria. — 5 savoir et resgarder = inspicere. — 6 juxta positionem cardinum.

principal, mais li derreniers eages, c'est a dire cil qui vindrent après¹, en i trouverent .xii. par experiment. Mais² pour ce que cist aucteur Aristotes et li poetes neis et diverses nascions avec nomment et ordenent diversement ces vens, et pour ce neis que je ne les sai pas proprement nomer en françois, je Jehans de Meun, translaterres de cest livre, ne voel dou tout ensivir ne les uns ne les autres, mais je vous nomerai et ordenerai des .iiii. vens principaus et de tous lor compaignons proprement lor nons en latin, si comme li Latin les noment ore communement et en ont fait vers que vous orrés ci après.

Li premiers des .iiii. principaus vens est apelés Eurus, et je cuit que li François l'apellent solaire, et vient d'orient, et a .ii. compaignons, dont li .i. a a non Vulturnus, qui li souffle a destre devers setemptrium, et li autres a a non Subsolanus, qui li soufle a senestre devers mydi. Li secons vens principaus, qui soufle contre le premier, a non Zephirus, et je cuit qu'il l'apelent mol vent, et vient d'occident, et a .ii. compaignons, dont li .i. a a non Favonius, qui li soufle a destre par

1 c'est a dire cil qui vindrent après m. *lat. Cf. Priorat*, v. 10533-10535. — 2 *Tout ce qui est compris entre* : Mais pour ce que cist aucteur, *jusqu'à* le ramanant du livre *est une traduction plus que libre du passage suivant de Végèce* : Horum vocabula ad summovendam dubitationem non solum graeca, sed etiam latina protulimus, ita ut ventis principalibus declaratis eos, qui ipsis dextra laevaque conjuncti sunt, indicemus. A verno itaque solstitio, id est ab orientali cardine, sumemus exordium, ex quo ventus oritur aphellotes, id est subsolanus; huic a dextera jungitur caecias sive euroborus, a sinistra eurus sive vulturnus. Meridianum autem cardinem possidet notus, id est auster; huic a dextera jungitur leuconotus, hoc est albus notus, a sinistra libonotus, id est corus. Occidentalem vero cardinem tenet zephyrus, id est subvespertinus; huic a dextera jungitur lips sive africus, a sinistra iapyx sive favonius. Septentrionalem vero cardinem sortitus est aparctias sive septentrio; cui adhaeret a dextra thrascias sive circius, a sinistra boreas, id est aquilo.

devers myedi, et li autres a a non Chorus, qui li soufle a senestre par devers septentrium. Li tiers vens principaus a non Auster, et je cuit qu'il l'apelent pluger, et vient devers myedi, et a .II. compaignons, dont li .I. a non Affricus, qui li souffle a senestre par devers occident, et li autres a nom Nothus, qui li soufle a destre par devers orient. Li quars vens principaus a non Boreas, que li François apelent byse, et vient de septemtrium et soufle contre myedi, et a .II. compaingnons, dont li uns a nom Circyus : cis li soufle a senestre par devers orient ; li autres a non Aquilon et li soufle a destre par devers occident. Vesci les vers dont je vous ai fait mencion :

> Euro Vulturnus Subsolanusque sodales ;
> Affricus atque Nothus sunt Austro collaterales ;
> Cum Zephiro Chorus, Favonius accipiuntur,
> Circius ac Aquilo Boream stippare feruntur.

Cist vers ne dient nulle autre chose fors que seulement les nons et l'ordenance des vens desus nonmés. Ovide neis nomme et ordenne en son grant livre les .IIII. vens principaus, si comme je vous ai ci devant mis. Or m'en revien a mon pourpos, c'est a dire de translater le remanant dou livre.

De tous ces vens ne souffle mainte fois que uns tous seuls et aucune fois en soufflent .II., mais es grans te[m]pestes suelent il bien souffler .III. ensamble. Cist par lor forte empainte couroucent les mers et font tressaillir et escumer[1] les ondes, qui de lor propre nature sont paisibles et reposees; cist par lor soufles, selonc la nature del tens et des liex, muent les tempestes[2]; et par bon vent viennent les nés au porc (*sic*) ou il desirent a venir, et par vent contraire sont contraintes a demourer ou a retourner ou a quelque peril soustenir, et pour ce pot

---

1 et font tressaillir et escumer = exaestuantibus. — 2 ex procellis serenitas redditur et rursum in procellas serena mutantur.

onques a painnes nus hons estre noiés en mer qui resgarda la nature des vens.

XXXIX. — *Li XXX et IXe chapitre devise en quel moys on naige plus seûrement.*

Or vous devons dire emprès des moys et des jours, car la force et l'engresseté de la mer ne sueffrent pas que on i puisse nagier par tout l'an enterin, ansois y a aucuns des mois qui i sont trés convenable et li autre sont douteus ; li autre ne sont pas traitable par la loy de nature. Et par le cours dou temps [1], puis que Pleyades sont nees, c'est uns monciaus d'estoilles que li Latin nomment la mennor Ourse et li François l'apelent la Gelin poucíniere [2], c'est dès le .vi^e. jour des kalendes dou joing dusques au tant que Artur est neis, c'est le .xviiie. jour des kalendes de octobre, puet on seûrement nagier, si comme on croit, car la cruautés des vens est apaisie par le benefice d'esté. Après cel temps dusques el tiers ides de novembre n'est pas certains li tans as navies, li passages de mer, ansois est plus abandonnés a peril, pour ce que emprès l'ide de septenbre nest Artur, une très felenesse [3] estoile, et en le vuitisme kalende d'octenbre vient grant tempeste en l'equinocial, c'est quant les jours et les nuis sont ygal en septenbre [4]. Entour les nonnes d'octenbre naissent li Cevrel pluyex et entour la quint yde de cel mois meismes naist li Toriaus, et el moys de novembre, que

---

1 pachone decurso. — 2 c'est un monciaus d'estoilles que li Latin nomment la mennor Ourse et li François l'apelent la Geline poucíniere *m. lat. Cf.* Priorat, v. *10718.* — 3 vehementissimum. — 4 c'est quant les jours et les nuis sont ygal en septenbre *n'a pas son équivalent dans le texte latin ; il l'a dans* Priorat, *où* otouvre *remplace* septenbre. v. *10753-10756.*

les Virgiles se couchent en yver, lors sont navies tourblees de tempestes espesses ¹. Ou ² tiers jour des ydes de novembre ³ dusques au .viie. jour des ides de mars sont les mers closes as navies, c'est a dire que on n'i nage pas ⁴, car li trés petit jour et les longues nuis espesses ⁵ et li airs obscurs et la cruauté des vens qui est doubl[e]e par les pluies et par les nois ne destourbent pas seulement les navies de nagier par mer, mais destou[r]bent neis les alans et les venans es chemins par terre. Mais puis la natevité de navigacion, c'est a dire puis que li tans de nagier est commenciés ⁶, dont la feste est celebree par solemnité d'escrit ⁷ et par le commun resgard de moult de gent, encore neis entre on lors perilleusement en mer pour la raison de pluseurs estoilles et dou temps meïsme douques es ydes de may; ne pour ce ne convient il pas que marcheant ne besoigneurs cessent de nagier ⁸, mais il convient avoir gregnour cautele et plus soi prendre garde quant ost doit naigier es liburnes ⁹ et quant li hardi marcheant se hastent d'entrer en mer pour gaaigner.

XL. — *Li XLe chapitre parole de garder les signes des tempestes.*

Outre ces choses, autres estoiles, quant elles se lievent et neis quant elles se couchent, esmuevent trés fors tempestes; mais ja soit ce que certain jour, quant

---

1 crebris — 2 ex die; du tiers *B*. — 3 sextum; sisieme *B*. — 4 as navies, c'est a dire que on n'i nage pas, *m. lat. Cf. Priorat, v. 10774.* — 5 noxque prolixa, nubium densitas. — 6 c'est a dire puis que li tans de nagier est commenciés, *m. lat. Cf. Priorat, v. 10791-10792.* — 7 certamine; destrif *B*. — 8 non quo negotiatorum cesset industria. — 9 major adhibenda cautela est, quando exercitus navigat cum liburnis, quam cum privatarum mercium festinat audacia.

ce doit avenir, soient signé¹ et conneü par le tesmoing des aucteurs, et toutes voies pour ce que les choses se muent par divers cas et bien devons neis connoistre que les causes celestiex ne pueent pas estre plainnement conneues par homme, pour ce cil qui sont maistre de l'art qui apartient² as mariniers ont devisé la cure de leur garde en .III. parties³, car il est bien chose esprouvee que les tempestes vienent au jour establi ou peu avant ou peu après. Celes qui vienent devant le jour establi nomment li Grieu proginnason⁴, et celes qui vienent au jour⁵ il nomment ginnason⁶, et celes qui vienent après apelent il methatimaron⁷. Mais de raconter toutes choses chascune par son non moult i convendroit demourer⁸, et pluseurs aucteurs nous en ont bien mis diliganment les raisons, non pas tant seulement des mois, mais des jours meismes. Et li trespassemens aussi des estoilles que on apele planetes, quant eles par la volanté du Createur entrent es signes, et quant eles en issent el cors d'icelui jour que nous vous avons nommé, suellent maintes fois le tens serain tourbler, et bien voient et entendent non pas tant seulement li sage home par lor raison, mais neis li communs pueples par leur usage que li jour entrelunaire sont plain de tempestes et comment li nageeur les doivent trés forment redouter.

XLI. — *Li XLIᵉ devise quels choses on doit avant connoistre.*

Par moult de signes se puet on appercevoir quant li biax tans se doit changier en tempestes et quant li

---

1 signié et conneu = signentur. — 2 as Persiens *ms.* — 3 trifariam ; en .III. manieres *B*. — 4 προχειμάζειν. — 5 die sollemni. — 6. χειμάζειν — 7 μεταχειμάζειν. — 8 aut ineptum videatur aut longum.

tempeste se doivent changier en bel tans, et ce puet on veoir el cercle de la lune aussi comme parmi .i. miroir. La rouge coleur de la lune senefie vens ; la coulour pale et bleue¹ senefie pluies ; la coulour entremellee de ces .ii. couleurs senefie pluies et forcenerie de tempestes ; la coulours blanche² et clere promet as mariniers tans cler et serain, si come ele le porte en son visaige, meismement se la lune el quart jour dou croissant n'apert rouge, ne n'a ses cornes retraites ne reboursees³, ne n'est obscure par humeur espandue. Et si doit on prendre garde au soleil, quant il se lieve et quant il se couche, savoir mon s'il est biax et clers et se si ray sont ygal dou soir et dou matin ou s'il y a diverseté de nues⁴ qui se soient mises au devant, et s'il est si resplendissans comme feus par vers⁵ qui le contraignent⁶ ou s'il est pales ou tachiés par pluies pendans. Li airs neis et la mer meisme et la grandeur de⁷ la couleur des nues ensegnent les curieus mariniers, et lors sont neis aucunes choses senefiees par oyseaus et par poissons, si comme Virgiles les comprent en Georgique par engien presque devin, et Varro les escrit diliganment es livres des navies. Se li marinier⁸ dient qu'il sevent ces choses, certes il ne les sevent fors que seulement par usage d'experience, car plus haute doctrine ne les i a pas enformés.

XLII. — *Li XLII*ᵉ *chapitre parole des flos de la mer.*

Li elemens de la mer est la tierce partie du monde, qui sans le souflels des vens souffle et recroist par son

---

1 pale et bleue = caeruleus. — 2 laetus orbis ac lucidus. — 3 quarto ortu neque obtusis cornibus rutila. — 4 utrum aequalibus gaudeat radiis an objecta nube varietur. — 5 nuit A. — 6 utrum solito splendore fulgidus an ventis urguentibus igneus. — 7 L. et. — 8 gubernatores.

propre respirement et par son mouvement meisme se lieve [1], car en certaines eures et par jour et par nuit elle seurhabonde par .i. eschauffement [2] que on apelle reume [3] et keurt sa et la par les flueves [4] a guise de flueves courans et croissans [5] et puis se retrait en sa hautesce. Iceste douteuse maniere d'aler et de venir par coi la mer se gete ensi hors et se resoit en soi meismes, quant ele s'acorde au cours des nés, ele lor aide, et quant ele lor est contraire, si les retarde [6]. De ce se doit prendre garde par grant diligence li notonniers qui se doit combatre, car l'empainte de cel floc [7] ne puet estre vaincue par ayde d'avirons, qui bien suelent aucune fois vaincre le vent. Et pour ce que ces choses se muent et diversement aviennent [8] en certainnes heures, en diverses regions, selonc l'estat de la lune croissant et descroissant, pour ce doit, ansois qu'il se combate, connoistre la coustume de la mer et dou lieu cil qui veut faire bataille par navie.

XLIII. — *Li XLIIIe chapitre parole de la connissance des lieus et des gouverneeurs des nés.*

Il appartient as sages notonniers et as gouverneeurs connoistre les liex par ou il nagent et les pors, pour eschiver les choses qui nuire lor porroient, comme roches aparans ou repostes ou gués ou lieus sès, car de tant est la seürtés plus grans comme la mers est plus haute et plus parfonde [9]. On doit eslire pour faire princes et chevetaines des navies hommes tels qui

---

1 praeter ventorum flatus suo quoque spiramine motuque vegetatur. — 2 aestu (mouvement). — 3 c'est le flux et le reflux. — 4 L. terres, *comme dans B.* — 5 torrentium fluminum. — 6 haec reciprocantis meatus ambiguitas cursum navium secunda adjuvat, retardat adversa. — 7 rheumatis. — 8 ista variantur. — 9 et plus parfonde *m. lat. Cf. Priorat, v. 11061.*

soient diligent et curieus, et¹ pour gouverneeurs doit on eslire hommes sages, et pour nageeur hommes fors et vertueus ², pour ce que bataille de navie est faite par paisible mer, et la pesanteur des liburnes ou des galies ³ fiert les aversaires dou bec et eschive lor cours, lor empaintes et lor assaus ⁴, non mie par souffleis de vens, mais par empainte d'avirons, et en ceste oevre li brach des nageeurs et li ars dou maistre qui tient le gouvernal donnent la victoire.

XLIV. — *Li XLIIIIe chapitre parole des dars et des engiens des navies.*

Moult de manieres d'armes convient avoir en la bataille terrestre, mais bataille que on fait par navie ne requiert pas tant seulement pluseurs manieres d'armes, ains requiert divers engiens ⁵ aussi comme se on se combatist en murs et en tours. Car quele chose est plus crueuse que bataille de nef, ou li homme sont ocis et par yauc et par feu ? Pour ce se doit on donques souverainement prendre garde de soi couvrir, que li chevalier soient bien garni de cuiries, de haubers, de hyaumes, de chauces de fer, car dou fais des armes ne se puet plaindre cil qui sans soi mouvoir dou lieu se combat en la nef en estant ⁶. Aussi convient il avoir escus plus fors et plus larges pour les coups des pierres, pour les faus et pour les cros et pour autres manieres de dars et de gavelos ⁷ qui sont es nés, comme saietes

---

1 in navarchis diligentia. — 2 in remigibus virtus eligitur. — 3 ou des galies *m. lat. Cf.* Priorat, *v. 11079*. — 4 eorumque rursum impetus vitat. *Au lieu de* rursum, *le traducteur aura lu* cursum. — 5 machinas et tormenta. — 6 queri, qui stans pugnat in navibus. — 7 de dars et de gavelos = telorum.

et quarriaus ¹, car il s'entregettent pierres et gavelos en diverses matieres d'engiens, et font encore pis et chose qui plus grieve ², car cil qui plus se fient en lor forces joignent ensanble lor galyes et gettent pons de unes as autres et saillent es nés de lor aversaires et se combatent illuec de près as glaives et as espees main ³ a main. Et font es plus grans liburnes barbacannes et tours, pour ce qu'il puissent plus legierement lor anemis navrer, et les ocient des plus haus entableis de lor nés, aussi comme il feroient d'un haut mur, et envolepent saietes d'estoupes et de pois et de oyle ardant que on apele fu grijois ⁴, et les getent ardans par ars et ⁵ par arbalestes et les fichent es nés de lor anemis ⁶ et ardent soudainement les tables des nés ointes de cire et de pois resine et d'autres norrissemens as feus. Ainssi ocient les uns par fer et les autres par pierres, li autre sont contraint a ardoir ⁷, et toutes voies, entre tant de manieres de mors, li poisson, dont c'est trop aigre mescheance, deveurent illuec les cors sans sepulture.

XLV. — *Li XLVᵉ chapitre parole comment on met aguès en batailles faites par navie.*

A la samblance de bataille terrestre fait on as notonniers qui ne se prendent garde saillies et sorvennues ⁸, ou on lor met aguès entour illes estroites, convenables a ce faire, et ce fait on pour ce qu'il soient plus legiere-

---

1 sagittis, missibilibus, fundis, fustibalis, plumbatis, onagris, ballistis, scorpionibus. — 2 jacula... et saxa et, quod est gravius. — 3 gladiis manu. — 4 oleo incendiario, stuppa, sulphure et bitumine obvolutae et ardentes sagittae. — 5 par ars et m. *lat.* — 6 in hosticarum navium alveos. — 7 ardere coguntur in fluctibus. — 8 saillies et sorvenues = superventus.

ment ccis tout despourveü. Se on set que li notonnier des anemis sont lassé par longuement nagier ou s'il sont contraint par vent contraire ou se li flos nous aide ¹ ou se li anemi se dorment sans nule souspesson ou se il sont en estal en lieu dont il ne puissent issir ou se tele acoison de bateillier nous est venue comme nous desirrons, lors est temps de bateillier convenablement par le benefice de fortune. Et se li anemi se sont si bien pris garde de nous qu'il aient eschivé les aguès et se combatent par commune bataille, lors doivent estre ordenees les batailles des liburnes et des galyes ², non pas toutevoies droitement, si comme on les ordene as chans, ains doivent estre ordenees ³ a la semblance de la lune, en tel maniere que la bataille dou milieu se teingne courbe et les autres batailles soient estendues en loing d'une part et d'autre ansi com .ii. cornes ⁴, si que se li aversaire voelent assaier a trespercier ces batailles, qu'il soient par ceste ordenance avironné et entrepris. Et doit estre mis es cornes la plus grant force des liburnes et des chevaliers. Bien le moustra Brutus devant Marceille, quant Julius Cesar l'ot la laissié o toute sa navie pour combatre as cytoiens, que bien ensivi la doctrine de l'art des batailles, par coi il eust victoire ⁵.

XLVI. — *Li XLVIᵉ devise que on doit faire quant on se combat en nef par aperte bataille.*

Outre ce est pourfitable chose que ta nef ⁶ use tous jours delivrement de haute mer et que la nef de tes

---

1 si pro nostris est rheuma. — 2 des liburnes et des galees = liburnarum. — 3 incurvae. — 4 ita ut productis cornibus acies medi asinuetur. — 5 *Cette phrase est une interpolation; elle n'a son équivalent ni dans le texte latin, ni dans Priorat.* — 6 classis.

anemis soit tous jours boutee au rivage, car sil perdent force de bateillier qui sont bouté arriere. En ceste maniere de batailles suelent .iii. manieres d'armeüres pourfiter a victoire, dont l'une est apelee asser, l'autre est apelee faux et la tierce bispenne¹. Asser est uns trés grailles et lons, ferrez as .ii. chiés, et pent au maast de la nef aussi comme une des cordes², et icestui tref suelent li notonnier empaindre par force en lieu de mouton as nés des aversaires, quant eles se joignoient as leur ou a destre partie ou a senestre, car sans doute il acravente et ocist les bateilleurs et les notonniers de lor anemis et tresperce neis souvente fois la nef. Faux est appelee uns fers trés agus, courbes, a sanblance de faus, et est atachiés a longues perches; par cestui trenche on les cordes a coi les voilles³ sont pendues, et puis que les voilles sont cheütes, la liburne devient plus pereceuse ou neis tele qu'ele n'est mie pourfitable. Bipenne est une coingnie⁴ qui a un fer trés large et trés agu d'une part et d'autre ; a coi li sage notonnier et li chevalier tranchent les cordes et percent les nés des anemis ens enmi l'ardeur de la bataille. Et en usent neis es eschauguetes de chascun jour.

Or cuit je que je me puis mais dès ore mais bien taire de la discipline des armes et des choses appertenans a chevalerie, car li usages et li hantels de chascun jour trueve plus de l'art en ces choses que li anciene doctrine ne nous en a moustré⁵.

1 asseres, falces, bipennes. — 2 ad similitudinem antemnae. — 3 antemna. — 4 securis. — 5 milites cum minoribus scafulis secreto incidunt funes, quibus ligata sunt gubernacula. Quo facto statim capitur tamquam inermis et debilis navis; quid enim salutis superest ei qui amiserit clavum? De lusoriis, quae in Danubio agrarias cotidianis tutantur excubiis, reticendum puto, quia artis amplius in his frequentior usus invenit quam vetus doctrina monstraverat.

Ci fenist li livres de Vegece de l'art de chevalerie, que nobles princes Jehans, contes de de (sic) *Eu, fist translater de latin en françois par maistre Jehan de Meun en l'an de l'incarnacion M. II*e*. IIII*xx *et IIII, et a fait faire cest livre maistre G. de Dynant, demorant a Noy*[o]*n, en l'an de grace mil III*e *et XL. Deo gracias. Explicit* [1].

1. *Cet explicit est propre au ms.* A.

GLOSSAIRE[1]

Aaisier, aisier, 77, 157, *etc.*, *soulager, mettre à l'aise.*
Abai, 156, *aboiement.*
Accraventer, accrevanter, acraventer, acrevanter, 72, 142, 149, 155, 156, *etc.*, *écraser.*
Achaindre, 117, *envelopper.*
Achainte, 77, *enceinte.*
Achoison, acoison, 119, 130, 131, *etc.*, *occasion.*
Aconsivir, 17, 100, *etc.*, *atteindre, obtenir.*
Acordance, 63, *accord.*
Acoustumance, acustumance, 34, 39, 76, *etc.*, *habitude.*
Adrecier, adrescier, 68, 153, *disposer.*

Adresce, 85, *chemin direct.*
Afebloier, affebloier, 66, 104, *affaiblir.*
Afferir, 122, *convenir.*
Affermer, 114, 139, *soutenir, consolider.*
Affiner, 72, *terminer.*
Afichié, 146, *fixé.*
Agais, agait, 70, 85, 86, 88, *embûches.*
Agaiteur, 86, *éclaireur.*
Agu, 90, 176, *pointu, aiguisé.*
Aguillon, 127, *pointe.*
Aherdre (S'), 149, *s'attacher.*
Aide, ayde, 41, 42, 43, 50, 130, 131, *etc.*, *auxiliaire.*
Aigle, 46, 47, 49, *étendard.*
Aigre, 74, *ardent.*

---

[1]. Ce glossaire a été dressé uniquement en vue de faciliter l'intelligence du texte; c'est pour cela qu'on y trouvera souvent les noms et les verbes non pas sous leurs formes lexicographiques ordinaires (accusatif singulier, infinitif), mais sous celles qu'ils ont dans le passage où ils ont été relevés.

Aigrement, 110, *vigoureusement*.
Ainsois, anchois, 6, 20, *mais*.
Ainsois que, anchois que, ansois que, 17, 20, 24, 69, et passim, *avant que*.
Aire. Voy. Erre.
Aissaule, 66, *bardeau*.
Ajoindre, 119, *joindre, adjoindre*.
Ajourner, 123, *point du jour*.
Ajousté, 61, *surnuméraire*.
Ajoustement, 112, *surcroît*.
Alarguir, 116, *élargir*.
Allaine, allaines, 14, 77, *émanation, respiration*.
Alongier, 97, *prolonger*.
Amaigrié, 97, *épuisé*.
Amedeus, 119, *tous deux*.
Amender, 99, *se perfectionner*.
Amesuré, 98, *prudent*.
Ammonestement, amonestement, amonnestement, 4, 36, 39, 67, 73, 82, *avertissement, conseil*.
Amoncelé, 79, *aggloméré*.
Amonester, amonestier, 53, 78, 87, 114, *avertir, exciter, exhorter*.
Angleus, 135, 138, *anguleux*.
Aniaus, 139, *anneaux*.
Apareiller (S'), 115, *s'apprêter*.
Apert, 149, *évident*.
Apert (Mettre en), 5, *mettre au jour*.
Aperte, apperte (Bataille), 95, 96, 98, *bataille rangée*.
Apeticer, apeticier, apetizier, 38, 43, 115, 122, *diminuer, affaiblir*.
Apiert (Il), 11, *il apparaît*.
Apparaillié, 55, 70, *prêt*.
Apparaillier, 17, 52, *apprêter, fabriquer*.
Appensé, 84, 85, *résolu*.
Appenser (S'), 102, *réfléchir*.
Appertement, 118, *ouvertement, clairement*.
Appointé, 57, *pointu*.
Appresser, 108, *presser vivement*.
Aprenti, 98, 100, 105, etc., *conscrit*.
Aquilifer, 48, 54, *officier qui portait l'aigle*.
Arable, 162, *érable*.
Archerie, 52, *endroit où l'on fabriquait les arcs*.
Ardant, 142, *inflammable*.
Ardoir, 142, 146, 155, 174, *brûler*.
Armeüre, 3, 9, 20, 21, 55, *escrime*.
Armeüre (Legiere), 42, 58, *troupes légères*.
Arreer, 102, *arranger*.
Arreres, 8, *laboureur*.
Ars, 136, 139, *brûlé*.
Asorbir, 90, *engloutir*.
Asperir, 143, *dominer*.
Aspre, 74, 107, *escarpé, difficile*.
Assaier, assaer, 2, 18, 19, 96, *essayer, exercer*.
Assaier (S'), 21, *s'exercer*.
Asseegeur, assegeour, 140, 147, 155, *assiégeant*.
Assener, 35, *assigner*.

GLOSSAIRE

Asseoir, 30, 140, *assiéger*.
Asser, 176, *solive*.
Asseür, 30, 115, 124, 156, *sûr, en sûreté, sans crainte*.
Assouagier, 106, *soulager*.
Atemprance, 80, 135, *modération*.
Atempré, atrempré, attempré, 7, 82, *discipliné, morigéné, obéissant*.
Atemprer, 92, 101, 153, *manier convenablement, modérer*.
Atichier, aticier, 73, 82, *exciter, provoquer*.
Atraire, 37, 131, *attirer*.
Attempreement, 141, *modérément*.
Attenvoie, 111, *amincie*.
Augete, 91, *petite auge*.
Augurie, 134, *augures*.
Augustal, 48, *officier dont le nom était emprunté à l'empereur Auguste*.
Aüser, 3, 5, 17, etc., *exercer*.
Avaler, 150, *descendre*.
Averonner, avironner, 86, 89, 113, 114, 116, *entourer, déborder*.
Avenir, 116, 120, *arriver*.
Avoier, 89, *conduire*.
Aydeeur, 81, *auxiliaire*.

Baillier, 98, *donner*.
Balestiaus, 67, *instruments à l'usage des escamoteurs*.
Ban, 48, *commandement*.
Baniere, 55, 60, etc., *enseigne*.
Baras, barat, 5, 71, 85, 124, 125, 150, 154, 156, *ruse, tromperie, fraude*.
Barbacane, barbacanne, 94, 139, 140, *bastion*.
Barbelés (Dars), 24, *traduction inexacte du latin* mattiobarbulos.
Barit, 114, *cri de guerre*.
Bataille, 58, *ligne de bataille*.
Batilleresse, 72, *relative à la guerre*.
Batillier, 6, 7 *et passim, combattre*.
Batilliers, 8 *et passim, guerrier*.
Beer, 89, 164, *aspirer, désirer*.
Beneficiaire, 48, *officier nommé par la faveur des tribuns*.
Berçueil, 35, berçuel, 116, 119, berceus (nom.), 116, *coin*.
Bersaus, 66, *cibles*.
Besagüe, 69, *hache à deux tranchants*.
Bestaille, 78, *troupeaux*.
Bestors, bestours, 36, 118, 138, *oblique, tortueux*.
Bestortes (Courbes), 138, *courbes sinueuses*.
Biangni, 7, *bains*.
Biax (nom.), 170, 171, *beau*.
Bispenne, 176, *cognée, hache à deux tranchants*.
Blé, 21, *ration de blé*.
Boceus, 125, *mamelonné, bosselé*.
Boe, 103, *boue*.
Boivre, 144, *boire*.

Boneeüré, 21, *heureux*.
Boneürté, bonneürté, 130, 135, etc., *bonheur*.
Bonne, 66, *but*.
Bordelier, 12, *débauché*.
Bouel, 127, *trompe de l'éléphant (proprement boyau)*.
Bourc, 144, *petit château*.
Bouter, 29, 81, 113, 118, 119, 176, *combattre dans la mêlée, pousser, repousser*.
Bouter arriere, 34, 85, 107, *repousser*.
Brach, 173, *bras*.
Braire, 114, *crier*.
Brait, 127, *cri*.
Brehaigne, 36, *stérile*.
Bresier, 77, *briser*.
Broçonneus, 107, *broussailleux*.
Buche, 31, 61, 76, 79, *bois*.
Bugle, 83, *bœuf sauvage*.
Buisine, busines, 83, 98, etc., *clairon*.
Buisineur, busineour, buysineour, 39, 49, 64, etc., *trompette*.
Buvraige, 76, *breuvage*.

Cacheeur, cacheur, 12, 67, *chasseur*.
Cacher, cachier, caucier, 24, 58, 59, 83, 106, 109, 118, 120, 123, *chasser*.
Campigene, 48, *officier instructeur*.
Candidat, 49, *employé à l'armée*.
Cangier, 133, *changer*.
Canne, 91, *roseau*.
Canter, 83, *sonner de la trompette*.
Carchié, 13, *chargé, embarrassé*.
Cardinaus, 165, *points cardinaux*.
Casiaus, 52, 66, 156, *abris, réduits, baraques*.
Caterve, 41, *bande*.
Cauketreppe, 126, *chausse-trappe*.
Caup, 29, *coup*.
Cauper, 19, 20, 52, 127, 137, 163, *couper*.
Cautele, 59, 86, 102, 129, 169, etc., *ruse, prudence, soin*.
Celeement, 123, *en cachette*.
Celestiel, 170, *céleste*.
Centenier, centurion, 50, *officier qui commandait à 100 hommes*.
Centurie, 49, 50, 54, etc., *compagnie de 100 hommes*.
Chaindre, 93, *ceindre*.
Chaisté, 135, *pureté de mœurs*.
Chaloir, 26, *venir à l'idée, soucier*.
Chamés, chamex, 71, 125, 126, *chameaux*.
Champestre, 8, 26, *du camp*.
Champion, 67, *athlète*.
Charreton, 67, *charretier*.
Chauce de fer, 57, 173, *jambart*.
Chauchier, 139, *tasser*.
Cheminer, 89, *marcher*.
Cheoir, 37, 97, 123, 139, *tomber*.

Cheüs, 125 (nom.), *tombé.*
Chevalerie, 1 *et passim*, *l'art de la guerre.*
Chevalier, 1 *et passim*, *soldat.*
Chevaucheeur, chevaucheur, 89, 90, 100, *etc.*, *cavalier.*
Chevetaine, chevetainne, chievetaine, 44, 48, 50, 172, *etc.*, *capitaine, officier.*
Chief, 126, *tête.*
Clamer, 61, *nommer.*
Clasique, clazique, 39, 64, *sonneur de trompette.*
Clau, cleu, clo, 91, 143, 162, *clou.*
Cler, 171, *clair.*
Cloer, 162, *clouer.*
Cloie, cloye, 19, 20, 140, 147, *claie.*
Clore, 107, 138, *fermer, enfermer.*
Clos, 139, *enfermé.*
Coffin, 62, 69, *panier.*
Coing, 113, 114, *coin.*
Coingnie, 176, *cognée, hache.*
Coleur, coulour, 171, *couleur.*
Compaignable (Oysiau), 141, *volaille de basse-cour.*
Communité, 134, *communauté.*
Compresser (Se), 87, *s'agglomérer.*
Conchieüre, 77, *souillure.*
Concuelli, 80, *rassemblé.*
Concueillir, conqueillir, 36, 90, *recueillir.*
Conduiseur, 86, 99, *chef, conducteur.*
Confanon, 38, 54, *drapeau.*

Confanonnier, 100, *porteur de gonfalon.*
Confermer, 4, 44, *etc.*, *approuver, confirmer.*
Confondre, 34, 74, 106, *vaincre, défaire, déconcerter.*
Conforté, 69, *fortifié.*
Congié, 51, *permission.*
Conjunction, 53, *assemblage.*
Connin, 53, 136, 151, 154, *galerie de mine*; 154, *lapin.*
Conniniere, 43, 140, *mine.*
Consaus, 73, 86, 131, 133, *conseils.*
Conseil, conseille, consilliers, 44, 50, 73, *consul.*
Conte, 38, 61, 159, *compte, calcul.*
Conter, 61, *calculer.*
Contrepoise, 96, *pèse, discute.*
Contrester, 35, 71, 118, 127, 128, 133, 143, 157, *combattre, résister, tenir tête, s'opposer.*
Contretenir, 18, *arrêter.*
Controuver, 83, *inventer.*
Corne, cornee, 28, 46, 56, 83, 175, *etc.*, *flanc ou aile de bataille, aile; corne, trompe.*
Corneeur, corneour, 39, 49, 64, *sonneur de clairon.*
Corner, 64, *sonner du clairon.*
Cornon, 119, *aile de bataille.*
Corveüre, courveüre, 34, 117, *courbure, pli de terrain. Voy.* Courveüre.
Couart, 97, 114, *lâche, poltron.*

Couleïce (Porte), 139, *porte coulante.*
Coulombe, 136, 153, 154, *colonne.*
Coupe, 100, *faute.*
Courecer (Se), 80, *se fâcher.*
Courechier, 73, *offenser.*
Courre, 2, 123, 130, *courir.*
Cours, 63, *ensemble, tenant;* 114, *direction.*
Courveüre. *Voy.* Corveüre.
Coustume, 100, *habitude.*
Coustumier (Estre), 4, 7, 25, 80, *etc., avoir l'habitude.*
Coute, 153, *matelas.*
Coutel, 57, *couteau.*
Coutellas, 136, *matelas.*
Couvert (Chevalier), 71, *bardé de fer.*
Couverteure de porte, 135, *herse.*
Cremans (*plur.*), 87, *en proie à la frayeur.*
Cremir, 60, *craindre.*
Crestine, 140, *crue (des eaux).*
Crette, 54, *cime du casque.*
Creü, 99, *qui a la confiance.*
Crin, 143, *cheveu.*
Cros, 69, 173, *grappins, crocs.*
Crouser, cruese, 151, 154, *creuser, creuse.*
Crueus, 91, 144, *creux.*
Crueus, 77, *cruel.*
Cueillir, 72, 87, *recueillir, rassembler.*
Cugnie, cuignie, 33, 69, 88, *cognée, coing.*
Cuider, cuidier, 25, 32, 44, 160, *etc., croire, penser.*

Cuirie, 23, 26, 57, 58, 140, *etc., cuirasse.*
Cuissins, 27, *cuissarts.*
Cure, 62, 76, 85, 124, *soin, souci.*
Curieus, 100, 104, *plein de sollicitude.*

Daerainement, 123, *dernièrement.*
Daerrain, derrain, 123, 130, 138, *etc., dernier.*
Dampner, 64, *condamner.*
Dars, 17, *traits.*
Debonaireté, 134, *bonté.*
Debrisié, 97, *harassé.*
Deceü, decheü, desseü, 5, 10, 74, *trompé.*
Decumana, 32, *porte décumane.*
Decurion, 55, 56, *etc., commandant de 32 cavaliers ou d'un escadron.*
Dedans (*nom.*), 50, (*faute pour* decans), *diṛenier, chef d'escouade de 10 hommes.*
Deffachié, 14, *effacé, aboli.*
Deffaute, 74, 75, 97, *manque.*
Deffendeurs, 28, (*faute pour* fondeurs), *frondeurs.*
Deffension, 100, 102, *défense.*
Deffermer, 154, 155, *ouvrir.*
Deffoÿr, 102, *creuser.*
Defors, 69, *dehors.*
Degaster, 77, 162, 163, *endommager, détruire.*
Deins, 54, *diṛenier.*
Dejouste, 128, *auprès de.*
Delaier, 124, *hésiter.*
Delis (*plur.*), delit, 7, 8, 37,

141, *agrément, luxe, plaisirs.*
Delivre, dellivre, 20, 114, 160, *libre, débarrassé.*
Delivrement, 25, 175, *librement, promptement.*
Demeure, demoree, 74, 161, *retard.*
Demoustrement, 98, *signification.*
Demourer, 170, *tarder.*
Departir, 35, 74, 104, 120, 156, *partir, distribuer, disperser, éloigner.*
Departir (Se), 84, 88, *partir, s'éloigner.*
Desacoustumance, 37, *perte de l'habitude.*
Desacoustumer, 100, *perdre l'habitude.*
Desaourné, 101, 134, *sans ordre, sans règle.*
Desaüsé, 65, *déshabitué.*
Descevoir, 89, *tromper.*
Desconfire, 30, 74, *vaincre, défaire.*
Desconfit, 59, *vaincu.*
Desconfiture, desconfiteure, 28, 74, 79, *etc., défaite.*
Desconforter, 129, *décourager.*
Desconré *pour* desconreé, 117, *en désordre.*
Desconsillié, 7, *imprudent.*
Descordans, 81, *séditieux.*
Descorder, 63, 70, *mettre le désaccord.*
Descorder (Se), 42, 80, *etc., n'être pas d'accord.*
Deseperance, desperance,

97, 155, 156, *désespoir.*
Desirier, 60, 97, 99, *désir, regret.*
Desnué, 20, *découvert.*
Desnuer, 113, 119, *dégarnir, rompre.*
Desnuer (Se), 97, *manquer de tout.*
Despecier, despescier, despessier, despiecent (*3ᵉ pers. pl.*) 23, 146, 158, *ruiner, briser, détruire.*
Despendre, 62, 79, 141, *dépenser.*
Despens, 41, 78, *frais.*
Desperé, 101, *désespéré.*
Desperement, 123, *désespoir.*
Desperer, 129, *désespérer.*
Despit, 37, *mépris, dédain.*
Despiter, 7, *mépriser.*
Desrompre, 16, *débander ;* 150, *briser, arracher.*
Dessevré, 80, *disloqué.*
Dessevrer, 81, 90, 98, 119, 134, *éloigner, séparer.*
Destourber, 9, 169, *troubler, détourner.*
Destre, 113 *et passim, droit.*
Destrois, 101, *défilés.*
Desvoiable, 92, *impraticable.*
Desvoié, 88, 107, *irrégulier, séparé.*
Desvoier, 54, *s'écarter.*
Detranchier, 27, *égorger.*
Deveurent, 174, *dévorent.*
Devin, 171, *divin.*
Deviser, 160, *dire.*
Devocion, 80, *obéissance.*
Disenier, 50, 53, *chef d'escouade de 10 hommes.*

Doler, 69, 81, *aplanir avec la doloire.*
Doloire, 69, 88, *sorte de hache.*
Dommesche, 162, *domestique.*
Don, 43, *récompense.*
Douques, 169, *jusque.*
Dragon, 27, 32, 54, *drapeau, étendard.*
Dragonnier, 48, 54, *officier qui portait l'étendard.*
Drecie (Bataille), 113, *armée rangée en ligne.*
Droit, 82, *juste.*
Droit (A), 30, *selon les règles.*
Droiturier, 61, *légitime.*
Duc, dus (nom.), 75, 80, 81, 28, *et chef, général.*
Ducenaire ou hanté, 50, *officier qui commandait à 200 hommes.*
Duplaire, 49, *celui qui touchait double ration.*

Eage, 9, 135, 165, *âge.*
Elles, 10, *ailes.*
Embatre (S'), 16, 31, 32, 88, 117, 123, *se jeter, arriver à l'improviste.*
Embatu, 29, 156, *enfoncé, qui s'est trop avancé.*
Embuscheïs, embuschement, embussement, 123, 124, 125, *embuscade.*
Empaindre, 109, 151, *lancer;* 148 (*pris substantivement*), *heurt, choc.*
Empains (nom.), 20, *poussé.*
Empainte, enpainte, 116, 119, 149, 154, *attaque, projection.*
Empeesché (Lieu), 96, *lieu entrecoupé.*
Emplent, 102, *emplissent.*
Empreig, 15, *assume.*
Emprendre, 40, *entreprendre.*
Emprès, enprès, 8, 19, 52, 115, 123, *après.*
Empresser, 87, *embarrasser.*
Encaucher, encauchier, 27, 109, 122, 129, *poursuivre, chasser.*
Encerchier, encherchier, enserchier, 88, 89, 100, *faire des reconnaissances, chercher, rechercher.*
Enchainte, 138, *enceinte.*
Encheoir, 18, *tomber.*
Encliner, 21, 102, *incliner, pousser.*
Enclore, enclorre, 86, 102, 116, 117, *enfermer, entourer;* enclos (*part. passé*), 121, 138.
Enclos, 141, *enceinte.*
Encombrier, 90, *embarras, ennui.*
Encontre, 115, *rencontre.*
Encontreur, 101, *qui va à la rencontre.*
Encoste, 86, *à côté.*
Encursement, 95, *incursion.*
Encuser, 86, 156, *dénoncer, signaler.*
Encuseurs, 81, *délateurs.*
Endementes, endemetes que, endementiers que,

80, 104, 115, 125, *pendant que.*
Enfans, 90, *valets.*
Enforcier, 6, 8, 36, *fortifier, accroître en force.*
Enfourmer, 17, 45, 56, *préparer, fortifier, former.*
Engenrer, 36, *engendrer.*
Engien, 52, 62, 68, 69, 79, 171, 173, *caractère, esprit; machine de guerre.*
Engresseté, 168, *violence.*
Enquerre, 100, 105, *etc., chercher.*
Enrongié, 55, *rongé par la rouille.*
Enrouoilleüre, 162, *rouille.*
Enseigne, 53, *etc., drapeau.*
Enseigneurs, 22, *maîtres.*
Enseurquetout, 92, *surtout.*
Ensi, enssi, 119, 123, 124, etc., *ainsi.*
Ensievir, ensivir, ensuir, 83, 123, 125, 166, *suivre.*
Entableïs, 150, 155, 174, *construction en planches.*
Entechié, 77, *entaché.*
Entente, 25, *attention.*
Ententiu, 4, *attentif.*
Ententivement, 45, *avec zèle.*
Enterin, enterrin, 110, 143, 163, 168, *entier.*
Enteser, 22, *tendre, bander.*
Entrecheoir, 102, *tomber en désuétude.*
Entreclos, 78, *intercepté.*
Entrefaire (S'), 84, *se faire réciproquement.*
Entrehurter (S'), 81, 117, *s'entrechoquer.*

Entrelaissier, 14, 102, *abandonner.*
Entrelunaire, 170, *interlunaire.*
Entremettre, *pour s'entremettre, s'occuper de, vaquer à,* 13.
Entrempescher, 34, *embarrasser.*
Entreprendre, 89, *attaquer.*
Entrepris, 86, *exposé.*
Entrerompu, 88, *coupé.*
Entrevaus, 85, *distances.*
Enverser, 154, *renverser.*
Envoleper, 149, *envelopper.*
Equinocial, 168, *équinoxe.*
Errachier, 33, 93, *arracher.*
Erre, 101, *marche.*
Erre de chevalerie, 36, aire de ch., 25, *pas militaire.*
Errer (*pris substantivement*), 16, *marche.*
Es, 11, *abeilles.*
Esbaé, 164, *fendu.*
Esbahi, 104, *déconcerté.*
Esbanoier (S'), 101, 157, *s'amuser, se divertir.*
Esbaudir, 64, *mettre entrain.*
Esbaudir (S'), 129, *se livrer à une joie excessive.*
Eschacier, *pour escachier,* 150, *écraser.*
Eschargaitier, 30, *guetter.*
Escharnir, 20, *railler.*
Eschauffement, 172, *mouvement.*
Eschauguetes, 176, *gardes avancées.*
Eschielé, esciele, 136, 138, *échelle.*

Eschiver, 27, 87, 88, 89, 98, 107, 122, 123, 172, *éviter.*
Esclenchié, 118, *gaucher.*
Escolorgement, 148, *glissement.*
Escorpion, 152, 153, *scorpion, petite arbalète, machine de guerre.*
Escourloujant, *pour* escoulourjant, 143, *glissant.*
Escremir, 66, *escrimer.*
Escrist, 45, *tatoué.*
Escurer, 55, *nettoyer.*
Esjoïr, esjoïr (s'), esjoïr (se), 129, 134, 135, *etc., se réjouir.*
Esleü, 46, 47, 90, *etc., choisi.*
Eslire, 1, 2, 5, *etc., choisir.*
Eslonger, eslongier, 108, 120, 151, *éloigner.*
Eslonger (S'), 66, *s'éloigner.*
Esmer, 75, *estimer.*
Esmeü, 42, *mis en mouvement.*
Esmouvoir, esmuet, 80, esmueves, 119, ecmuevent, 169, *émouvoir, provoquer, exciter, mettre en mouvement.*
Esmouvoir (S'), 70, 76, *se mettre en mouvement.*
Espandre, 15, 16, 90, 100, 101, 110, 158, *répandre, disséminer, disperser.*
Espandre (S'), 87, *se disperser.*
Espandu, 4, 111, *dispersé, disséminé.*
Esparpellier (S'), 60, *se disperser.*

Esparpilleïs, 92, *dispersion.*
Esparpillié, 129, *dispersé.*
Espès, 138, 168, 169, *épais.*
Espesseté, 76, *épaisseur.*
Espie, 83, 124, *espion, éclaireur.*
Espier, 17, 88, 123, *espionner, explorer, faire des reconnaissances.*
Espierre, espierres, 86, 133, *espion, éclaireur.*
Espierrece, espierresse, 164, 165, *exploratrice.*
Espisses, 95, *épices.*
Esploit, 82, *bon service.*
Espondre, 1, *exposer.*
Esquarrie (En), 35, 148, *en carré sur les quatre faces.*
Esqueillir, 119, *accueillir.*
Essaier, 6, *éprouver.*
Essamplaire, 59, *exemple, imitation.*
Essaucier, 39, 43, 63, *élever en grade.*
Essier, 142, *acier.*
Estableté, 129, *fermeté.*
Establissement, 42, 44, 73, *etc., précepte, règle, organisation.*
Estade, 16, *stade.*
Estagier, 155, *soutenir, appuyer.*
Estaint, 139, *détruit.*
Estal, 175, *demeure.*
Estanchier, 80, *apaiser.*
Estanchonner, 19, *soutenir avec des étançons.*
Estant (En), 109, 111, 127, *debout.*

Estature, 2, 10, 55, 61, *etc.*, *taille.*
Ester, 83, *s'arrêter.*
Esteule, 66, *chaume.*
Estié, 156, *été.*
Estoupe, 174, *étoupe.*
Estouper, 121, 125, *boucher.*
Estourbillon, 165, *tourbillon.*
Estrange, 102, *barbares.*
Estri, 6, *dispute, lutte.*
Estriver, 82, *disputer.*
Estudie, 135, *arts, science.*
Estudieusement, 84, *avec soin.*
Esvillié, 55, *vigilant.*
Exercité, 67, *exercé.*
Exostre, 136, 152, *pont-levis.*
Experimens, experiment, 13, 21, 36, 43, 122, 131, 165, *épreuves, expérience.*

Faille, 124, *faute.*
Faillir, 21, *se tromper;* 136, 138, *etc., manquer.*
Fain, 61, *foin.*
Fain, 80 (*masculin*), *faim.*
Faintise, 89, *ruse.*
Fais, faissel, 3, 7, 25, 26, 27, 66, *et passim, charge, fardeau.*
Faissele, 66, *botte.*
Faissiau, faissiaus, 67, 91, *équipement, bagages.*
Familleus, 78, *affamé.*
Faus, 136, *faux.*
Fausist, 138. *Voy.* Faillir.
Felonesse, 168, *traîtresse.*
Fenir, 94, 96, 97, *achever.*
Ferir, 2, 9, 19, 146, *et passim, frapper.*

Ferremens, 68, *matériel de guerre.*
Feru, 23, *enfoncé par des coups.*
Fessour, 33, *pioche, houe.*
Feu grijois, feu griois, fu griois, 142, 149, 174, *feu grégeois.*
Fevre, fevres, 12, 52, 53, *forgeron, ouvrier en général.*
Fiance, 6, 7, 44, 99, 101, 115, *etc., confiance.*
Fichier, 9, 22, 91, 149, 174, *fixer, planter, enfoncer.*
Flair, 80, *odeur.*
Flarique, 149, *espèce de javeline.*
Flavial, 48, *officier créé par Vespasien.*
Flechir, 9, *tourner, esquiver.*
Flecisable, 140, *flexible.*
Foïr, 94, *creuser.*
Foison, 74, 143, *quantité, abondance.*
Foivle, 97, *faible.*
Fonde, 3, 23, 152, 153, *fronde.*
Fondeeur, fondeour, fondeur, 23, 24, 42, 57, 109, *etc., frondeur.*
Fondibleur, 109, *lanceur de pierres avec le fustibale.*
Forcenerie, 171, *violence.*
Forfaire, fourfaire, 32, *commettre un délit;* forfaire aucune cause de crime, 51, *commettre quelque acte criminel.*
Forfis, 114, 116, *tenaille.*
Forligner, 36, *dégénérer.*

Fossé, 96, *ravin*.
Fossier, 103, *celui qui fait des fossés*.
Fossoir, fossour, 69, 93, *houe*.
Fouir, 155, *fuir*.
Fourme, 53, *extérieur*.
Fourtraire, 123, *retirer*.
Franc, 143, *libre*.
Franchise, 68, 99, *indépendance*.
Frès, 105, *dispos*.
Froissier, 90, 112, 131, 142, 153, 154, 159, *briser, détruire, affaiblir*.
Fuet, 136, 154, fuent, 155, *creuse, creusent*. Voy. Foïr.
Fuerre, 52, 61, 66, *fourrage, paille*.
Fuie, 35, *fuite*.
Fuison, 47, *quantité*.
Fuitif, fuitis (*plur.*), 17, 74, 124, 131, etc., *fugitif, fuyard*.
Fusiau, fussiau, 109, *bâton du fustibale*.
Fust, 22, 33, 52, 142, *bois*.
Fust (Chevaus de), 25, *chevaux de bois*.
Fustilabe, fustilable, 152, 153 (*pour* fustibale), *espèce d'arbalète*.

Gaaignier, 141, *cultiver*.
Gaber, 20, 126, *railler, tourner en dérision*.
Gage, 61, 62, *solde, situation militaire*.
Gaister, 62, 79, *gaspiller*.
Gait, 61, *garde*.
Gaiter, 95, *faire le guet*.

Galie, 173, 174, *galère*.
Garderres (nom.), 51, *gardien*.
Garnement, 126, 143, *équipement*.
Garnir, 3, 26, 27, 29, 81, 135, 137, *armer, équiper, fortifier (les camps)*.
Garnir (Se), 78, 79, *se pourvoir*.
Garnison, 3, 29, 120, 129, *fortification, défense*.
Garson, 87, *valet*.
Gesir, 62, *reposer*.
Geter, 61, *compter*.
Giex, 9, *figure ou mouvement d'escrime*.
Ginnason, 170, *tempête*.
Gist, 162, *est située*. Voy. Gesir.
Gouverneur, 172, 173, *pilote*.
Graile, 176, *grêle*.
Graindre, gregneur, greigneur, 47, 83, 149, 153, etc., *plus grand*.
Grevance, 118, *difficulté*.
Grevé, 59, *incommodé*.
Grever, 23, 27, 61, 136, *nuire à, incommoder*.
Greveus, 76, *difficile*.
Grevé, 16, *harcelé*.
Grief, griés, griez, 25, 27, 45, 60, 67, 114, *difficile, pénible, incommode*.
Grieté, 75, 101, *difficulté*.
Grievent, 131, *nuisant à*. Voy. Grever.
Guerpir, 9, *abandonner*.
Guete, 156, *garde*.

Haire, 140, 145, *tissu de crins*.

Haligre, 17, 105, *leste, vigoureux*.

Hantance, 5, 16, 56, *exercice, pratique*.

Hante, 22, 27, 28, 50, 57, *et passim*, hanste, 120, 128, *lance*.

Hanté, 28, 50, 57, 108, *hastaire, armé de lance*.

Hanteïs, hantemens, 8, 17, 18, 43, *exercice*.

Hanter, hantier, 2, 6, 12, 17, 18, 99, *etc.*, *pratiquer, exercer*.

Hantesce (*faute pour* hantance), 5.

Hardement, 4, 6, 12, 39, 40, 66, 80, *etc.*, *audace, hardiesse*.

Harnois, 52, 86, 87, *équipages, bagages*.

Haster, 88, *presser*.

Hastis, 88, *impatients*.

Hatereau, 108, *nuque*.

Hauber, haubert, 23, 27, 53, *etc.*, *cotte de mailles*.

Haubergié, 55, *cuirassé*.

Hauberjon, 58, *cotte de mailles*.

Haucier, 152, *élever*.

Hautesce, 43, 60, 134, 136, 143, 144, 148, 172, *hauteur, puissance, grandeur*.

Hebre (*faute pour* bebre), 29, *sorte de javelot*.

Herberges, 3, 5, *et passim*, *camp*.

Herbeux, 93, *couvert d'herbe*.

Herculiens, 24, *soldats d'Hercule*.

Hosteus, 84, 144, hostez, 49, ostiex, 133, *cantonnements, logements*.

Hourdé, 147, *palissadé*.

Hourder, hourdir, 94, 158, *garnir de claies, border*.

Houyau, 33, *houe*.

Huce, 152, *huche*.

Humeur, umour, 163, 164, 171, *vapeur, humidité*.

Hurter, 141, *frapper*.

Hyaume, 23, 26, 53, *etc.*, *casque*.

Hydour, 127, *laideur*.

Igaument, ingaument, 42, 116, ygaument, 16, 132, ygalment, 34, *également*.

Ignel. *Voy*. Isnel.

Ignelement, isnelement, 9, 15, 16, 119, *promptement, rapidement*.

Illuec, ilueques, 8, 94, *là*.

Isnel, isniaus (*plur.*), 13, 17, 28, 55, 65, 114, 125, *et passim*, ignel, 101, *alerte, agile*.

Isneleté, isneletés, 9, 127, 134, 161, *promptitude, rapidité, agilité*.

Issir, 3, 35, 104, 109, 141, 149, *sortir*.

Jones hommes, 25, *et passim*, *nouveaux soldats*.

Jougleurs, 11, *jongleurs*.

Jouvent, 9, *jeunesse*.

Jovencel, jovenciaus, 1, 10,

18, 23, 24, 127, *et passim, jeunes hommes, conscrits.*
Joviens, 24, *soldats de Jupiter.*
Juge, 51, 61, 82, etc., *chef, préfet.*
Jungnet, 163, *juillet.*

Keue, 74, 143, *queue.*
Keurt, 90, keurent, 85, 123, etc., *court, courent.*

Labourer, 8, *travailler;* labeure, 141, *cultive.*
Lachier, 83, *lier, lacer.*
Laisseté, lasseté, 18, 76, 95, *fatigue, lassitude.*
Largesce, 87, *étendue.*
Las, 88, *fatigué.*
Lasche, 34, *clairsemé, dispersé.*
Lasser, 89, *laisser.*
Laz, 153, *lacet.*
Legaus, 51, *lieutenant de l'empereur.*
Legier, 126, *facile.*
Legierement, 90, 94, 121, 126, 138, etc., *facilement.*
Legionnier, 42, *légionnaire.*
Lettres, 38, 53, 61, *instruction.*
Libraire, 48, *officier comptable.*
Liburgne, liburne, 137, 161, 162, 164, etc., *sorte de vaisseau, navire.*
Lice, 33, *clôture, palissade.*
Lignaige, 12, *bonne naissance.*
Ligneul, 159, *fil, ficelle.*
Lignie, 48, *tribu.*

Limas, lymaçon, limesçon, 136, 145, 146, *limace, limaçon (machine de guerre).*
Livrison, livroison, 49, 51, 61, 78, 79, *ration, vivres, solde, distribution.*
Loge, 52, 55, *baraque;* loges, 66, *galeries.*
Loiaument, 85, *exactement.*
Loier, louier, loyer, 37, 43, 49, 50, 67, 133, *gage, gain, récompense.*
Loier, 90, 109, *lier.*
Loignet, 87, *un peu éloigné.*
Loreille, loricle, 158, *contrevallation.*
Lormerie, 52, *sellerie.*
Los, 14, *gloire.*
Lou, 136, 153, 154, *loup, grappin (engin de guerre).*
Lymaçon. *Voy.* Limas.

Maast, 176, *mât.*
Mace, mache, 19, 20, 21, 25, 81, *bâton, massue.*
Maillès, 149, *mèches enflammées.*
Mains, 7, 14, 122, *et passim, moins.*
Mairien, 81, *bois de charpente.*
Malfaire, 19, *nuire.*
Maligneux, 92, *insalubre.*
Manches, 27, *brassards.*
Maneser, 19, *menacer.*
Mangonniaus, 52, *machines à lancer des pierres ou des traits.*
Manoier, 108, *manier.*
Manoir, 92, *demeurer.*

GLOSSAIRE

Manre, 47, mendre, 47, 124, 139, menor, 148, *moindre*.
Marceberbelier, 24, *tireurs de* mattiobarbuli.
Mariner, marinier, 165, 171, *marin*.
Marois, 107, *marécage*.
Masonner, 150, *construire*.
Materas, 153, *matelas*.
Mavaistié, 105, *faute*.
Mendre. *Voy.* Manre.
Menestrel, 67, *jongleur*.
Menjuent, 124, 163, *mangent*.
Menor. *Voy.* Manre.
Mensour, 49, *fourrier*.
Merlee, 58, *mêlée*.
Merler, 23, *mêler, confondre*.
Mervillier (Se), 37, *s'étonner*.
Mesaise, mesaize, 79, 104, 136, 141, 142, 160, *défaillance, ennui, difficulté*.
Mesavenir, 100, *arriver mésaventure*.
Mescheance, 13, 74, 97, 110, 160, 174, *accident, échec, malheur, risque, perte*.
Mescheoir, 101, 129, *arriver malheur*.
Meschief, meschiés, meschiez, 8, 18, 30, 59, 129, *accident, mésaventure, désastre*.
Message, 50, *lieutenant*.
Mestier, mestiers, 5, 7, 10, 16, 17, 23, *et passim, métier, besoin*.
Metateur, 48, *arpenteur, officier chargé de choisir l'emplacement du camp*.
Methatimaron, 170, *tempête*.

Mi, 114, *milieu*.
Milleniere (Compagnie), 46, 53, *cohorte milliaire*.
Mire, 52, 76, *médecin*.
Misericorde, 57, *sorte de poignard*.
Moillier, 91, *mouiller*.
Moinnes, 97, *mènes*.
Monceau, 112, *masse*.
Moncel, 102, *monceau*.
Moncel de terre, 135, *terre-plein*.
Monchiaus, 116 (*nom.*), *peloton*.
Mouton, 136, 145, 153, 154, 176, *bélier, tortue, machine de guerre*.
Mouvable, 136, 143, 148, 151, *mobile*.
Mu, 83, *muet*.
Mueble, 62, *avoir mobilier*.
Muer, 60, 84, 111, 167, 170, *changer*.
Mul, 128, *mulet*.
Munifice, 49, *celui qui était assujetti aux corvées*.
Muscle, 136, 146, 147, 148, *galerie d'approche*.
Muscle, 148, *poisson de mer*.

Nachele, 69, *barque*.
Nageeur, 164, 173, *navigateur, rameur*.
Nagier, naigier, 137, 161, 168, etc., *naviguer*.
Natevité, 169, *origine*.
Navie, 40, 90, 137, 160, 161, 162, etc., *vaisseau, navire, flotte, marine*.
Navré, 87, *blessé*.

Navrer, 19, 20, 24, 101, 126, 128, 174, *et passim*, *blesser*.
Nés, 137, 161, 162, 163, *etc.*, *navires*.
Negier, 66, *neiger*.
Neis, nes, 18, 19, 20, 115, 118, *et passim*, *même*, *pas même*.
Nerf, 136, 143, *corde à boyau*.
Nervu, 152, *de nerf*.
Nervus, 11, *nerveux*.
No, 18, *nage*.
Noer, 2, 8, 17, 18, 67, 81, 91, *etc.*, *nager*.
Noient, 30, *rien*.
Noier, 8, *nier*.
Nois, 76, 169, *neiges*.
Nombrer, 74, 75, 82, 103, 155, *compter*.
Nomper, 94, *impair*.
Nonchaloir, 37, *négligence*.
Norreteure, 141, *vivres*.
Norrissement, 174, *aliment*.
Notonnier, 172, 174, 175, *marin*, *matelot*.
Nouvelleté, 127, *étrangeté*.
Nouviaus, 13, *conscrits*.

Occire, 96, *tuer*.
Occision, 6, 13, *mort*.
Occoison, 89, 92, 124, 125, *etc.*, *occasion*, *cause*.
Octembre, 168, *octobre*.
Oe, 156, 157, *oie*.
Oel, 22, *œil*.
Oeuvrent, 64, *travaillent*.
Oevre, 99, *métier*.
Office, 61, *corvée*.

Oile, oyle, 142, 149, 174, *huile*.
Oïr, 83, *écouter*.
Oiseus, 81, 94, 141, *en repos*, *paresseux*, *tranquille*; chevaliers oyseux, 112, *soldats inoccupés*.
Oiseuse, oiseuze, oizeuze, oyseuse, 37, 64, 80, 131, 158, *oisiveté*, *délassement*, *paresse*, *inaction*, *temps de paix*.
Olifan, olifans, 71, 126, 127, 128, *éléphant*.
Olz, os, ost, 44, 45, *et passim*, *armée*; os, 97, *combat*.
Onagre, 69, 153, *arbalète à tour*.
Option, 48, *officier auxiliaire*.
Orde, 56, *malpropre*.
Ordenance, 16, 35, 44, 47, 59, *bon ordre*, *disposition*, *organisation*.
Ordeneement, 34, *en bon ordre*.
Ordener, 5, *disposer*.
Ordener les batailles, 98, *manœuvrer*.
Orde, ordre, 3, 51, 54, 65, 117, *place*, *rang*, *classe*.
Ordinaire, 48, 50, 56, *officier qui commandait au premier rang*.
Oribleté, 114, *horreur*.
Os, ost. *Voy*. Olz.
Ostiex. *Voy*. Hostez.
Ostil, 52, *outils*.
Ouel, 117, *uni*.
Outrage, 62, *excès*.

Paié, 7, *content.*
Paigne, 153, *peine.*
Païsan, 67, 87, *villageois.*
Palenge, 41, *phalange.*
Palis, 52, 60, 95, 158, *palissade.*
Palus, 75, 87, 89, 96, 101, 115, 120, 138, *marais.*
Panonchel, 84, *enseigne.*
Paours (*nom.*), 121, *peur.*
Parant, 56, *apparent.*
Paraus (*nom.*), 22, *égal.*
Pardurablement, 135, *d'une façon durable.*
Pardurableté, 40, *perpétuité.*
Parfin, 72, *fin.*
Parfont, parfons (*nom.*), 90, 139, 147, 159, 172, *profond.*
Parfondesce, 140, *profondeur.*
Partir, 122, partir (se), 123, etc., *s'éloigner.*
Pas, 117, 124, *passage.*
Pastour, 156, *berger.*
Pasture, 31, 77, *approvisionnement, fourrage.*
Paume, 57, *largeur de la main.*
Paveillon, pavillon, 8, 31, 32, 54, 76, 94, 133, *tente.*
Peil, pel, pex (*plur.*), piex (*plur.*), 2, 9, 19, 22, 30, 65, 66, 158, *pieu, poteau;* s'assaier as piex, *faire l'exercice de la quintaine.*
Pendant, 144, *dépendant.*
Pener (Se), 50, *se donner de la peine.*

Pereceus, 6, 9, *lâche, engourdi.*
Peresce, 105, *lâcheté.*
Perillier, 141, *être en péril.*
Perrex, 23, *pierreux.*
Perriere, 52, 142, *catapulte, engin pour lancer des pierres.*
Pertuis, 139, *trou.*
Pestilence, 13, 75, *peste.*
Peüs (*nom.*), 61, *nourri.*
Piaus, 58, *peaux.*
Piece, 81, *espace de temps.*
Pieur, 119, *pire.*
Piler, 136, *colonne.*
Pilès, 28, *sorte de javelots.*
Pionnier, 86, 87, poonnier, 46, 07, 100, 107, 113, pooignier, 114, *fantassin.*
Pis, 11, 27, 29, 69, *poitrine.*
Pis, 33, 60, *pics.*
Pitié, 134, *piété.*
Planer, 142, *aplanir.*
Planice, 36, *plaine.*
Plantureus, 97, *bien pourvu.*
Plenté, 44, 75, 78, 103, 113, *quantité, abondance.*
Pleuseur, 124, *plusieurs.*
Plommee, 3, 24, 57, 109, 158, etc., *balle de plomb.*
Plours, 145, *pleurs.*
Plouvoir, 66, *pleuvoir.*
Plugex, 168, *pluvieux.*
Poi, 121, 124, etc., *peu.*
Poindre, 9, *pousser (quant barbe leur commence à poindre).*
Poingnaus (*plur.*), 66, *qui tient dans le poing.*

Poins, 9, *coups de pointe dans l'escrime*.
Pois, 174, *poix*.
Pontueus, 126, *sablonneux*.
Pooignier, poonnier. *Voy*. Pionnier.
Poon, 120, *fantassin*.
Pooureus, 115, *peureux*.
Poudre, poure, 8, 18, 84, 107, 126, 163, *poussière*.
Poudreus, 102, *sablonneux*.
Poume, 141, *pomme*.
Pourchas[s]ier, 73, *rechercher*.
Poure. *Voy*. Poudre.
Pourfis, 121, 133 (*nom.*), *profit, avantage*.
Pourfitable, 141, *profitable*.
Pourpenser, 60, 104, 127, 156, *méditer, imaginer*.
Pourpos, 133, 167, *dessein*.
Pourprendre, 125, *ind. prés.* pourprendent, 148, *imp.* pourprendoient, 92, *subj. pr.* pourprengnent, pourproignent, 31, *part. p.* pourpris, 88, 123, *occuper, prendre à l'avance*.
Pourveance, 62, 79, 165, *prévoyance*.
Pourveoir, 93, 104, 165, *etc.*, *prévoir, pourvoir*.
Pourveü, 87, *prévu*.
Premerain, 10, *premier*.
Pretoire (Porte), 32, *porte prétorienne*.
Preus, preux, 94, 114, 116, *brave, courageux*.
Prevost, 21, 38, 50, *etc.*, *prévôt*.

Prince batilleur, 27, *combattant du premier rang*.
Prince des compaignies, 21, *tribun ou centurion*.
Priser, 82, *estimer*.
Proginnason, 170, *tempête*.
Proie, 30, 104, *butin, pillage*.
Puis, 136, 146, 147, *parapet ou toit mobile* (*voir la note p. 136*).

Quarriaux, 69, 151, 153, *flèches, balles de plomb*.
Quassé, 138, *détruit*.
Queillir, 129, 133, *recueillir*.
Quens (*nom.*), 100, *comte*.
Querir, querre, 73, 74, 130, 132, 133, 134, *etc.*, *chercher*.
Quidier. *Voy*. Cuider.
Quis, 138, *requis*.

Rabardiaus, 11, *galants, débauchés*.
Radeur, 107, 114, 127, *escarpement, impétuosité, attaque*.
Radrecier, 130, *ramener*.
Raemplir, 142, *remplir*.
Rainssiaus, 66, 94, *rameaux, branchages*.
Raison, 62, *compte*.
Ramembrer, remembrer, 105, 126, *se souvenir*.
Ramentevoir, ramentevoir, 39, 79, *rappeler à la mémoire*.
Ramonceler, 60, *rassembler*.
Rapareillier, raparillier, rap-

pareillier, 44, 52, 78, *réparer, rétablir.*
Ravir, 90, *emporter.*
Ray, 171, *rayon.*
Reboursé, 171, *à rebours.*
Rebouter, 146, *pousser de nouveau.*
Recroistre, 171, *accroître.*
Recuellir, 60, *rassembler.*
Refait a garder, 121, *est aussi à observer.*
Reflechir, 83, *être recourbé.*
Remaint, 122, 127, 154, *etc., reste.*
Remede, 133, *moyen.*
Rempoindre, 146, *lancer de nouveau.*
Remuer, 28, *déranger.*
Renc, rens (*plur.*), 3, 90, *etc., rang.*
Renié, 14, *abandonné.*
Reont, 18, 21, 32, 93, *etc., rond.*
Reonde, 35, *cercle.*
Reponent, 154, *cachent.*
Repost, 86, 112, 124, 152, 172, *caché, secret.*
Requerre, 60, 61, *chercher, réclamer.*
Reshaudir, 129, *ragaillardir.*
Rescourre, 30, *secourir.*
Respirement, 171, *souffle.*
Respit, 164, *répit.*
Resplendeur, resplendisseur, 21, 55, *splendeur, éclat.*
Ressaillir, ressalir, 19, 25, *sauter de nouveau.*
Retenu, 45, *admis.*
Retraire, 83, *retirer.*
Retrait, 171, *retiré.*

Reube, 76, roube, 31, 84, *vêtement.*
Reume, 172, *flux et reflux.*
Reversier, 15, *parcourir.*
Revoet, 47, *veut aussi.*
Riens, 140, *chose.*
Rieule, rieulle, riule, 71, 103, 111, 130, 134, *règle.*
Rober, 100, *fourrager.*
Roe, 69, 142, 150, 158, *roue, palet.*
Roele, 147, *rouleau.*
Rooulier, 142, *rouler.*
Rostier, 80, *gril.*
Roube. *Voy.* Reube.
Roulable, 142, *susceptible d'être roulé, rond.*
Routeeur, 86, *vagabond.*
Routure, 155, *rupture, chûte.*
Ruiste, 36, 41, 76, 81, 107, 120, *etc., escarpé.*

Sacrement, 43, *serment.*
Saiete, 3, 22, 23, 28, 52, 55, *etc., flèche.*
Saignier, 2, seignier, 13, 14, *marquer.*
Saillie, 174, *assaut.*
Saillir, 2, 8, 9, 17, 25, 174, *sauter, franchir.*
Saint, 117, *enceinte.*
Saintif, 92, *sain.*
Sairement, 67, *serment.*
Sambuque, 152, *engin de guerre en forme de harpe.*
Sanblance, 120, *ressemblance.*
Sanlable, senlable, 118, 119, 129, *semblable.*
Sas, 62, 102, *sacs ou bourses.*

Sauvement, sauveté, 5, 68, 82, 99, 122, *défense, salut.*
Scafe, 69, 164, *barque, chaloupe.*
Secoure, 120, *secourir.*
Secreement, 150, *en secret.*
Seel, 144, 145, *sel.*
Seignier. *Voy.* Saignier.
Senefier, 171, *signifier.*
Senestre, 114, *etc., gauche.*
Sengle, 50, *chacun, chaque.*
Senlable. *Voy.* Sanlable.
Sente, 125, *sentier.*
Serment, 155, *sarment.*
Serre, 116, *scie.*
Sès, 172, *secs.*
Seür (A), 123, *en sûreté.*
Seurmonter, 148, 159, *dépasser.*
Seurnombré, 114, 118, *surabondant.*
Seuronder, 140, *inonder.*
Seurquetout, 73, *surtout.*
Seurtraire, 118, *éloigner.*
Seurvenir, 74, 125, *survenir, surprendre.*
Signe, 54, *étendard.*
Signifer, 48, *officier qui portait l'étendard.*
Simplaire, 49, *soldat qui ne recevait qu'une simple ration.*
Siste, 45, *sixième.*
Soie, 143, *crin.*
Soier (*subj. prés.*), 163, *scie.*
Solail, soulail, solaus, solaux, 107, 144, 159, *soleil.*
Sommier, 86, *bête de somme.*
Soppris, 115, *surpris.*

Sorhabundant, 114, 117, *etc., surabondant.*
Soronder, 31, 92, *surabonder.*
Sorvenue, sourvenue, 30, 60, 70, 79, 87, 99, 115, 124, 156, *attaque, irruption.*
Soubstance, 162, *substance.*
Soudee, 37, *solde.*
Souffleïs, soufleïs, 171, 173, *souffle.*
Souffraite, 79, 97, *disette.*
Sougis, 21, *sujets.*
Souloir, 117, 129, *avoir coutume.*
Sourdre, 18, 90, 160, *surgir.*
Souspesson, 124, 141, 175, *soupçon.*
Soustenu, 62, *entretenu.*
Soutil, 28, 86, *pointu, fin.*
Soutilment, 81, *avec adresse.*
Soye, 69, *scie.*
Sueffrent, 168, *souffrent.*

Tabernacle, 52, 94, *tente.*
Tablenon. *Voy.* Tollenon.
Tapir, 133, 165, *cacher.*
Tardis, 88, *paresseux, lents.*
Tatique, 72, *maître des armes.*
Teche, 100, *aptitude, qualité.*
Temoute, temoutes, 117, 160, *tumulte, confusion.*
Tenson, 80, *dispute.*
Terdre, 55, *astiquer.*
Terrail, *pl.* terraus, terraux, 91, 93, 94, 102, 136, 146, 147, *remblai, glacis, tertre, terrasse.*
Tesgant, 105, *haletant, essoufflé.*

Tesmoingnage, 43, *certificat.*
Tessaire, 48, *officier qui faisait circuler la tessère ou mot d'ordre.*
Testu, 81, *turbulent.*
Tierchonnier. *Voy.* Triaire.
Tieulle, 150, *brique, tuile.*
Tolir, tollir, 80, 93, 125, 141, *enlever.*
Tollenon, toullenon, 136, 152, *engin de guerre formé de deux poutres.*
Torchon, 66, *torche.*
Tordre, 161, *détourner.*
Tornoier, 139, tournoier, 66, 110, 153, *tourner, faire tourner.*
Torquedouplaire, 49, *officier décoré qui recevait double ration.*
Touillier, 103, *plonger.*
Tourbe, tourme, 55, 84, 114, 116, *escadron, troupe, détachement.*
Tourble, 66, *agité.*
Tourblé, 78, 168, *troublé, affolé.*
Tourbler, 87, 125, 170, *troubler.*
Tourme. *Voy.* Tourbe.
Tournoier. *Voy.* Tornoier.
Tournoiment, 14, *tournoi.*
Tous dis, 6, *toujours.*
Traire, 3, 22, 133, 135, *tirer, lancer.*
Traiteur, 89, *traître.*
Traitier, 9, *manier.*
Tranchier, trenchier, 69, 125, *couper.*

Transfuitif, 86, *transfuge.*
Translaterres (*nomin.*), 166, *traducteur.*
Traversains (Cops), 9, *coups obliques.*
Tré, tref, très, trez, 84, 90, 137, 143, 146, 148, 163, *poutre, madrier, pièce de bois.*
Trebucheïs, 101, *éboulis.*
Trebuchet, 136, 152, 153, 159, *baliste, machine de guerre, appelée aussi onagre.*
Trebuchier, tresbuchier, 140, 147, 155, *lancer, saper, tomber.*
Trecherie, 79, 85, *ruse.*
Tresbuchier. *Voy.* Trebuchier.
Treschier, 120, *traquer.*
Tresgetteur, 11, *escamoteur.*
Trespas, 90, 125, *passage.*
Trespassement, 115, 170, *passage, mouvement.*
Trespasser, 9, 65, 74, 81, 90, 125, 135, *passer, traverser, franchir, omettre.*
Trespercer, trespercier, 20, 57, 111, 147, 153, 154, 175, 176, *transpercer, enfoncer, traverser.*
Tressaillir, 17, 67, *surmonter, franchir.*
Trestourner, 122, *retourner.*
Treü, 78, *tribut.*
Triaire, 28, 38, 50, 58, *etc., soldat qui combattait au troisième rang, officier qui commandait à 100 hommes.*

Tribles, 126, 127, *chardons, engins de guerre.*
Tribon, 47, 48, etc., *tribun;* (triboul, 38, *est une faute, cf. p. 53).*
Triuer, 10, *trier.*
Trompe, 83, 98, etc., *trompette.*
Tromper, 64, *sonner de la trompette.*
Trompeur, 49, 64, etc., *trompette.*
Tronsonner, 122, *couper en morceaux.*
Tropel (*plur.*), 149, tropeaus, 116, 117, *troupe, peloton.*
Trués, 69, *troués.*
Trufe, 62, *bagatelle.*
Trumeliere, 27, *cuissard.*
Tuit, 6, 133 (*nom. plur.*), *tous.*
Tumulte, 80, 82, *trouble, révolte.* Voy. Temoute.

Umour. Voy. Humeur.
Us, 13, *expérience.*
Usance, 5, *habitude.*
User, 2, 3, *et passim, exercer, pratiquer.*

Vaigne, 144, *source.*
Vaisselès, 164, *petits navires.*
Veille, 61, 83, 94, etc., *garde.*
Veillier, 94, *garder.*
Vertu, 43, 53, 72, 106, etc., *courage.*
Vertueus, 66, *fort.*
Vespres, 157, *soir.*
Vicaire, 80, 81, 88, etc., *lieutenant.*
Vigne, 136, 145, *mantelet.*
Vis, 2, 11, *visage.*
Vistes, 26, *alertes.*
Vitaille, 70, 74, 77, 141, etc., *vivres.*
Voie, 121, *moyen.*
Voieul, 83, *vocal.*
Voust, 2, 105, *visage.*

Woider, 164, *vider.*

Yaue, 139, etc., *eau.*
Ydes, 169, *ides.*
Ygal, 171, *égal.*
Ygalment. Voy. Igaument.
Ymaginaire, 48, *officier qui portait les médaillons de l'empereur.*

TABLE DES NOMS PROPRES

Abraham, 30.
Actiene (Bataille), 164, bataille d'Actium.
Affricus, 167, vent du sud-ouest.
Affriquant, 5, Africain.
Alains, 26, 134.
Alixandre de Macedoine (Le roy), 89, 90.
Allemman, 5.
Antoine, 99.
Antyocus, 126, 127.
Aquilon, 167, vent du nord-ouest.
Aristotes, 166.
Arragon, 77.
Artois, 32.
Arctur, Artur (étoile), 168.
Assyriens, 92.
Athenes, 14, 71, 72.
Atheniens, 36.
Atice, 164, Actium.
Atille (Le roy), 72. Atilius Regulus.

Aubin (L'empereur), 103. Albinus.
Aufrique, 103, 107, 125, 127, 161, Afrique.
Auguste, 45, 48, 161.
Auster, 167, vent du sud.

Baleaires (Isles), 23.
Barbarie, 29.
Barbarin, 99, Barbares.
Bessiens, 154, Besses.
Boreas, 167, vent du nord.
Bouvines, 107.
Brandis, 99, Brindes.
Bretaigne, 32.
Bretons, 164.
Brutus, 175.
Buyllon. Voy. Godefroy de Buillon.
Byse, 167, vent du nord.

Capanee, 151.
Capitoille, 135, 143, 156, le Capitole.

Cartage, 72, 113.
Cathons, 21, 22.
Cathons Censoriens, 15, *Caton le Censeur.*
Centurio, 12, *Sertorius.*
Cercès, 30, Xerxès, 73, *Xerxès.*
Cevrel, 168, *le Chevreau, constellation.*
Champ martial, 18, *Champ de Mars.*
Champaigne, 161, *Campanie.*
Chatons li graindres, 44, *Caton l'Ancien.*
Chorus, 166, 167, *pour Caurus, vent du nord-ouest.*
Circyus, 167, *vent du nord-est.*
Claudius, 22.
Clermont, 32.
Conradin, 59.
Corniles, 15, *Cornelius Celsus.*
Crete, 161.
Cymbre, 103.
Cypre, 161, *Chypre.*
Cyrus, roi de Perse, 16, 91.

Dalmacie, 162.
Danois, 36, *Daces.*
Dardanien, 41.
Darius, 73.
Dedalus (La maison), 86, *le labyrinthe.*
Duras, 77, *Durazzo.*
Dyasderine (La cité), 162, *Zara.*
Dynant. *Voy.* G. de Dynant.
Dyoclesiens, 24.

Egypte, 161.
Epirien, 36.
Espaigne, 161.
Espaignos, Espainol (*nom.*), 5, 102, *Espagnols.*
Ethiocles, 10, *Etéocle.*
Eu. *Voy.* Jehan, comte d'Eu.
Eurus, 166, *vent d'est.*

Favonius, 166, *vent du sud-ouest.*
Flamenc, 107, *Flamands.*
France, 91, 161.
François, Fransois, 5, 19, 41, 77, 103, 156, 166, 168, *Français.*
Frontin, 15, 44, *Frontin.*

G. de Dynant, 177.
Galoys, 73.
Gaule, 103.
Geline pouciniere, 168, *les Pléiades.*
Genesis (Le livre de), 30.
Gennes, 161, *Gênes.*
Georgiques, 171.
Godefroy de Buyllon, 74.
Gos, 26, *Goths.*
Gracien (L'empereur), 26.
Grece, 24, 30, 161.
Grecs, 41.
Grieu, 6, 77, 170, *Grec, Grecs.*
Grijois, 14, *Grecs.*
Guiaires (*erreur*), 103, *Gaius Marius.*

Hanibal, 37, 73, 127.
Hercules, 24.
Hunains, Unains, 26, 134, *Huns.*

TABLE DES NOMS PROPRES

Indiens, 128.

Jehan, comte d'Eu, 177.
Jehan de Meun, 166, 177.
Jherusalem, 79.
Judas Machabeu, 74.
Jugurtha, 127.
Julius Cesar, 17, 32, 77, 91, 99, 175.
Jupiter, 24.

Lacedemonien, Lachedemonien, 14, 36, 71, 72, 73, 99, 113.
Latins, 166, 168.
Leonidas, 30.
Liburne, 162.
Liburniens, 162.
Lombardie, 73, 91.
Loth, 30.
Loys (Le roy), 107, *S. Louis*.
Lucane, 127, *Lucanie*.

Macedoine, 161.
Macedonien, 36, 41, 71.
Mealius, 103, 156.
Marceille, 175, *Marseille*.
Mars, 37.
Maximiens, 24.
Mede, 92.
Mede (Le roy de), 30.
Meschines, 160, 161, *Misène*.
Messien, 36, *Mésiens*.
Meteauls, 103, *Metellus*.
Meun. *Voy.* Jehan de Meun.
Minotaire, 86, *Minotaure*.
Mitriades, Mittridates, 73, 126.

Mode en Espaigne, 32.
Mol vent, 166, *vent d'ouest*.
Moriaine, 161, *Mauritanie*.
Mouree (La), 161, *Morée*.
Muriaus, 74, *Muret*.

Nothus, 167, *vent du sud-est*.
Noyon, 177.
Numantins, 23, 103.
Numide, 127, *Numidie*.

Ombres, 103.
Omer, 10, *Homère*.
Orient, 107, 127, 161, 166.
Ostun, 32, *Autun*.
Ourse mennor, 168, *petite Ourse*.
Ovide, 167.

Paris, 155.
Persien, 36, 102, 133, *Perses*.
Pharsale, 99.
Pleyades, 168, *étoiles*.
Plugeu!, 167, *vent du midi*.
Polinices, 10.
Pompee le grand, Pompés li grans, 17, 32, 77, 164.
Ponte, 161, *Pont*.
Porrus d'Ynde (Le roy), 73, 89.
Pyrrus, 127.

Quince, 8, *Quinctius Cincinnatus*.
Ravanne, Ravenne, 160, 161, *Ravenne*.
Rodes, 151, *Rhodes*.
Romain, Romains, Rommains, Roumain, 5, 8, 12,

15, 20, 23, 26, 36, 37, 41, 46, 63, 72, 99, 102, 105, 113, 126, 127, 156.
Rome, Romme, 8, 15, 26, 46, 143, 156, 164.
Rubicon, 91.

Salutes, 9, 17, *Salluste*.
Sardaingne, 161.
Sarrazin, 64, 77, 134.
Scheva, 77, *Scaeva*.
Scipio, Scipion li Offriquans, 23, 102, 103, *Scipion l'Africain*.
Sesile, 161, *Sicile*.
Sextus Pompeius, 32.
Sezile (Li roys de), 59, *Sicile*.
Solaire, 166, *vent d'est*.
Subsolanus, 166, 167, *vent du sud-est*.

Tartaire, 18, 77, *Tartares*.
Thamaris, 16.
Tharse, 36, *Thrace*.
Thebes, 10, 151.
Thesalien, 36.
Thideüs, 10.
Toriaus (Li), (nom.), le 168 *Taureau, constellation*.

Trievre, 32, *Trèves*.
Tunes, 77, 107, *Tunis*.
Tybre, 8, 18.
Tyois, 103, *Teutons*.
Tytus, 79.

Unains. *Voy*. Hunain.
Urcilien, 125.

Vaspasien, *Voy*. Vespasien.
Vegece, 176.
Venice, 165, *Venise*.
Vercingetoris, 32.
Vespasien (L'empereur), 48. 70.
Virgiles, 26, 171.
Virgiles, 168, *étoiles*.
Vulturnus, 166, 167, *vent du nord-est*.

Xantipe, 72.
Xerxès. *Voy*. Cercès.

Ynde, 36. *Voy*. Porrus.
Yndiens, 134.

Zephirus, 166, 167, *vent d'ouest*.

ERRATA

Page 5, *l.* 16, *au lieu de* hantesce, *lire* hantance.
Page 30, *l.* 12, *au lieu de* de ce, qu'il, *lire* de ce qu'il.
Page 38, *l.* 25, *au lieu de* triboul, *lire* tribon.
Page 69, *l.* 5, *au lieu de* trestrues, *lire* trés trués.
Page 71, *l.* 20, *au lieu de* chames, *lire* chamés.
Page 84, *l.* 19, *au lieu de* tres, *lire* trés.
Page 90, *l.* 27, *au lieu de* loïés, *lire* loïes; *l.* 28, *au lieu de* très, *lire* trés; *notes, l.* 3, *au lieu de* asobir, *lire* asorbir.
Page 160, *l.* 12, *au lieu de* autant, *lire* au tens.
Page 172, *l.* 23, *au lieu de* sés, *lire* sès.

Publications de la Société des Anciens Textes français
(*En vente à la librairie* Firmin Didot et Cie, *56, rue Jacob, à Paris.*)

Bulletin de la Société des Anciens Textes français (années 1875 à 1896). N'est vendu qu'aux membres de la Société au prix de 3 fr. par année, en papier de Hollande, et de 6 fr. en papier Whatman.

Chansons françaises du xve *siècle* publiées d'après le manuscrit de la Bibliothèque nationale de Paris par Gaston Paris, et accompagnées de la musique transcrite en notation moderne par Auguste Gevaert (1875). *Epuisé.*

Les plus anciens Monuments de la langue française (ixe, xe siècles) publiés par Gaston Paris. Album de neuf planches exécutées par la photogravure (1875). . . . . 30 fr.

Brun de la Montaigne, roman d'aventure publié pour la première fois, d'après le manuscrit unique de Paris, par Paul Meyer (1875) . . . . . 5 fr.

Miracles de Nostre Dame par personnages publiés d'après le manuscrit de la Bibliothèque nationale par Gaston Paris et Ulysse Robert; texte complet t. I à VII (1876, 1877, 1878, 1879, 1880, 1881, 1883), le vol. . 10 fr.

Le t. VIII, dû à M. François Bonnardot, comprend le vocabulaire, la table des noms et celle des citations bibliques (1893). . . . . 15 fr.

Le t. IX et dernier contiendra l'introduction et les notes.

Guillaume de Palerne publié d'après le manuscrit de la bibliothèque de l'Arsenal à Paris, par Henri Michelant (1876). . . . . 10 fr.

Deux Rédactions du Roman des Sept Sages de Rome publiées par Gaston Paris (1876). . . . . 8 fr.

Aiol, chanson de geste publiée d'après le manuscrit unique de Paris par Jacques Normand et Gaston Raynaud (1877). . . . . 12 fr.

Le Débat des Hérauts de France et d'Angleterre, suivi de *The Debate between the Heralds of England and France, by* John Coke, édition commencée par L. Pannier et achevée par Paul Meyer (1877). . . . . 10 fr.

Œuvres complètes d'Eustache Deschamps publiées d'après le manuscrit de la Bibliothèque nationale par le marquis de Queux de Saint-Hilaire, t. I à VI, et par Gaston Raynaud, t. VII à IX (1878, 1880, 1882, 1884, 1887, 1889, 1891, 1893, 1894), le vol . . . . 10 fr.

Le Saint Voyage de Jherusalem du seigneur d'Anglure publié par François Bonnardot et Auguste Longnon (1878). . . . . 10 fr.

Chronique du Mont-Saint-Michel (1343-1468) publiée avec notes et pièces diverses par Siméon Luce, t. I et II (1879, 1883), le vol. . . . . . . 12 fr.

Elie de Saint-Gille, chanson de geste publiée avec introduction, glossaire et index, par Gaston Raynaud, accompagnée de la rédaction norvégienne traduite par Eugène Koelbing (1879). . . . . 8 fr.

Daurel et Beton, chanson de geste provençale publiée pour la première fois d'après le manuscrit unique appartenant à M. F. Didot par Paul MEYER (1880). . . . . 8 fr.

La Vie de saint Gilles, par Guillaume de Berneville, poème du XII⁰ siècle publié d'après le manuscrit unique de Florence par Gaston PARIS et Alphonse Bos (1881) . . . . 10 fr.

L'Amant rendu cordelier à l'observance d'amour, poème attribué à MARTIAL D'AUVERGNE, publié d'après les mss. et les anciennes éditions par A. DE MONTAIGLON (1881). . . . . 10 fr.

Raoul de Cambrai, chanson de geste publiée par Paul MEYER et Auguste LONGNON (1882). . . . . 15 fr.

Le Dit de la Panthère d'Amours, par Nicole DE MARGIVAL, poème du XIII⁰ siècle publié par Henry A. TODD (1883) . . . . 6 fr.

Les Œuvres poétiques de Philippe de Remi, sire de Beaumanoir, publiées par H. SUCHIER, t. I et II (1884-85) . . . . 25 fr.
Le premier volume ne se vend pas séparément; le second volume seul 15 fr.

La Mort Aymeri de Narbonne, chanson de geste publiée par J. COURAYE DU PARC (1884). . . . . 10 fr.

Trois Versions rimées de l'Évangile de Nicodème publiées par G. PARIS et A. Bos (1885) . . . . 8 fr.

Fragments d'une Vie de saint Thomas de Cantorbéry publiés pour la première fois d'après les feuillets appartenant à la collection Goethals Vercruysse, avec fac-similé en héliogravure de l'original, par Paul MEYER (1885). 10 fr.

Œuvres poétiques de Christine de Pisan publiées par Maurice ROY, t. I, II et III (1886, 1891, 1896), le vol. . . . . 10 fr.

Merlin, roman en prose du XIII⁰ siècle publié d'après le ms. appartenant à M. A. Huth, par G. PARIS et J. ULRICH, t. I et II (1886) . . . . 20 fr.

Aymeri de Narbonne, chanson de geste publiée par Louis DEMAISON, t. I et II (1887). . . . . 20 fr.

Le Mystère de saint Bernard de Menthon publié d'après le ms. unique appartenant à M. le comte de Menthon par A. LECOY DE LA MARCHE (1888). 8 fr.

Les quatre Ages de l'homme, traité moral de PHILIPPE DE NAVARRE, publié par Marcel DE FRÉVILLE (1888) . . . . 7 fr.

Le Couronnement de Louis, chanson de geste publiée par E. LANGLOIS, (1888). . . . . 15 fr.

Les Contes moralisés de Nicole Bozon publiés par Miss L. Toulmin SMITH et M. Paul MEYER (1889) . . . . 15 fr.

Rondeaux et autres Poésies du XV⁰ siècle publiés d'après le manuscrit de la Bibliothèque nationale, par Gaston RAYNAUD (1889). . . . . 8 fr.

Le Roman de Thèbes, édition critique d'après tous les manuscrits connus, par Léopold CONSTANS, t. I et II (1890) . . . . 30 fr.
Ces deux volumes ne se vendent pas séparément.

Le Chansonnier français de Saint-Germain-des-Prés (Bibl. nat. fr. 20050), reproduction phototypique avec transcription, par Paul MEYER et Gaston RAYNAUD, t. I (1892). . . . . 40 fr.

Le Roman de la Rose ou de Guillaume de Dole, publié d'après le manuscrit du Vatican par G. SERVOIS (1893) . . . . 10 fr.

L'Escoufle, roman d'aventure, publié pour la première fois d'après le manuscrit unique de l'Arsenal, par H. MICHELANT et P. MEYER (1894). . 15 fr.

Guillaume de la Barre, roman d'aventures, par ARNAUT VIDAL DE CASTELNAUDARI, publié par Paul MEYER (1895) . . . . 10 fr.

Meliador, par Jean Froissart, publié par A. Longnon, t. I et II (1895), le vol... 10 fr.

La Prise de Cordres et de Sebille, chanson de geste, publiée d'après le ms. unique de la Bibliothèque nationale, par M. Ovide Densusianu (1896)... 10 fr.

Œuvres poétiques de Guillaume Alexis, prieur de Bucy, publiées par Arthur Piaget et Emile Picot, t. I (1896)................ 10 fr.

L'Art de Chevalerie, traduction du *De re militari* de Végèce par Jean de Meun, publié avec une étude sur cette traduction et sur *Li Abrejance de l'Ordre de Chevalerie* de Jean Priorat, par Ulysse Robert (1897). 10 fr.

Li Abrejance de l'Ordre de Chevalerie, mise en vers de la traduction de Végèce par Jean de Meun, par Jean Priorat de Besançon, publiée avec un glossaire par Ulysse Robert (1897)......................... 10 fr.

Le Mistère du viel Testament publié avec introduction, notes et glossaire, par le baron James de Rothschild, t. I-VI (1878-1891), ouvrage terminé, le vol... 10 fr.

(*Ouvrage imprimé aux frais du baron James de Rothschild et offert aux membres de la Société.*)

Tous ces ouvrages sont in-8°, excepté *Les plus anciens Monuments de la langue française*, album grand in-folio.

Il a été fait de chaque ouvrage un tirage à petit nombre sur papier Whatman. Le prix des exemplaires sur ce papier est double de celui des exemplaires en papier ordinaire.

Les membres de la Société ont droit à une remise de 25 p. 100 sur tous les prix indiqués ci-dessus.

La Société des Anciens Textes français a obtenu pour ses publications le prix Archon-Despérouse, à l'Académie française, en 1882, et le prix La Grange, à l'Académie des Inscriptions et Belles-Lettres, en 1883 et 1895.

Le Puy. — Imprimerie R. Marchessou, boulevard Carnot, 23.